MAINE
1820
Berlin
Vienna
1791
Hanover
Frankfort
Dresden
VERMONT
NEW HAMPSHIRE
Berlin
Hanover
Dresden
Concord
Hanover
MASSACHUSETTS
Berlin
Boston
Frankfort
Berlin
Berlin
RHODE ISLAND
New Berlin
New Paltz
CONNECTICUT
Hamburg
New York
Hamburg
Strasburg
NEW JERSEY
Germantown
Philadelphia
Baltimore
DELAWARE
Berlin
Vienna
Bahamas
Miami
Tilsit
Schleswig
Kiel
Holstein
Elbing
Friesland
Emden
Leer
Altona
Hamburg
Stettin
Oldenburg
Bremen
Lüneburg
Schaumburg
Hannover
Brandenburg
Berlin
Bethel in Bielefeld
Minden
Braunschweig
Potsdam
Posen
Münster
Lippe
Pyrmont
Westfalen (Westphalia)
Bad Karlshafen
Waldeck
Kassel
Leipzig
Altenburg
Dresden
Bebra
Jena
Nassau
Braunfels
Fulda
Sedan
Coburg
Frankfurt/M.
Luxemburg
Bingen
Mannheim
Heidelberg
Metz
Stuttgart
Bayern (Bavaria)
Straßburg
Offenburg
Ulm
Colmar
Baden
Wien
Kgr. Preußen 1866
Grenze des Deutschen Reiches 1871
Deutschlands Grenze heute
0 50 100 150 km

Die Geschichte der Deutschen in Amerika

Die Geschichte der
Deutschen in Amerika

Von 1680 bis zur Gegenwart

Alexander Emmerich

Weltbild

Genehmigte Lizenzausgabe für Verlagsgruppe Weltbild GmbH, Steinerne Furt, 86167 Augsburg

Bildredaktion: Stefan Mayr und Tanja Schröpfer
Umschlaggestaltung: coverdesign uhlig, augsburg
Umschlagmotive: alle Motive auf der Vorderseite © dpa, außer oben mi.: © bpk;
Motive auf der Rückseite: *Nord Texas Presse*, UT Institute of Texan Cultures at San Antonio,
loaned by Chester and Ethel Gene; *Rekrutierungs-Bureau*,
Wisconsin Historical Society / Wisconsin Collection; *Waldheim's Furniture Building*,
Wisconsin Historical Society / Collection Joseph Brown

Gesamtherstellung: Neografia, a.s. printing house, Martin
Printed in the EU
978-3-8289-4517-3

2014 2013 2012
Die letzte Jahreszahl gibt die aktuelle Lizenzausgabe an.

Einkaufen im Internet:
www.weltbild.de

Die Mulberry Street in der New Yorker Lower East Side um 1900. Zu Beginn des 19. Jahrhunderts lag dieses Viertel noch am Rand der Stadt und beherbergte überwiegend ärmere Amerikaner und Einwanderer aus aller Welt. Hier entstand in den 1840er-Jahren Little Germany – lange bevor die chinesischen und italienischen Einwanderer sich ebenfalls dort niederließen und Chinatown beziehungsweise Little Italy begründeten.

EINLEITUNG: EINE SPURENSUCHE

Chinatown, Little Italy, Little Japan ... Überall in den USA finden sich Stadtteile und Straßenzüge, in denen sich eine bestimmte Gruppe Einwanderer angesiedelt hat. Sie warten noch heute mit landestypischen Speisen auf und verkaufen in ihren Geschäften Waren aus der Heimat. Zu Teilen ist die Architektur an die der alten Heimat angelehnt, Leuchtreklamen strahlen in der Muttersprache, in der auch die Zeitungen verfasst sind. Man taucht ein in eine andere Welt.

In der zweiten Hälfte des 19. Jahrhunderts entstand in San Francisco die weltberühmte Chinatown, ein halbes Jahrhundert später bildete sich auch in der New Yorker Lower East Side ein chinesischer Stadtteil heraus. Dieses Chinatown breitet sich auch zu Beginn des 21. Jahrhunderts immer weiter aus und scheint das unmittelbar nebenan liegende, das beinahe noch berühmtere Little Italy zu verschlingen. In beiden Vierteln spürt man den Einfluss der Einwanderung bis in die Gegenwart deutlich. Ein italienisches Restaurant reiht sich neben das andere, italienische Feinkostläden verkaufen Olivenöl, Tomaten, Schinken und Käse. Und entlang der Bowery Lane prangen chinesische Leuchtreklamen; Schnellimbisse und Feinkostläden verkaufen chinesisches Essen, Gewürze und andere Spezialitäten.

Und es gibt noch weitere Nationalitätenviertel in den USA. In Los Angeles sind Little Japan und Little Vietnam angesiedelt, in East L.A. leben in der Mehrzahl lateinamerikanische Einwanderer, die größtenteils aus Mexiko stammen. Ähnliche Ansiedlungen gibt es im Süden Floridas. Des Weiteren ist die irische Einwanderung überall in den USA gegenwärtig, wenn es auch keine entsprechenden Wohnviertel mehr gibt. Alljährlich wird der St. Patrick's Day auf den Straßen und in irischen Lokalen gefeiert, und der aufmerksame Beobachter entdeckt die irische Flagge in zahlreichen amerikanischen Großstädten.

Dort, wo in New York einst die Deutsch-Amerikaner wohnten, ließen sich zu Beginn des 20. Jahrhunderts chinesische Einwanderer nieder. Chinatown (hier um 1913) entstand, wohingegen die Deutschen sich mittlerweile als Amerikaner verstanden und das Viertel verließen.

In vielen nordamerikanischen Städten gibt es Einwandererviertel, die davon zeugen, dass es in der Vergangenheit große Einwanderungsströme aus den entsprechenden Ländern gegeben hat. Angesichts dessen drängt sich die Frage auf, ob es auch eine deutsche Einwanderung gegeben und welche Spuren diese hinterlassen hat. War sie so unbedeutend, dass davon heute nichts mehr zu finden ist, oder passten sich die deutschen Einwanderer rasch der amerikanischen Kultur an? Bildeten auch sie eine ethnische Subkultur und führten ein deutsch-amerikanisches Leben? Oder hatten die eingewanderten Deutschen Schwierigkeiten, sich der neuen Kultur anzupassen? Und existierte vielleicht tatsächlich auch ein Little Germany?

Im 19. Jahrhundert gab es in vielen Teilen der USA ein buntes und vielfältiges deutsch-amerikanisches Leben. Wenngleich die Deutschen durch ihre Kleidung und Sprache fremd wirkten, so fielen sie nicht so sehr auf wie die Einwanderer aus Asien. Auch war die Gruppe der eingewanderten Deutschen keineswegs so heterogen wie beispielsweise die der Italiener. Die Deutschen übten die unterschiedlichsten Berufe aus – sie waren Ärzte, Arbeiter, Kaufleute, Journalisten, Handwerker und Farmer – und sie stammten aus unterschiedlichen deutschen Kleinstaaten, aus Elsass-Lothringen, aus der deutschsprachigen Schweiz, aus Preußen und aus Österreich; sie sprachen verschiedene Dialekte, gehörten unterschiedlichen Glaubensrichtungen und Gesellschaftsschichten an und brachten die verschiedensten Bräuche und Traditionen mit in die Neue Welt. Es gab einen Teil unter ihnen, der sich auch in Nordamerika weiterhin mit der Heimat identifizierte; andere definierten sich immer noch ausschließlich über ihre Religionszugehörigkeit oder die Region, aus der sie stammten. Ein weiterer Teil hingegen nahm die neue Identität an und fühlte sich der amerikanischen Kultur zugehörig.

Grundsätzlich lassen sich die eingewanderten Deutschen in die Gruppe der traditionsbewussten, schwer „akkulturierbaren" und in die Gruppe der fortschrittsorientierten, integrationswilligen Deutsch-Amerikaner unterteilen. Ein Amerikaner aus Milwaukee, Wisconsin, soll um 1900 über die Deutschen festgestellt haben: „We have two kinds of Germans in Milwaukee: soul Germans and stomach Germans and the latter are in the vast majority."

Je mehr Deutsche nach Nordamerika kamen, umso vielfältiger wurde das deutschsprachige Pressewesen. Die Abbildung links zeigt eine Zeitungsauslage um 1922. Für viele deutsche Einwanderer, die auf ihrer Muttersprache beharrten oder Schwierigkeiten hatten, die neue Sprache zu erlernen, mussten offizielle Texte und Gesetze in beiden Sprachen abgedruckt werden (rechts).

„In Milwaukee gibt es zwei Sorten Deutsche: Seelen- und Bauch-Deutsche, und die Letzteren bilden die Mehrheit."

Dabei waren die „soul Germans" diejenigen, die hartnäckig an der deutschen Kultur festhielten und sich für die „Verteidigung und Förderung der deutschen Kultur in der amerikanischen Gesellschaft" einsetzten. Sie gründeten eigene Vereine, in denen sie ihr Brauchtum und ihre deutsche Lebensweise pflegten. Politik, Kultur und Religion der Amerikaner interessierten sie nicht, und das Erlernen der neuen Sprache kam für sie in keiner Weise infrage. Den Gegenpol bildeten die „stomach Germans", die sich bereitwillig dem American Way of Life anpassten und ein Teil des Melting Pot wurden. Sie hatten ein geringeres Interesse an der Pflege und am Erhalt der deutschen Traditionen

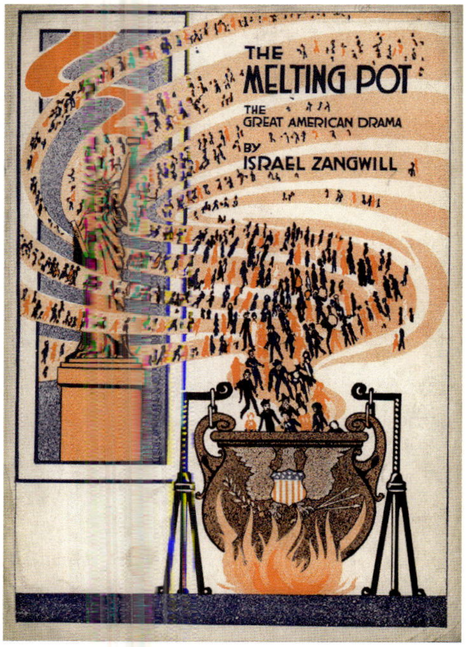

Der Schriftsteller Israel Zangwill gab seinem Theaterstück 1908 den Titel *The Melting Pot* und etablierte so die Idee von den USA als gelobtes Land für Einwanderer jedweder Couleur. Der Begriff Melting Pot ist eines von vielen Erklärungsmodellen für die Gesellschaft der Vereinigten Staaten.

Melting Pot

Die Idee des Zusammenschmelzens verschiedener, vorwiegend europäischer Einwanderer findet sich zum ersten Mal beim französischen Amerikareisenden Michel-Guillaume Jean de Crèvecoeur (unter Pseudonym auch John Hector St. John). In seinen *Letters from an American Farmer* (1782) beschrieb er die Vereinigten Staaten als ein Land, in dem Menschen aller Nationen sich zu einer neuen Gesellschaft zusammenfügen. Die neue Nation würde so die positiven Traditionen und Errungenschaften aus der Heimat der Einwanderer mit in die neue amerikanische Kultur aufnehmen. Der heute weitverbreitete Begriff des Melting Pot („Schmelztiegel"), der diese Idee beschreibt, etablierte sich jedoch erst zu Beginn des 20. Jahrhunderts. Er wurde im Oktober 1908 durch das gleichnamige Theaterstück des englisch-jüdischen Journalisten und Schriftstellers Israel Zangwill einem breiten Publikum bekannt. Zangwill charakterisierte in seinem Drama Amerika als ideale Republik und gelobtes Land für Einwanderer unterschiedlicher Kulturen, Ethnien und Religionen.
Heute ist der Melting Pot nur eines von vielen Erklärungsmodellen für die amerikanische Gesellschaft. Andere Modelle wie die Salad Bowl lösen sich von der Idee des Zusammenschmelzens und symbolisieren die USA vereinfacht als Salatschüssel, in der viele Elemente und Spuren unterschiedlicher Kulturen und Nationen vermengt sind. Der Ausdruck Melting Pot wird heute auch nicht mehr als wissenschaftliches Erklärungsmodell bemüht, sondern lediglich populär verwendet, um der Vielfalt und den großen Unterschieden innerhalb der amerikanischen Gesellschaft Rechnung zu tragen.

Bei der amerikanischen Volkszählung seitens des United States Census Bureau im Jahr 2000 gaben über 50 Millionen Amerikaner an, die Nachfahren deutscher Einwanderer zu sein. Das ist bei einer Gesamtbevölkerung von rund 300 Millionen ein beachtlicher Anteil. Der Volkszählung zufolge bilden die Deutsch-Amerikaner erstaunlicherweise noch vor den Irish-Americans, Hispanics und African-Americans die größte ethnische Gruppe in den USA. Die Bedeutung der Deutsch-Amerikaner wird weiter bestärkt, denn in 24 amerikanischen Bundesstaaten – unter anderem Wisconsin, Florida, Pennsylvania und Washington – gab die Mehrheit der Bevölkerung an, die Nachkommen deutscher Vorfahren zu sein.
So gewichtig diese Statistiken klingen, so schwer jedoch sind heute die Spuren der deutschen Einwanderung auf den ersten Blick auszumachen. Die Little Germanys existieren nicht mehr, und viele deutsche Siedlungsgründungen und Städte wurden vor dem Hintergrund von zwei Weltkriegen umbenannt. Doch wenn man genauer hinschaut, finden sich zahlreiche Elemente, die auf die Deutsch-Amerikaner hinweisen und die gleichermaßen Teil der deutschen und der US-amerikanischen Geschichte sind. So entstammt beispielsweise der amerikanische Weihnachtsmann, „Santa Claus", der Feder des Karikaturisten Thomas Nast aus Landau in der Pfalz, der als Kind mit seinen Eltern nach Nordamerika ausgewandert war. Und Nasts Einfluss ging sogar noch weiter. Er entwarf das Dollarzeichen sowie die grafischen Symbole der beiden großen amerikanischen Parteien: den Esel

Viele Nationalitäten brachten ihre Gewohnheiten und Gebräuche mit in die amerikanische Gesellschaft. So zeichnete der deutsch-amerikanische Karikaturist Thomas Nast während des Sezessionskrieges zum ersten Mal den amerikanischen Weihnachtsmann, „Santa Claus".

für die Demokraten und den Elefanten für die Republikaner. Auch unser Bild von den Schönen und Reichen, den Multimillionären aus New York, wäre ohne einen deutschen Einwanderer heute ein anderes. John Jacob Astor aus Walldorf bei Heidelberg gelang als Erster die traumhafte Karriere vom Tellerwäscher zum Multimillionär, ehe dieser Mythos als solcher betitelt wurde und sich der ursprünglich französische Begriff „millionaire“ in der englischen Sprache herausgebildet hatte. Vereinzelt gab es bereits Brauereien in den USA, doch erst durch den Bedarf der Deutsch-Amerikaner gründeten Landsleute die großen Brauereien mit nationalem Vertrieb. Die größte Brauerei ist noch heute Anheuser-Busch aus St. Louis, Missouri, welche die Biermarke Budweiser in Nordamerika vertreibt. Eberhard Anheuser wurde im pfälzischen Bad Kreuznach geboren, sein Schwiegersohn Adolphus Busch stammte aus Mainz. In Nordamerika erkannten beide das Potenzial hinter der großen Nachfrage der Deutschen nach einem Bier, das nicht nach englischer Brauart hergestellt wurde.

Wenn man die amerikanische Geschichte und Gesellschaft unter diesem Blickwinkel betrachtet, findet man viele derartige Beispiele. Was als typisch amerikanisch anmutet, geht oftmals auf Deutsch-Amerikaner zurück: Die ersten Jeans wurden von dem Franken Löb „Levi“ Strauss entwickelt, und die bekannteste Ketchup-Marke ist ein Produkt des Unternehmens des Deutsch-Amerikaners Henry John Heinz, Sohn deutscher Einwanderer aus dem kurpfälzischen Kallstadt. Die Shopping Malls entsprangen dem Konzept des Wiener Städteplaners Victor Grünbaum, und der bekannteste Wursthersteller ist „Oscar Mayer Wiener“ des Schwaben Oscar Ferdinand Mayer, der noch heute mit seiner auf die Jüngsten zugeschnittenen Werbekampagne amerikanische Kinderherzen höher schlagen lässt. Sie alle und viele weitere

Der Franke Levi Strauss erfand im 19. Jahrhundert etwas, das uns noch heute als „typisch amerikanisch“ erscheint und zum Alltagsgegenstand auf der ganzen Welt geworden ist: die Jeans.

Als „typisch amerikanisch“ gilt Heinz-Ketchup. Das Unternehmen von Henry John Heinz, Sohn deutscher Einwanderer aus dem kurpfälzischen Kallstadt, machte das Produkt weltberühmt. Die Abbildung zeigt Heinz-Ketchup-Flaschen von 1880 bis 1910.

drückten den Vereinigten Staaten ihren Stempel auf und brachten ein „deutsches Element“ mit in die fremde Kultur. Dass sie sich als einen Teil ihrer neuen Heimat empfanden, zeigten viele Einwanderer auch, indem sie für deren Armee in den Krieg zogen. Die Deutschen kämpften nicht nur im amerikanischen Unabhängigkeitskrieg, sondern auch im amerikanischen Bürgerkrieg (Sezessionskrieg). Die historischen Umstände verlangten, dass sie in diesen Kriegen auf beiden Seiten stritten und nicht selten gegeneinander antreten mussten. Bei genauerer Betrachtung wird also in der vermeintlich fremden Kultur das Deutsche greifbar und deutlich, sodass eine neue Sichtweise auf eine gemeinsame (trans-)atlantische Geschichte entsteht.

Das deutsch-amerikanische Leben begann 1683, als die erste größere Gruppe von Deutschen nach Pennsylvania auswanderte und sich in der Nähe von Philadelphia niederließ. Sie gründeten dort die erste deutsche Siedlung in Nordamerika, Germantown, heute ein Stadtteil von Philadelphia. Vereinzelt ließen sich in der Folge deutsche Kaufleute in den neuen Handelsstädten an der Atlantikküste nieder. Doch bereits in den Jahren 1709 und 1710 kam es zur ersten großen Auswanderungswelle aus dem Südwesten Deutschlands über London nach New York. Im weiteren Verlauf des 18. Jahrhunderts überquerten Hunderttausende Deutsche den Atlantik. In den USA wurden sie gemeinhin als „Palatines“ bekannt, weil die Mehrheit der Immigranten aus dem deutschen Südwesten, aus der Pfalz, stammte. Die überwiegende Anzahl der Einwanderer dieser Zeit emigrierte aus religiösen und ideologischen Gründen. In Nordamerika konnten sie ihre Religion frei ausleben und sich ohne Sorge vor Verfolgung durch die Obrigkeit niederlassen. Zu diesen Glaubensgemeinschaften gehörten beispielsweise die Herrnhuter, die Mennoniten und die weitaus bekannteren Amish.

Im 19. Jahrhundert stieg die Zahl der Auswanderer sprunghaft an. Dabei lassen sich fünf Phasen hervorheben. Die erste Phase umfasst die Zeit von 1816 bis 1830, die einer Anlaufperiode gleicht. Die zweite Phase reicht von 1831 bis 1841. Die Anzahl der Immigranten stieg in der Folge der französischen Julirevolution von 1830, die der liberalen Bewegung in Deutschland zu neuen Impulsen verhalf, deutlich an, insbesondere im Jahr 1832. Das ganze Jahrzehnt wurde zum Vorboten der wirtschaftlichen und sozialen Strukturkrise des Pauperismus, welche die Zahl der Auswanderungen sprunghaft emporschnellen ließ. In der dritten Phase von 1842 bis 1857 erreichte die Auswanderung erstmals große Ausmaße. Sie konnte in dieser Dimension erst stattfinden und zu einem Massenereignis werden, als sie ab Mitte des 19. Jahrhunderts organisierte Gestalt annahm. In den deutschen Ländern wurde eine wirkungsvollere Infrastruktur durch Gründungen von Auswanderervereinen und Aufklärung der Bevölkerung durch Zeitungen, Pamphlete und Bücher geschaffen, als es zuvor der Fall war. Die Zahl der Auswanderer überschritt in dieser Phase erstmals die Millionengrenze.

Dieses Plakat aus dem Jahr 1953 zeugt noch davon, dass die Mehrheit der deutschen Einwanderer im 18. Jahrhundert aus der Pfalz stammte. In den USA wurden die Deutschen deshalb allgemein als „Palatines“ bezeichnet.

Die Gründe, warum Deutsche ihre Heimat verließen, lassen sich im Allgemeinen auf Armut und Hungersnot sowie auf die Unterdrückung der Bevölkerung durch die staatliche Obrigkeit zusammenfassen. Die Bildfolge „Das Elend in Schlesien" veranschaulicht dies.

Pauperismus
Der Begriff Pauperismus beschreibt die Massenarmut vor allem in Deutschland in der Phase der Frühindustrialisierung der 1830er- und 1840er-Jahre. Der starke Anstieg der Bevölkerung, der Rückgang der Sterblichkeitsrate und die Veränderung der wirtschaftlichen Strukturen führten in den deutschen Ländern zu einer Massenarmut, die soziale Spannungen und politische Unruhen mit sich brachte. Hinzu kamen mehrere Missernten, die große Teile der Bevölkerung an die Existenzgrenze brachten.

Paß-Register Nro. 120.
Nur zur Hinreise gültig.
Auswanderungs-Paß.
Königreich Württemberg.
Neckar-Kreis. Oberamt Eßlingen
Beschreibung der Person:
Alter:
Größe:
Statur:
Gesichtsform:
Gesichtsfarbe:
Haare:
Augbraunen:
Augen:
Nase:
Mund:
Wangen:
Zähne:
Alle in- und auswärtige Civil- und Militär-Behörden werden ersucht, Vorzeiger dieses
gebürtig von
bisher wohnhaft in
welche den von
ab- und durch
nach

Im Südwesten Deutschlands wurde die Auswanderung liberaler behandelt als in anderen deutschen Regionen. Daher wanderten im 18. Jahrhundert und in der ersten Hälfte des 19. Jahrhunderts vermehrt Deutsche aus der Pfalz oder Württemberg aus. Hier ein Auswanderungs-Pass, ausgestellt vom Oberamt Esslingen

Charakteristisch für diese drei Phasen ist die Auswanderung selbstständiger Kleinbauern und Kleinhandwerker aus dem südwestdeutschen und zu einem geringeren Teil auch aus dem westdeutschen Raum, die in dieser Zeit den größten Prozentsatz der Auswanderer ausmachten. Die Auswanderung fand überwiegend im Familienverband statt. Ziel war, in den USA Land zu erwerben und dort Landwirtschaft zu betreiben.

Zwischen den Auswanderern aus dem Südwesten und dem Westen gab es kleine Unterschiede: Die meisten der südwestdeutschen Auswanderer waren Kleinbauern, die aufgrund des durch das Realerbteilungsrecht entstandenen Landmangels ausgewandert waren. Die Emigranten aus dem Westen Deutschlands waren hauptsächlich Angehörige der unterbäuerlichen Schichten, Heimarbeiter und Handwerker. Sie hofften, in Amerika endlich eigenes Land zu besitzen. Allen deutschen Gebieten gemein waren der sprunghafte Anstieg der Bevölkerung und die Strukturumwandlung, die mit der einsetzenden Industrialisierung um sich griff. Die Zahl der Menschen, die auf dem Gebiet des späteren Deutschen Reiches lebten, stieg von etwa 20 Millionen zu Beginn des 19. Jahrhunderts auf 33,7 Millionen im Jahr 1850 an. Im Zuge der ab Mitte des Jahrhunderts fortschreitenden Industrialisierung vollzog sich in der Arbeitswelt ein Umstellungsprozess von der heimgewerblichen Arbeit hin zur fabrikindustriellen Maschinenarbeit. Die Heimarbeiter produzierten dadurch ihre Waren nur noch zum Selbstkostenpreis und konnten mit der effektiveren, weil schnelleren Maschinenproduktion nicht konkurrieren. Bei dieser Erscheinung handelte es sich um eine permanente Umstrukturierung von Arbeitskräften, Arbeitsorten und Arbeitsvorgängen.

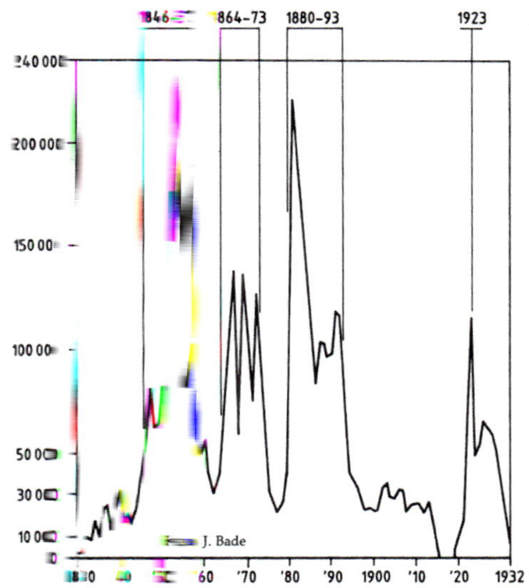

Anhand der Grafik lassen sich ab den 1830er-Jahren Spitzen der Auswanderung beobachten. Unterbrochen wurden diese nur vom amerikanischen Bürgerkrieg (1861–1865) und dem wirtschaftlichen Aufschwung in Deutschland im Zuge der Reichsgründung 1871.

Realerbteilungsrecht

Das Realerbteilungsrecht (auch Realteilung) war eine Erbregelung, die vor allem im Südwesten Deutschlands praktiziert wurde. Ihr zufolge wurden das Agrarland und der landwirtschaftliche Hof bei der Erbfolge entsprechend der Kinderzahl aufgeteilt. Dadurch wurden die Ländereien und großen landwirtschaftlichen Höfe Generation um Generation immer weiter zerstückelt, die Bauern mussten viele kleinere Äcker bestellen, die oftmals weit voneinander entfernt lagen. Zu Beginn des 19. Jahrhunderts war dieser Prozess so weit fortgeschritten, dass zahlreiche landwirtschaftliche Betriebe nicht mehr genügend erwirtschaften konnten, um eine ganze Familie zu ernähren. Anstelle der gleichmäßigen Aufteilung des Landes entschlossen sich viele Geschwister zur Auswanderung und hinterließen den Zurückbleibenden die restlichen Ländereien, damit zumindest ein Teil der Familie überleben konnte. Im Norden sah die Situation nicht besser aus: Auch die Vererbung eines Hofes an nur einen Nachfahren stellte die übrigen Geschwister vor große Probleme. Oftmals war die Auswanderung die einzige Alternative, den Lebensstandard zu erhalten und nicht bei einem anderen Bauern als Knecht anzuheuern.

Die in Deutschland ab Mitte des 19. Jahrhunderts einsetzende Industrialisierung brachte tiefe gesellschaftliche und wirtschaftliche Veränderungen mit sich, die auch die Zahl der Auswanderungen emporschnellen ließen. Links das Gemälde „Das Eisenwalzwerk. Moderne Cyklopen“

Zum Ende des 19. Jahrhunderts, also nach dem amerikanischen Bürgerkrieg (1861–1865), nahm die Auswanderung stark zu. Nicht zuletzt hatte die Einführung der Dampfschifffahrt die Dauer für die Überquerung des Atlantiks von ein paar Monaten auf einige Wochen verkürzt. Von 1866 bis 1872 sowie von 1880 bis 1893 kam es zu neuerlichen Spitzenwerten. Die ländlichen Unterschichten traten dabei zunehmend in den Vordergrund, und im Zuge der letzten großen Auswanderungswelle von 1880 bis 1893 rückte das ostelbische Preußen an die erste Stelle, was das Herkunftsland der Auswanderer betraf. Auch die demografischen Werte zeigen eine markante Veränderung in dieser Phase. Wanderten zuvor meist Menschen im Familienverbund oder als Verein aus, überholte nun der Anteil der Auswanderer aus städtisch-industriellem Milieu, die allein auswanderten, den der Gemeinschaften. Diese Arbeitswanderung war zum großen Teil ursprünglich nur auf Zeit gedacht, endete aber meist in definitiver Auswanderung.

Ein Querschnitt des Schnelldampfers Deutschland der Hapag-Lloyd, der zu Beginn des 20. Jahrhunderts die Hamburg-Amerika-Linie bediente (links, um 1900). Die Auswanderung nahm durch die Einführung der Dampfschifffahrt stark zu.

Die Dampfschifffahrt verkürzte die Atlantiküberquerung von etwa zwei Monaten auf lediglich mehrere Tage. Hier gehen Auswanderer an Bord, kontrolliert von Angestellten der Hapag und beobachtet von der Polizei (rechts, um 1910).

Zutritt nur den
Passagieren
gestattet.

TELEGRAPH.
RESTAURANT
TICKETS
EXPRESS CO NEW-YORK.
NEW-YORK-EXIT

In den frühen 1890er-Jahren fand die Massenauswanderung dann ihr Ende. Gründe hierfür sind das stark wachsende Erwerbsangebot in der Hochindustrialisierungsphase und die im Deutschen Reich über kurze Krisen hinweg bis zum Beginn des Ersten Weltkrieges andauernde wirtschaftliche Wachstumsperiode. Die wirtschaftliche Notlage, die zumeist zur Auswanderung bewogen hatte, war vielerorts nun nicht mehr gegeben. Ab 1893 brach der Auswandererstrom rapide ab. Dem deutsch-amerikanischen Leben in Nordamerika fehlte es dadurch in der Folge an Nachwuchs, neue Impulse zum Erhalt der eigenständigen Kultur blieben aus. Hinzu kam, dass der Erste Weltkrieg die Deutsch-Amerikaner vor die Frage stellte, ob sie Amerikaner oder Deutsche seien. Unter dem Druck der Öffentlichkeit, der Politik und der Kriegspropaganda amerikanisierte sich ein Großteil der Deutsch-Amerikaner schnell: Sie änderten ihre Familiennamen, und so wurde zum Beispiel aus Schmidt „Smith“, aus Kreissler „Chrysler“, aus Weißhaupt „Whitehead“ und aus Müller „Miller“. Auch Bestandteile des Alltags wurden umbenannt. Die Frankfurter Würstchen verkauften sich besser als Hot Dog und das Sauerkraut besser als „Liberty Cabbage“.

Es gibt viele Erklärungsmodelle für die Anpassung der verschiedenen ethnischen Gruppen in den Vereinigten Staaten über die Jahrhunderte hinweg. Ein allgemein anerkanntes und greifbares Modell ist der Prozess der Akkulturation, anhand dessen die Spuren der Deutschen in der amerikanischen Kultur herausgearbeitet werden können. Zusätzlich zu den offensichtlichen deutschen Elementen in den USA bringt er auch die kleinen alltäglichen Hinterlassenschaften in Kultur, Wirtschaft, Politik und Religion zum Vorschein. Der Prozess der Akkulturation fand vor allem im Alltag statt, in den Bereichen des Schul-, Vereins- und Pressewesens. Besondere Bedeutung hierbei erlangt die Geschwindigkeit und Dynamik, mit der die Deutschen die englische Sprache und neue Traditionen, Feste und Bräuche angenommen haben. Gegenläufig ist zu beobachten, wie sehr die Deutsch-Amerikaner an den alten Gewohnheiten festhielten – und was sie schließlich davon abbrachte, sprechen heute doch nur wenige Amerikaner von Haus aus Deutsch.

Die Akkulturation bezeichnet immer einen gegenseitigen Anpassungsprozess zwischen einer eingewanderten Gruppe und der Empfängerkultur. So verändern sich die Kultur der Einwanderer wie auch die der Aufnahmegesellschaft gleichermaßen und bilden danach eine gemeinschaftliche, neu geformte Kultur. Letzten Endes sind die Vereinigten Staaten das Ergebnis europäischer Ideen wie der Aufklärung, des Republikanismus, der Demokratie, des Liberalismus und des Protestantismus. Europa und Amerika müssen daher nicht nur als Teil einer gemeinsamen Wertegemeinschaft, sondern auch als Teil einer gemeinsamen Geschichtsschreibung verstanden werden. Um dieser gerecht zu werden, spricht man auch von einer gemeinsamen atlantischen Geschichte.

Der Speisesaal eines Dampfers um 1913 (oben). Es gab luxuriöse Speisesäle, und auch in den unteren Klassen herrschten bessere Bedingungen als auf den Segelschiffen.

Zwischen 1892 und 1954 kamen zwölf Millionen Einwanderer über den Inspektionssaal von Ellis Island in die USA (unten). Die Insel liegt im Hafengebiet der Stadt New York in der Nähe der Freiheitsstatue, direkt vor Manhattan. Die Abbildung stammt aus *Illustrierte Chronik der Zeit*, 1897.

"IF IT'S MADE OF PAPER, WE HAVE IT"
PRINTING
THE ROSE OF PERSIA

CALEB WEST
BELL MFG. CO.

William Penn warb in Europa eindringlich für seine Kolonie Pennsylvania in Nordamerika. Er versprach den Menschen die ersehnte religiöse Freiheit in der Neuen Welt und erreichte, dass sich ab 1683 auch verstärkt Deutsche in Pennsylvania niederließen.

DIE GESCHICHTE DER DEUTSCH-AMERIKANER

DIE ANFÄNGE IN PENNSYLVANIA

Mit der Verlagerung der Seefahrt vom Mittelmeer in den Atlantikraum zu Beginn des 16. Jahrhunderts stieg auch das britische Imperium endgültig zu einer Weltmacht auf. Wie die anderen europäischen Mächte wandten sich die Briten Nordamerika zu, doch die Expansionspläne der englischen Krone gestalteten sich andersartig. Sie gründete weder Vizekönigreiche noch wurden Eroberungskriege – zumindest nicht im Namen der Krone – geführt. Das Königshaus stellte lediglich Freibriefe für die Kolonisation der Neuen Welt durch private englische Handelsgesellschaften aus, die das Risiko der Besiedlung in eigenem Interesse und auf eigene Kosten unternahmen. Auf dieser Grundlage begann die englische Besiedlung Nordamerikas. Im Süden wurde die Handelskolonie Virginia gegründet, im Norden siedelten sich die „Pilgrim Fathers“ (Pilgerväter) in Neu-England an und lieferten zahlreichen europäischen Religionsflüchtlingen das Vorbild. Bereits unter den ersten Kolonisten waren auch einige deutsche Handwerker, Bauern und Kaufleute aus Brandenburg, Schlesien, Nürnberg und der deutschsprachigen Schweiz.
Der Quäker William Penn hatte sich mehrfach in England und auf dem europäischen Festland für religiöse Toleranz eingesetzt und sich auch nicht durch Inhaftierungen davon abbringen lassen, öffentlich als Quäker zu predigen. Häufig war er auch nach Deutschland gereist und hatte dort für seine Idee geworben, eine Kolonie für Religionsflüchtlinge in Nordamerika zu gründen. Vor allem wollte er seiner Religionsgemeinschaft, die in England mit der anglikanischen Kirche in Konflikt geraten war, die freie Ausübung ihrer Religion ermöglichen.

Der Vater von William Penn diente als Admiral der englischen Krone. Um Schulden auszugleichen, verlieh der englische König Karl II. dem Sohn seines Admirals, William Penn, eine Charta, die diesen zum Gouverneur der neuen Kolonie machte.

Das historische Siegel der Kolonie Pennsylvania, das William Penn selbst herstellte (Reproduktion aus dem 19. Jahrhundert)

Er schien seinem Ziel nahe zu kommen, als ihm König Karl II. gemäß der englischen Kolonisationspolitik im Jahr 1681 eine Charta zur Besiedlung des Gebiets zwischen New York und Maryland erteilte. Der König schuldete seinem verstorbenen Vater, dem verdienten Admiral Sir William Penn, Geld und beglich die Schuld auf diese Weise. Penn, der durch die Charta zum Gouverneur der neuen Kolonie befördert wurde, beabsichtigte, diese „New Wales" und später „Sylvania" zu nennen. Doch Karl II. überstimmte ihn und taufte das Land in Erinnerung an den verstorbenen Vater „Pennsylvania" (Penns Waldland). William Penn gründete dort eine Siedlung namens Philadelphia, die Stadt der „brüderlichen Liebe", in der die in Europa nicht geduldeten Religionsgemeinschaften brüderlich zusammenleben sollten – ohne staatliche Verfolgung und ohne gegenseitige Diskriminierung.

Penns größtes Problem war, dass seine Kolonie recht dünn besiedelt war. Um sein eigenes Vermögen zu vermehren und für wirtschaftliches Wachstum sowie Wohlstand in Pennsylvania zu sorgen, warb er nun gottesfürchtige Menschen an – die idealerweise auch Quäker waren –, nach Nordamerika zu kommen.

Durch die Zuwanderung entwickelte sich Philadelphia schnell zum wichtigsten Einwanderungshafen des 18. Jahrhunderts und zu einer bedeutenden Stadt an der Ostküste. Tausende von europäischen Religionsflüchtlingen gelangten über die Stadt ins Landesinnere und siedelten sich in Pennsylvania an. In der Zeit bis zur Unabhängigkeitserklärung im Jahr 1776 verließen über 100 000 Deutsche, die vor allem aus der Pfalz, Baden, Württemberg, der deutschsprachigen Schweiz und aus Elsass-Lothringen stammten, die Heimat, um nach Nordamerika auszuwandern. Diese Konzentration auf den Südwesten

Deutschlands lag vornehmlich daran, dass die Anträge auf Auswanderung dort liberaler behandelt wurden als in den anderen deutschen Gebieten, in denen die Auswanderung teilweise sogar verboten war.

Der Aufbruch der Pilgerväter in die Neue Welt, ihre Atlantiküberquerung und ihre Ansiedlung in Neu-England sind bedeutende Gründungsmythen der Vereinigten Staaten. Die Darstellung aus dem 19. Jahrhundert zeigt die Abfahrt der Pilgerväter im Juli 1620 (links).

Stadtansicht von Philadelphia, Hauptstadt von Pennsylvania und Stadt der „brüderlichen Liebe", im 18. Jahrhundert. Die Bedeutung der Stadt als atlantischer Seehafen ist deutlich zu erkennen (rechts).

Die Quäker
Die Quäker sind eine christliche Religionsgemeinschaft, die Mitte des 17. Jahrhunderts in England entstand. Ursprünglich nannten sie sich „Religiöse Gemeinschaft der Freunde"; der Ausdruck Quäker war eine Fremdbezeichnung, die von den Mitgliedern der Religionsgemeinschaft selbst als Beleidigung empfunden wurde. Er geht auf das englische Wort „to quake" zurück – die Quäker zitterten während der Predigt stark – und diente ihren Gegnern zum Spott.
Die Quäker folgten der Vorstellung, dass die Erleuchtung durch Gott jedem Menschen als Quelle der Erkenntnis dienen und zu einem christlichen Leben führen kann. Vor allem deshalb wurden sie lange Zeit von der anglikanischen Kirche verfolgt. Die Quäker lehnten jede Form von Gewalt ab und betrachteten Vergnügen als anstößig.

Germantown, die erste deutsche Siedlung

William Penn hatte auf seinen Reisen durch Deutschland vielen Menschen ein besseres Leben in Nordamerika versprochen. Dort sollten sie vor allen Dingen frei und ohne Einschränkungen ihren Glauben leben dürfen, denn seit dem Westfälischen Frieden von 1648 wurden in den deutschen Ländern lediglich die katholische, die lutherische und die reformierte Kirche als Staatsreligionen akzeptiert. Alle anderen Religionsgemeinschaften sahen sich einer mehr oder minder vehementen Unterdrückung oder gar Verfolgung ausgesetzt, je nach Politik des jeweiligen Landesherrn.

Der Kolonisator Franz Daniel Pastorius brachte 1683 die ersten deutschen Siedler nach Pennsylvania. Er war eng mit William Penn befreundet und wurde aufgrund seiner kolonisatorischen Leistungen zum ersten Bürgermeister von Germantown bestimmt. Das Relief entstand zu Beginn des 19. Jahrhunderts.

Auf einer seiner Reisen durch Deutschland konnte Penn mehrere Familien aus dem Kreis der Frankfurter Pietisten für seine Sache gewinnen. Sie gründeten die „Frankfurter Compagnie“ und kauften in Penns Kolonie Land. Doch das Vorhaben scheiterte schon früh. Die Frankfurter verloren den Mut, und keiner von ihnen konnte sich schließlich dazu durchringen, tatsächlich nach Nordamerika auszuwandern. Um nun ihre Ländereien in Pennsylvania weiterzuverkaufen, verpflichteten sie einen Agenten, der andere Deutsche für die Auswanderung begeistern und so das Land der „Frankfurter Compagnie“ weiterverkaufen sollte. Im November 1682 entschieden sie sich für Franz Daniel Pastorius.

Zu dieser Zeit bot die deutsche Stadt Krefeld vielen protestantischen Glaubensflüchtlingen Zuflucht, vor allem Mennoniten und Quäkern. Die Unterdrückten und Verfolgten kamen und siedelten sich am Rande der Stadt an. Durch diesen Zuzug kam es vermehrt zu Spannungen und Streitigkeiten zwischen den ursprünglichen Bewohnern der Stadt und den angelockten Religionsflüchtlingen. Die angespannte Lage eskalierte letztlich beinahe, als die Mennoniten und Quäker eigene Versammlungen zur Selbstverwaltung abhielten, aufgrund dessen sie eines rebellischen Verhaltens bezichtigt wurden. Sie wehrten sich gegen die Vorwürfe und beschuldigten wiederum die Krefelder, sich aus Fremdenfeindlichkeit und aus Angst vor dem wirtschaftlichen Wettbewerb gegen die Religionsflüchtlinge zu wenden.

In Krefeld wurde Franz Daniel Pastorius fündig. Hier fand er Menschen, die dazu bereit waren, nach Nordamerika zu ziehen. Bei den „Original 13“, wie sie in der Erinnerungskultur genannt werden, handelte es sich um 13 mennonitische Familien, die später – vermutlich auf Wunsch Penns – zu den Quäkern übertraten. Sie erklärten sich dazu bereit, Pastorius nach Pennsylvania zu folgen sowie das Land der „Frankfurter Compagnie“ zu übernehmen und zu besiedeln.

Im Frühling 1683 eilte Pastorius der Gruppe nach Nordamerika voraus. Ihm war unwohl bei dem Gedanken an die Überfahrt auf hoher See, wie er in seinem Abschiedsbrief an seine Eltern verriet. Es sollte für ihn kein Zurück geben, denn auch Pastorius hatte ein religiöses Motiv. Er verstand sich nicht einfach nur als Agent, dem es um wirtschaftlichen Gewinn ging. Er fürchtete sich vielmehr vor einem Urteil Gottes über Europa, das den verrohten und seinem Empfinden nach unchristlichen Sitten der Alten Welt bald ein Ende bereiten würde. Wie dieses Urteil aussehen würde, wusste er nicht. In Nordamerika würde er einen Neuanfang wagen und das fromme Leben eines Quäkers führen.

Am 20. August 1683 erreichte er nach einer zweimonatigen und stürmischen Überfahrt schließlich den Hafen von Philadelphia, wo William Penn bereits auf ihn wartete. Er freundete sich rasch mit ihm an und in den nächsten Wochen bereiteten sie gemeinsam die Ankunft der Krefelder vor. Die „Original 13" befanden sich schon seit dem Frühjahr des Jahres auf Wanderschaft. Auf dem Rhein waren sie nach Rotterdam gereist, dem damals größten Hafen auf europäischem Festland. Von dort setzten sie nach England über und bestiegen schließlich im Juli 1683 das Segelschiff Concord, auf dem sie die mehrwöchige Reise über den Atlantik antraten. Die Familien hatten keine Vorstellung davon, was sie in Amerika erwarten würde, und nahmen Kleidung für die ersten beiden Jahre, Gewehre für die Jagd, Angeln und Netze sowie einen Webstuhl mit, um sich so über die erste Zeit zu retten.

Zahlreiche Agenten umwarben im 19. Jahrhundert Auswanderungswillige in Deutschland. Einige von ihnen informierten die Deutschen gewissenhaft, andere wiederum verführten die Menschen aus reiner Profitgier. Stich nach einem Gemälde von Hans Pöck, 1883

Am 6. Oktober 1683 erreichten die 42 Deutschen den Hafen von Philadelphia. In der amerikanischen Erinnerungskultur nimmt die Concord ihren Platz als „deutsche Mayflower“ ein. Ohne den Mut der 13 Familien, ohne die Bereitschaft, das Vertraute aufzugeben und sich auf Neues einzulassen, wäre eine deutsche Auswanderung im 18. Jahrhundert nahezu ausgeblieben. Die 13 Familien waren das Urbild der Deutschen in Nordamerika, von dem man auf beiden Seiten des Atlantiks sprach und das andere erst auf die Idee brachte, sich in Nordamerika anzusiedeln. Durch ihre Auswanderung wurden deutsche Ansiedlungen in Nordamerika möglich und selbstverständlich.

Viel Zeit blieb den Neuankömmlingen nicht, um sich auf den kommenden Winter vorzubereiten. Am 24. Oktober erhielten sie das erworbene, fast neun Quadratmeilen große Land zugewiesen und gründeten dort die erste deutsche Siedlung auf amerikanischem Boden: Germantown, von vielen Einwanderern der ersten und zweiten Generation auch „Deitscheschteddel“ gerufen. Es lag etwa fünf Meilen von Philadelphia entfernt, direkt an einem alten Indianerpfad, der fortan „Germantown Road“ genannt wurde und die Siedlung in die eine Richtung mit Philadelphia und in die andere Richtung mit fruchtbaren Weideländereien verband. Zudem durchzogen drei kleine Flüsschen das Gebiet von Germantown, die zwar nicht für die Schifffahrt geeignet waren, dafür legten die Krefelder an den Ufern Mühlen an und nutzten das Wasser zur Bewässerung der Felder.

Mayflower
Die Pilgerväter hatten sich von der anglikanischen Kirche abgespalten und mussten aus England fliehen. Nach einigen Jahren im niederländischen Exil entschlossen sie sich, in Nordamerika einen Neuanfang zu wagen. Am 6. September 1620 brachen sie auf der Mayflower nach Amerika auf, wo sie am 21. November landeten. Sie waren keinesfalls die ersten englischen Siedler in der Neuen Welt, jedoch spielt ihr Auszug nach Amerika in der Erinnerung und der Alltagskultur der Amerikaner eine bedeutende Rolle. Sie waren es nämlich, die von den regionalen Indianern unterstützt wurden – ohne deren Hilfe hätten sie den harten Winter nicht überlebt. Zum Dank dafür veranstalteten die Siedler im darauffolgenden Jahr ein Erntedankfest, das dem heutigen Thanksgiving voranging.

Auf der Mayflower segelten die „Pilgrim Fathers“ (Pilgerväter) ins Ungewisse, trugen aber die Hoffnung auf einen Neuanfang in Amerika mit sich. Stahlstich, um 1850 (Seite 30)

Links die 20-Cent-Briefmarke mit der Concord – jenem Schiff, mit dem 1683 die ersten deutschen Familien unter der Führung von Franz Daniel Pastorius nach Pennsylvania kamen. Zum 300. Jubiläum brachte die Deutsche Bundespost gemeinsam mit US Postal eine Gedenkmarke mit demselben Motiv heraus. Der Ersttagsbrief wurde mit einem Stempel aus Germantown versehen.

Zuallererst mussten die Deutschen die Wildnis urbar machen, Steine aus dem Boden entfernen, um Getreide anbauen zu können, und den dicht wachsenden Wald roden.
Die Farblithografie unten stammt aus *Bilder zum Anschauungsunterricht fuer die Jugend.*

Germantown erlebte nach einiger Zeit einen Aufschwung und wurde so attraktiv für weitere Einwanderer. Bald wurde die Siedlung so groß, dass sie in der nahe gelegenen Stadt Philadelphia aufging. Hier „Bilder aus Alt-Germantown" in der verklärenden Perspektive der *Gartenlaube* (rechts)

Um sich vor der kalten Jahreszeit zu schützen, begannen sie gleich nach der Zuweisung des Landes damit, notdürftige Hütten und Behausungen für die Überwinterung zu bauen. Diese sollten keineswegs die endgültigen Häuser sein, sondern den Deutschen lediglich Schutz vor dem herannahenden Winter bieten. Mit harter Arbeit trotzten sie der Natur und machten den pennsylvanischen Wald urbar. Sie mussten meterhohe, uralte Bäume fällen und deren Wurzeln aus dem Boden entfernen, um das Land bewohnbar zu machen. Immer wieder musste Pastorius die kleine Gruppe ermutigen, die harte Arbeit nicht gewöhnt war. Ihre Kraft war schnell erloschen, und sie stand mehrfach am Rande der Resignation. Als aber die ersten Hütten errichtet waren und der Winter überstanden war, besserte sich die Stimmung unter den deutschen Siedlern, und der Aufbau der Gemeinde ging voran. Schließlich bestand Germantown aus einer 18 Meter breiten Straße, an deren Seiten die Deutschen Pfirsichbäume gepflanzt hatten. Die wenigen Häuser waren mit Gärten versehen, in denen die Siedler vielerlei Obst und Gemüse anbauten. Es sollte den Eigenbedarf decken und des Weiteren Überschuss erwirtschaften, den die Bewohner auf dem

„Glücklich ist die Gemeinde, deren Gerichts-Annalen langweilig sind."

Sklaverei
Die ersten afrikanischen Sklaven wurden 1619 an Bord eines holländischen Schiffs in die englische Kolonialstadt Jamestown, Virginia, gebracht; in den Kolonien war der Bedarf an Arbeitern und Bediensteten groß. Zunächst war ihre rechtliche Stellung kaum schwächer als die vieler Europäer, welche die Kosten ihrer Auswanderung über mehrere Jahre abarbeiteten und dann frei sein sollten. Sofern sie sich zum Christentum bekehrten, wurden auch die Afrikaner nach einigen Jahren in die Freiheit entlassen. Doch dies änderte sich schnell. Bis zum Beginn des 18. Jahrhunderts war es für die Kolonisten im Süden Nordamerikas zur Selbstverständlichkeit geworden, die Afrikaner als Sklaven für sich arbeiten zu lassen. Sie wurden per Gesetz zum Besitz der Weißen bestimmt und galten gemeinhin als niedere Rasse. Alle Kolonialmächte dieser Zeit betrieben Sklaverei, um aus den Kolonien einen höheren wirtschaftlichen Gewinn zu erzielen. Großbritannien gelang so der Aufstieg zur Weltmacht.

Markt in Philadelphia verkaufen konnten. Germantown blieb in den ersten Jahren eine bescheidene Siedlung, und einige Reisende bezeichneten es auch als „Armentown". Wohlstand stellte sich erst sehr viel später ein. Trotzdem wuchs die Siedlung durch den Zuzug weiterer Siedler schnell und erhielt bereits 1689/91 das Stadtrecht. Aus tief empfundener Dankbarkeit wählten die Siedler Pastorius zu ihrem ersten Bürgermeister. Zugleich bekleidete er auch das Amt des Friedensrichters. Doch in dieser Funktion hatte Pastorius kaum etwas zu tun. Mitunter vergingen mehrere Monate, ehe er wegen eines Vergehens eine gelinde Geldstrafe aussprechen musste. Größere Verbrechen gab es in der Ansiedlung nicht. Ein Beamter, der die Akten von Germantown durchsah, stellte fest, dass diese trocken und langweilig waren. Die Siedler von Germantown schrieben schon bald amerikanische Geschichte, und zwar auf besondere Weise. Am 18. April 1688 verfassten sie unter der Leitung von Franz Daniel Pastorius den ersten schriftlichen Protest gegen die Sklaverei in Nordamerika und reichten ihn bei der Regierung in Philadelphia ein: „Hier sind die Gründe, warum wir gegen den Menschenhandel sind … Obwohl sie schwarz sind, können wir nicht einsehen, dass es deshalb eine größere Berechtigung dafür gäbe, sie als Sklaven zu halten … Hier herrscht Freiheit des Glaubens, was recht und vernünftig ist. Aber hier sollte auch Freiheit des Körpers herrschen … In Europa werden viele wegen ihres Glaubens unterdrückt. Hier dagegen sind es jene, welche wegen ihrer schwarzen Hautfarbe unterdrückt werden."

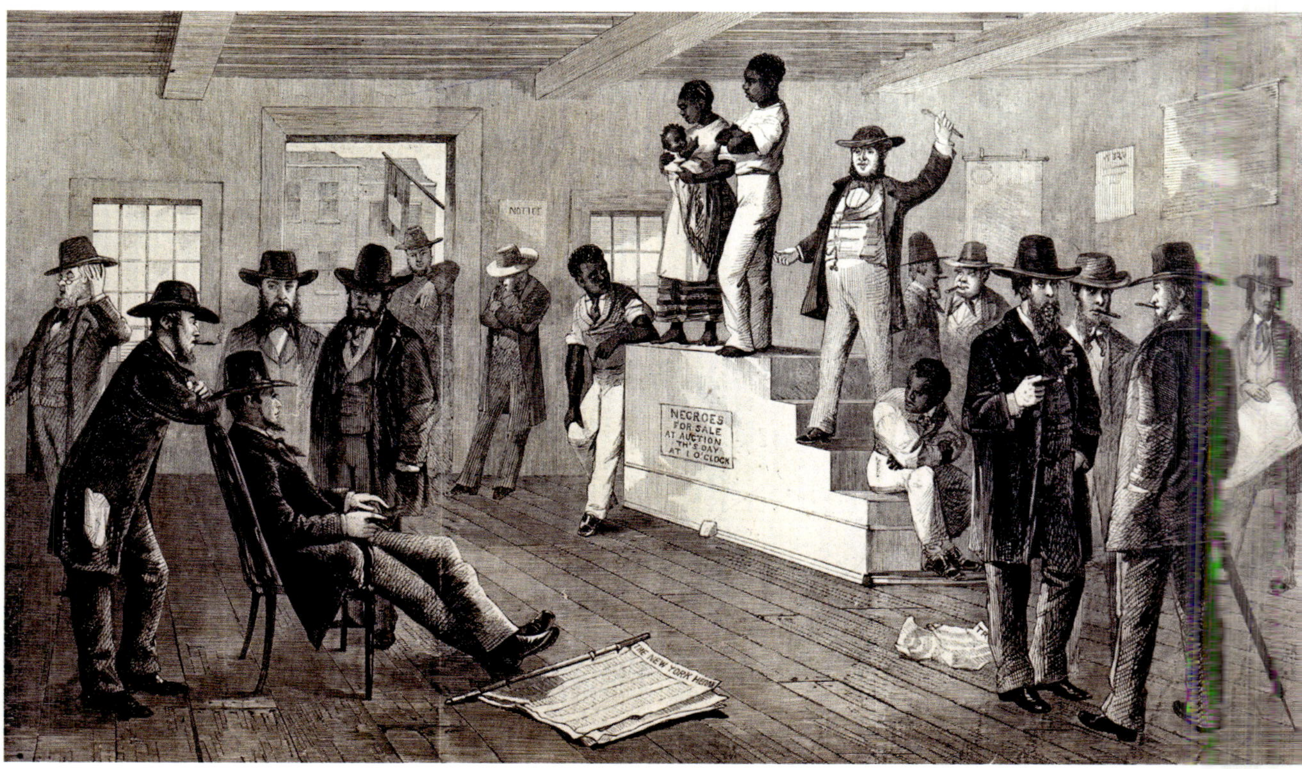

Den Deutschen war die Sklaverei unheimlich. In ihrer Heimat hatten sie unter der Verfolgung der Obrigkeit gelitten; außerdem verstoße sie gegen die christliche Lehre der Nächstenliebe. Die Jahresversammlung der Quäker nahm den Protest wahr, allerdings sah sie sich nicht in der Lage, eine Entscheidung darüber zu treffen. Die Streitfrage berührte zu viele Punkte, die zu tief in die englische Gesellschaft in Nordamerika hineinreichten. Das Schriftstück wurde zu den Akten gelegt und tauchte erst 155 Jahre später wieder auf.

Der schriftliche Protest der Bewohner von Germantown markiert gewissermaßen den Anfang des Widerstands gegen die Sklaverei in Nordamerika. Ihm zu Ehren verfasste der amerikanische Dichter John Greenleaf Whittier das Gedicht „The Pennsylvania Pilgrim" (1872).

Für den Fortschritt von Germantown sorgte vor allem die Leinweberei, die einige Einwandererfamilien mit in die Neue Welt gebracht hatten. Die Leinweberei sowie der Anbau von Flachs und Wein waren die Hauptwirtschaftszweige der jungen Gemeinde, daher wurden alle drei Bereiche in das Siegel der Stadt aufgenommen. Später kam noch die Papierproduktion hinzu. William Rittenhouse aus Mühlheim an der Ruhr baute die erste Papiermühle in Nordamerika. Als Lehrling hatte er in den holländischen Mühlen gelernt und brachte nun seine Fertigkeit mit nach Nordamerika. Die Rittenhouse-Mühle blieb die Grundlage der Familiengeschäfte für die nächsten hundert Jahre. Darüber hinaus hatte Rittenhouse viele Nachahmer, sodass überall in der Region neue Papiermühlen entstanden, die auch für das Entstehen von Druckereien sorgten.

Rittenhouse selbst war ein frommer Mann mit großem Gemeinsinn. Er stiftete das Grundstück für die erste Mennonitenkirche und fungierte in der Gemeinde als erster gewählter Geistlicher bis zu seinem Tod im Jahr 1707. Die meisten Einwohner von Germantown waren aus religiösen Gründen nach Nordamerika gekommen, nur wenige hatten ihre Heimat aus wirtschaftlichen Gründen verlassen. Dies führte zu dem Phänomen religiöser Vielfalt, das in den USA noch heute deutlich in Erscheinung tritt. Auch im jungen Germantown herrschte bald ein buntes Religionsleben. In der Stadt existierten neben den Quäkern, Mennoniten, Lutheranern, Reformierten und Baptisten auch einige wenige Katholiken, Freidenker und Methodisten.

In den folgenden Jahren siedelten sich in Germantown auch einige Schweizer Familien an. Hinzu kamen niederländische, schwedische, englische und irische Siedler. Dennoch blieben die Deutschen die zahlenmäßig stärkste und einflussreichste Gruppe bis weit in das 19. Jahrhundert hinein. Nachkommende Einwanderer folgten dem Beispiel der ersten organisierten Siedlungsgründung und ließen sich ebenfalls in Germantown oder Umgebung nieder. Die Einwohnerzahl der Siedlung erhöhte sich von 150 im Jahr 1709 auf 2000 während des amerikanischen Unabhängigkeitskrieges von 1775 bis 1783. Dem Zensus des Jahres 1800 zufolge lebten dann zu Beginn des 19. Jahrhunderts

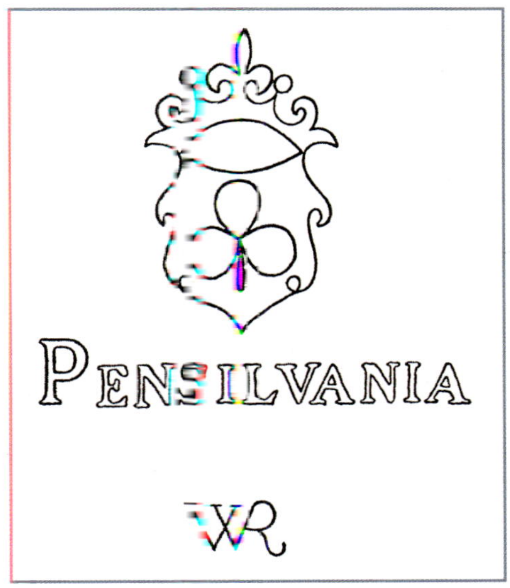

Im Siegel von Germantown spiegeln sich die Tätigkeiten seiner Bewohner, der Anbau von Wein, Leinen und Flachs *(Vinum, Linum et Textrinum)*, wider (oben).

Das Siegel unten gehört zur Papiermühle des Auswanderers William Rittenhouse aus Mühlheim an der Ruhr. Die Papierherstellung kam als vierter Arbeitsbereich in Germantown hinzu.

Schon den ersten deutschen Siedlern war der Handel mit Sklaven suspekt. Sie empfanden ihn als unmenschlich und unchristlich und forderten seine Abschaffung (links).

bereits 3200 Einwohner in der Stadt. Durch den Bevölkerungszuwachs wurde Germantown bald ein Teil der Verwaltung der benachbarten Stadt Philadelphia. 1707 wurde die Ansiedlung der Deutschen ein Teil des Landkreises von Philadelphia, zwei Jahre später wurden alle Einwohner zu englischen Staatsbürgern erklärt – und 1854 schließlich wurde Germantown zu einem Verwaltungsdistrikt der Stadt Philadelphia.

Im 18. Jahrhundert wurde vor allem die Umgebung von Germantown zu einem Zentrum des deutsch-amerikanischen Lebens. Neben der Siedlung ließen sich weitere Deutsche nieder. So entstanden in unmittelbarer Nähe von Germantown die Gemeinden Kriesheim, Sommer-

Das Geburtshaus von Franz Daniel Pastorius im fränkischen Weinort Sommerhausen in der Nähe von Würzburg früher und heute

Franz Daniel Pastorius, der Pionier

Franz Daniel Pastorius wurde am 26. September 1651 in dem fränkischen Weinort Sommerhausen bei Würzburg geboren. Seine Familie gehörte zu einer kleinen Schicht protestantischer Akademiker am Hof des Grafen Schenk zu Limpurg, der Pastorius' Vater wohlgesinnt war, weil er sich vom Katholizismus abgewendet hatte. Dem Stand seiner Familie entsprechend erhielt der junge Pastorius eine umfassende Erziehung in modernen und klassischen Sprachen sowie in den Naturwissenschaften. Sodann studierte Pastorius Rechtswissenschaften in Altdorf, Straßburg und Jena. Ende der 1670er-Jahre geriet er in Kontakt mit dem Theologen Philipp Jakob Spener und dem Pietisten Johann Jakob Schütz, Mitglieder eines radikal-pietistischen Kreises in Frankfurt am Main. 1682 gründete dieser die „Frankfurter Compagnie", die das Ziel hatte, nach Nordamerika auszuwandern. Letztlich machten die Auswanderungswilligen aber einen Rückzieher, und so wurde Pastorius damit beauftragt, eine andere Gruppe zu finden, die den Frankfurtern das bereits erworbene Land in Pennsylvania abkaufen und dorthin übersiedeln würde. Pastorius fand eine Gruppe Quäker und Mennoniten in Krefeld, die bereit war, dieses Unternehmen zu wagen. Um die Ansiedlung vorzubereiten, reiste Pastorius nach Pennsylvania, wo er am 20. August 1683 ankam. Dort organisierte er den Landkauf und bereitete die Siedlungsgründung von Germantown vor. Als die 13 Krefelder Familien im Oktober ebenfalls in Pennsylvania ankamen, stand er am Hafen von Philadelphia, begrüßte die Auswanderer und erleichterte ihnen in den nächsten Monaten den Einstieg in das neue Leben jenseits des Atlantiks.

Er blieb die treibende Kraft der ersten deutschen Ansiedlung und wirkte als Bürgermeister, Stadtschreiber, Friedensrichter und Schullehrer. Von 1687 bis 1691 war er zudem Mitglied im Parlament von Pennsylvania. Er war für viele Bewohner von Germantown ein Vorbild und die unumstrittene Respektsperson. William Penn, mit dem er sich im Lauf der Zeit anfreundete, vermittelte ihm die Leitung der Quäkerschule von Philadelphia, die Pastorius von 1698 bis 1700 innehatte.

Die vielen Schriftstücke, die Pastorius der Nachwelt hinterließ, bilden eine einzigartige Quelle zur Geschichte der Deutschen in Amerika. In den Briefen an seine Familie berichtete er von den Schwierigkeiten des Aufbaus von Germantown, dem plagenden Heimweh und der Hoffnung auf eine gute Zukunft, die er mit der Siedlungsgründung verband. Vor allem seine Pamphlete *Umständige geographische Beschreibung der zu allerletzt erfundenen Provintz Pensylvaniae, in denen End-gräntzen Americae in der West-Welt gelegen* aus dem Jahr 1700 und *Sichere Nachricht aus America wegen der Landschaft Pennsylvania von einem dorthin gereisten Teutschen* gelten als bedeutende Dokumente der frühen Geschichte Amerikas in deutscher Sprache.

Die Abbildung oben zeigt eine historische Ansicht der Papiermühle von William Rittenhouse. Der Auswanderer aus Mühlheim an der Ruhr fand viele Nachahmer, überall in der Region entstanden neue Papiermühlen und bald auch die ersten Druckereien. Das Foto unten zeigt die Papiermühle heute.

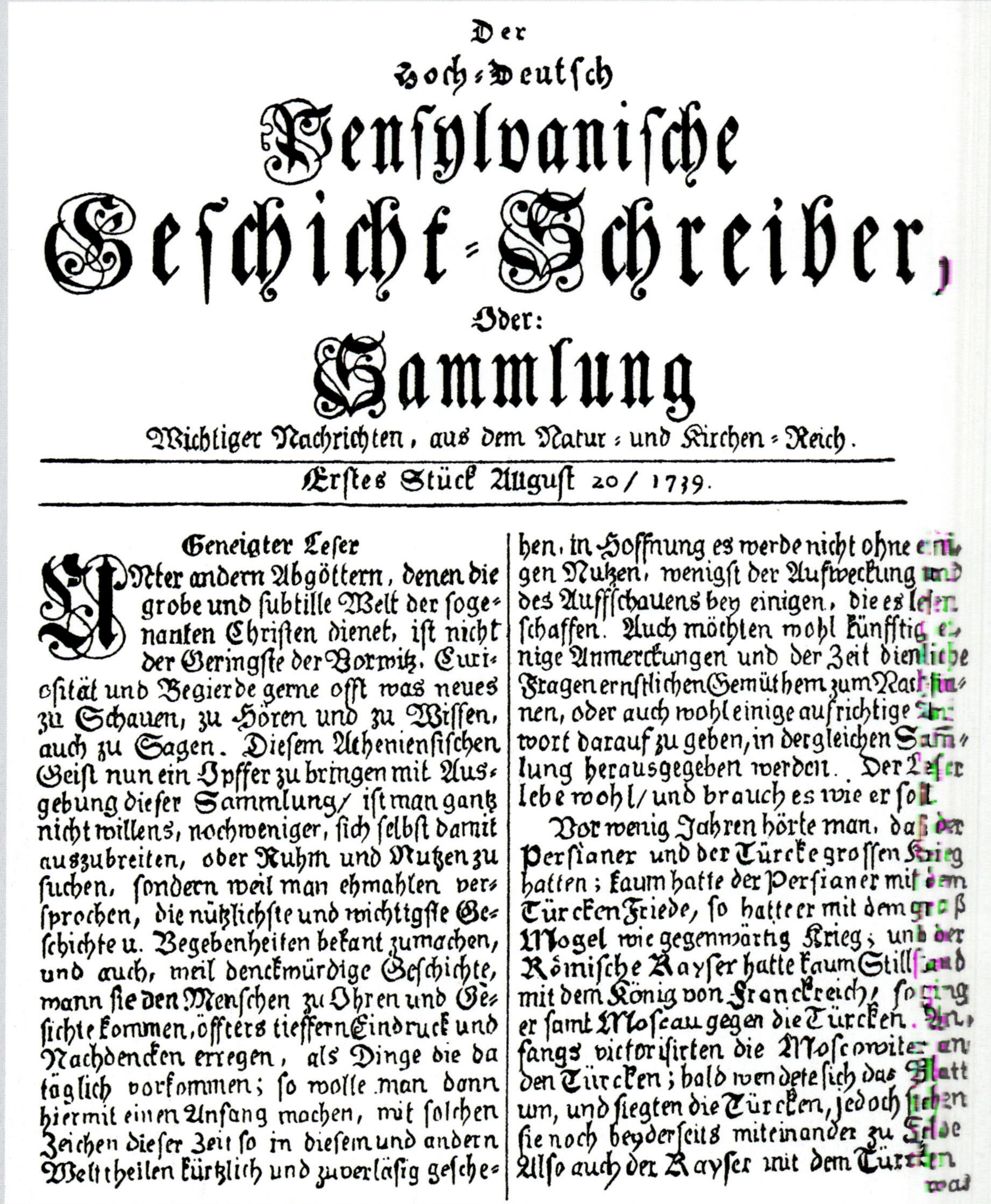

Der
Hoch-Deutsch
Pensylvanische
Geschicht-Schreiber,
Oder:
Sammlung
Wichtiger Nachrichten, aus dem Natur- und Kirchen-Reich.

Erstes Stück August 20/ 1739.

Geneigter Leser

UNter andern Abgöttern, denen die grobe und subtille Welt der sogenanten Christen dienet, ist nicht der Geringste der Vorwitz. Curiosität und Begierde gerne offt was neues zu Schauen, zu Hören und zu Wissen, auch zu Sagen. Diesem Athenienſischen Geist nun ein Opffer zu bringen mit Ausgebung dieser Sammlung/ ist man gantz nicht willens, nochweniger, sich selbst damit auszubreiten, oder Ruhm und Nutzen zu suchen, sondern weil man ehmahlen versprochen, die nützlichste und wichtigste Geschichte u. Begebenheiten bekant zumachen, und auch, weil denckwürdige Geschichte, wann sie den Menschen zu Ohren und Gesichte kommen, öffters tieffern Eindruck und Nachdencken erregen, als Dinge die da täglich vorkommen; so wolle man dann hiermit einen Anfang machen, mit solchen Zeichen dieser Zeit so in diesem und andern Welttheilen kürtzlich und zuverläsig geschehen, in Hoffnung es werde nicht ohne einigen Nutzen, wenigst der Auffweckung und des Auffschauens bey einigen, die es lesen, schaffen. Auch möchten wohl künfftig einige Anmerckungen und der Zeit dienliche Fragen ernstlichen Gemüthern zum Nachsinnen, oder auch wohl einige aufrichtige Antwort darauf zu geben, in dergleichen Sammlung herausgegeben werden. Der Leser lebe wohl/ und brauch es wie er soll.

Vor wenig Jahren hörte man, daß der Persianer und der Türcke grossen Krieg hatten; kaum hatte der Persianer mit dem Türcken Friede, so hatte er mit dem groß Mogel wie gegenwärtig Krieg; und der Römische Kayser hatte kaum Stillstand mit dem König von Franckreich/ so ging er samt Moscau gegen die Türcken. Anfangs victorisirten die Moscowiter an den Türcken; bald wendete sich das Blatt um, und siegten die Türcken, jedoch stehen sie noch beyderseits miteinander zu Felde. Also auch der Kayser mit dem Türcken was

Im Jahr 1732 erschien die erste deutschsprachige Zeitung in Nordamerika. Benjamin Franklins *Philadelphia Gazette* wurde übersetzt und als *Philadelphische Zeitung* vertrieben. Hier die Titelseite der ersten mit deutschen Lettern in Amerika gedruckten Zeitung aus dem Jahr 1739 hausen und Krefeld. Gemeinsam bildeten sie die „German Townships“. 1732 erschien die erste deutschsprachige Zeitung in Nordamerika, die *Philadelphia Gazette*. Sie wurde von Benjamin Franklin herausgegeben und war lediglich eine Übersetzung der englischen Ausgabe selben Namens. Auf die Interessen und Bedürfnisse der Deutsch-Amerikaner in Pennsylvania war sie allerdings nicht zugeschnitten. Daher wurde die Zeitung nach zwei Ausgaben wieder eingestellt. Erst 1748 publizierten die Deutschen ihre eigene Zeitung. Die *Germantowner Zeitung* von Christoph Saur, der aus dem kurpfälzischen Ladenburg stammte, sorgte für großen Zusammenhalt unter den Deutschen in Pennsylvania. Sauer war es auch, der 1743 die erste deutschsprachige Bibel in Nordamerika druckte.

Noch heute gibt es Gegenden in Pennsylvania, die stark von den deutschen Einwanderern geprägt sind. Zudem ist der Dialekt Pennsylvania-Deutsch einer der wenigen Splitterdialekte, der nicht vom Aussterben bedroht ist, sondern bis heute ständig an Zuwachs gewinnt.

BIBLIA,
Das ist:
Die
Heilige Schrift
Altes und Neues
Testaments,
Nach der Deutschen Uebersetzung
D. Martin Luthers,
Mit jedes Capitels kurtzen Summarien, auch
beygefügten vielen und richtigen Parallelen;
Nebst einem Anhang
Des dritten und vierten Buchs Esrä und des
dritten Buchs der Maccabäer.
Germantown:
Gedruckt bey Christoph Saur, 1743.

Die von Christoph Saur aus Ladenburg bei Heidelberg gedruckte erste deutschsprachige Bibel in Nordamerika (oben) sowie Haus und Druckerei des Auswanderers in Germantown, Pennsylvania. Mit seinen Druckerzeugnissen nahm Saur großen Einfluss auf die junge Gemeinde.

Mit Bibel und Pflug – die Deutschen vor der großen Einwanderung

Das Hauptziel der deutschen Auswanderung blieb das ganze 18. Jahrhundert hindurch weiterhin Pennsylvania, und die meisten Deutschen kamen als Religionsflüchtlinge nach Nordamerika. Nur wenige siedelten sich in den anderen englischen Kolonien an. Eine Ausnahme bildet der erste große Auswandererstrom der Jahre 1709/1710 aus der damaligen Kurpfalz. Die Bewohner verließen ihre Heimat aus wirtschaftlichen oder sozialen und nicht aus religiösen Gründen, zudem siedelten sie sich überwiegend in New York an.
Die Anzahl der Deutschen in Nordamerika kann für das 18. Jahrhundert nur grob geschätzt werden, da es keine verlässlichen Aufzeichnungen gibt. So lebten im Jahr 1727 etwa 20 000 Deutsche in Penns Kolonie. Gegen Ende des Jahrhunderts waren es Schätzungen zufolge bereits bis zu 200 000. Die Hälfte von ihnen stammte aus der Pfalz, und die meisten siedelten sich im Hinterland Pennsylvanias an. Schnell wurde der Begriff „Palatines" (Pfälzer) synonym für die vielen Deutschen gebraucht, zumal den Amerikanern nicht klar war, wie groß die Pfalz tatsächlich war und welche Gebiete entlang dem Rhein sie umfasste.
Die Deutschen ließen sich zumeist an der Siedlungsgrenze, der „Frontier", nieder, die damals keinesfalls im weiten Westen, sondern im Hinterland der englischen Kolonien, noch östlich der Appalachen, lag. Sie siedelten in der unfreundlichen Wildnis, rodeten die alten Wälder und betrieben Landwirtschaft. Jahrelang mussten sie unter primitiven Bedingungen in einfachen, abgelegenen Blockhäusern leben und waren auf die Jagd angewiesen, ehe sie durch Verbesserung des Ackerbaus erfolgreiche Ernten einfuhren. Durch spezielle Düngemethoden, durch die vollständige Rodung des Landes und die mühsame Entfernung der Steine im Ackerboden erzielten sie bessere Ergebnisse als die englischen Kolonisten. So erarbeiteten sich die Deutschen schnell einen guten Ruf als gründliche und tüchtige Bauern – ein Image, das noch heute, auch in anderen Wirtschaftszweigen, nachhaltig wirkt. Dieses Bild wurde in der 1789 veröffentlichten Darstellung von Benjamin Rush, *An Account oft the Manners oft the German Inhabitants of Pennsylvania*, darüber hinaus einer größeren Öffentlichkeit zugetragen. Er schrieb, dass sich die deutschen Bauern von den restlichen Landwirten dadurch unterschieden, dass sie haltbare Zäune aufstellten, durch intensive Rodung den Boden fruchtbarer machten (wodurch sich der Wert des Landes oft verdoppelte) sowie besonderen Wert auf die Haltung und Pflege ihrer Nutztiere legten.
Es gab allerdings auch andere Darstellungen der Einwanderer. So hielt der puritanische Geistliche Timothy Dwight die Deutschen für undiszipliniert. Sie seien seiner Meinung nach unzivilisiert und unmoralisch: „[Bei ihnen] herrschen … niedere Laster. Man hat oft Väter

mit ihren Söhnen am Spieltisch gesehen … Während sie sich anfluchten, sich der Lüge … beschuldigten und zu später Stunde sehr betrunken waren." Was über ein Jahrhundert später als fortschrittlich galt, kritisierte Dwight ebenso. Er war empört darüber, dass die deutschen Frauen Aufgaben außerhalb des eigenen Haushalts verrichteten.

Die meisten Deutschen dieser Zeit lebten zwar von der Landwirtschaft, doch gab es unter ihnen auch Handwerker und vor allem Gastwirte. In Pennsylvania konnten Gastwirte, die Beherbergung und Bewirtung anboten, sogar sehr schnell reich werden. Oft machten die reißenden Flüsse und die schwer befahrbaren Wege das Reisen zur Qual, sodass viele Reisende und Wanderer nur in kleinen Etappen vorankamen und am Abend in Gasthäusern einkehrten, um dort zu übernachten. Viele Deutsche, vor allem diejenigen, die in ihrer Heimat an Flüssen wie dem Rhein gelebt hatten, kannten diese Situation und erbauten nun an den stark frequentierten Strecken Wirtshäuser und Pferdewechselstationen.

So lebten die ersten deutschen Siedler in den USA: in einer Blockhütte, mitten in der Wildnis, umgeben von einer atemberaubend schönen Landschaft (links). Dieses Bild von Freiheit und Natürlichkeit lockte zahlreiche weitere Auswanderer nach Nordamerika.

Der *Neu-Ruppiner Bilderbogen* (etwa 1838) zeigt: „Auswanderers Freud' und Auswanderers Leid in Amerika". Er verdeutlicht nur allzu gut, dass die Auswanderung nicht immer eine Verbesserung der Lebensumstände mit sich brachte.

Frontier

Der Definition der amerikanischen Zensusbehörde zufolge bezeichnete die Frontier jene Gegenden, auf denen nicht mehr als zwei weiße Einwohner pro Quadratmeile lebten. Im Jahr 1890 stellte die Behörde fest, dass es keine durchgehende Grenzlinie zwischen „Zivilisation und Wildnis" mehr gebe. Der nordamerikanische Kontinent sei besiedelt, die Frontier verschwunden. Der junge Historiker Frederick Jackson Turner hielt daraufhin im Jahr 1893 seinen berühmten Vortrag „The Significance of the Frontier in American History". Darin deklarierte er, dass die Frontier nicht einfach nur eine Grenzregion, sondern eine Gesellschaftsform sei. Das dortige Leben und die Urbarmachung des Landes seien entscheidend dafür, dass aus den europäischen Pionieren echte Amerikaner wurden.

Diese typischen dunklen Einspänner bilden die traditionellen Fortbewegungsmittel der Amish. An der Rückseite ist oftmals ein Reflektor angebracht, sodass die Kutschen in der Nacht nicht übersehen werden (links).

In dem Gemälde „American Progress“ von John Gast, 1872, schwebt Columbia, die Nationalallegorie der USA, über den Kontinent und erhellt die Dunkelheit der Wildnis. Ihr folgen Siedler, Planwagen und Kutschen, die Eisenbahn und der Telegraf. Gleichsam schiebt sie auch die Indianer und Büffel vor sich her (rechts oben).

Viele religiöse Gruppen, die in Deutschland und Europa nicht geduldet und zu Teilen verfolgt wurden, wanderten nach Nordamerika aus, um dort in religiöser Freiheit zu leben. Zu diesen Gruppen gehörten die Mennoniten, Amish, Rosenkreuzer, Labadisten und die hier abgebildeten Tunker (rechts unten).

Die Einwanderung weiterer Mennoniten aus Deutschland prägte die Entwicklung der Kolonie deutlich und sorgte für neue deutsche Siedlungsregionen. Wie die englischen „Pilgrim Fathers“ und die Puritaner hundert Jahre zuvor übten auch die protestantischen Religionsflüchtlinge aus Deutschland einen starken Einfluss auf die heutige Frömmigkeit der Amerikaner und die Rolle der Religion in den USA aus. In den Jahren 1710 und 1711 zogen nun auch verstärkt Schweizer Mennoniten in die von Deutschen besiedelten Regionen. Eine konservative Abspaltung der Mennoniten, die sich nach ihrem Gründer Jakob Amman „Old Order Amish“ benannt hatte, fand ebenfalls Zuflucht in Pennsylvania und ließ sich vor allem in Lancaster County nieder, das noch heute das Zentrum der Amish ist. Weitere protestantische Gruppierungen wie die Tunker, denen eine ähnliche Religionslehre wie den Amish eigen ist, kamen zwischen 1719 und 1729 in zwei großen Zügen nach Pennsylvania. Sie siedelten sich in der Nähe der anderen Deutschen an und trugen so dazu bei, dass die Anzahl der Deutsch-Amerikaner immer größer wurde. Bis zum Unabhängigkeitskrieg zählten die Tunker allein mehrere Tausend Personen. Ihnen folgten die Labadisten, Anhänger des Jesuitenpaters Jean de Labadie, dann die Rosenkreuzer und schließlich die Mährischen Brüder, die ihrem Stammsitz nach Herrnhuter genannt wurden und auf Englisch „Moravians“ heißen.
Die Deutschen mussten sich in Nordamerika zuerst an die völlig neuen Rahmenbedingungen des kirchlichen Lebens gewöhnen. Hier herrschte eine bunte Vielfalt an religiösen Gemeinschaften, die alle für sich beanspruchten, den richtigen Weg eingeschlagen zu haben.

a. Gnadenthal. und b Christiansbrunn.

THE MORAVIAN SEMINARY FOR YOUNG LADIES

Die religiösen Gruppen unterschieden sich in Teilen nur minimal, sodass die Neue Welt ein starkes Gegenstück zum klar strukturierten religiösen Leben in der Alten Welt mit der katholischen, reformierten und lutherischen Kirche bildete.

Oftmals waren die deutschen Priester in Nordamerika nur Angestellte ihrer Gemeinde, sie konnten jederzeit entlassen werden, sobald eine Mehrheit der Gemeinde den Priester ablehnte. Waren lediglich Einzelpersonen mit den Priestern unzufrieden, wechselten diese nicht selten die Gemeinde oder gründeten mit einigen anderen eine eigene, kleinere Kirchengemeinde. Dieses Verhalten ist in den USA noch heute zu erkennen, da es eine Vielzahl an kleinen Kirchengemeinden und religiösen Gruppierungen gibt. Während man im Deutschland des 21. Jahrhunderts aus Protest eine der Kirchen verlässt und ohne Religionszugehörigkeit bleibt, wechselt man in den USA die Religionsgemeinschaft oder gründet eine neue. Ohne Religionszugehörigkeit bleiben nur die allerwenigsten.

Im dünn besiedelten Pennsylvania machte sich die Lebensweise der Deutschen deutlich bemerkbar. Im Jahr 1775 bestand die Bevölkerung von Penns Kolonie zu einem Drittel aus deutschstämmigen Bewohnern. Dies rief auch kritische Stimmen und Ängste vor Überfremdung hervor. Der amerikanische Gelehrte, Politiker, Wissenschaftler und Schriftsteller Benjamin Franklin (1706–1790) war das politische Sprachrohr seiner Zeit. Für viele Europäer war er zudem die Verkörperung der amerikanischen Aufklärung und stand damit in direktem Gegensatz zu den absolutistischen Herrschern Europas. Von 1757 bis 1775 weilte er als Abgesandter Pennsylvanias im englischen Parlament. Nach seiner Rückkehr brachte er sich aktiv in die Politik Nordamerikas ein, saß im Kontinentalkongress, im Verfassungskonvent und war einer der Köpfe hinter der Unabhängigkeitserklärung.

Ansicht der Siedlungen Gnadenthal und Christiansbrunn (Kupferstich um 1757, Seite 44) sowie des Mädchenseminars in Bethlehem (Stahlstich, um 1845), Gründungen der Herrnhuter Brüdergemeinde in Pennsylvania. Die Herrnhuter wurden auch Mährische Brüder (englisch „Moravians") genannt.

Traditionelle Handwerkskunst (oben links) und Kleidung (oben rechts) der Amish: Im ländlichen Pennsylvania ist der Einfluss der deutschen Religionsflüchtlinge aus dem 18. Jahrhundert noch heute deutlich zu spüren.

Publikationen wie *Der alte Germantown Calender* halfen den Deutschen nicht nur im Haushalt und in der Landwirtschaft – sie waren vielmehr ein Stückchen Heimat.

Bereits 1753 hatte Benjamin Franklin eine Begrenzung gerade der deutschen Zuwanderung gefordert. Seine Angst vor Überfremdung machte er in einem Brief deutlich: „Few of their children … learn english; they import many books from Germany … two [from six printing houses] are entirely German … the signs in our streets have inscriptions in both languages and in some places only German … they will soon so outnumber us, that all the advantages we have will not [in my opinion] be able to preserve our language, and even our Government will become precarious." („Nur wenige ihrer Kinder … lernen Englisch. Sie importieren viele Bücher aus Deutschland … zwei [von sechs Verlagshäusern] gehören vollständig den Deutschen … Die Schilder in unseren Straßen sind in beiden Sprachen gehalten, manchmal sogar nur in Deutsch … Bald werden sie uns zahlenmäßig überlegen sein, sodass all die Vorteile, die wir haben, [meiner Meinung nach] nicht ausreichen werden, um unsere Sprache zu erhalten. Auch unsere Regierung gerät dadurch ins Wanken.") Am meisten bedrückte Franklin der Gebrauch der deutschen Sprache. Ihm war klar, dass die Deutschen, solange Zeitungen und Bücher in ihrer Muttersprache gedruckt werden, sich nicht vollständig in der amerikanischen Gesellschaft integrieren würden. Das Erlernen der englischen Sprache war der Schlüssel für eine erfolgreiche Akkulturation. Franklins Meinung war in dieser Zeit keine Seltenheit für die mehrheitlich aus England stammenden Bewohner Pennsylvanias. In Teilen der Bevölkerung bestand Angst vor einer Verwässerung der „nordamerikanischen Kultur" in den englischen Kolonien, die „weiß", angelsächsisch und protestantisch geprägt war.

Durch Gottlieb Mittelbergers Buch *Reise nach Pennsylvanien* nahm die Popularität des Gebiets in Deutschland weiter zu und die Einwandererzahlen stiegen an. 1764 wurde die German Society of Pennsylvania (Deutsche Gesellschaft Philadelphias) gegründet mit dem Ziel, die Einwanderung zu vereinfachen und die eingewanderten Deutschen zu unterstützen. In der Präambel der Vereinssatzung heißt es: „Wir, Seiner königlichen Majestät von Groß-Brittanien Teutsche Unterthanen in Pensylvanien, sind bey gelegenheit der Mittleidenswürdigen Umstände vieler unserer Landsleute, die in den letzten Schiffen von Europa in dem Hafen von Philadelphia angekommen sind, bewogen worden, auf Mittel zu dencken, um diesen Frembdlingen einige Erleichterung zu verschaffen."

Zunächst kämpfte die Gesellschaft gegen das Redemptioner-System an. Hierbei gingen die Einwanderer noch vor der Überfahrt einen Vertrag ein, in dem sie sich dazu verpflichteten, in Nordamerika drei bis sieben Jahre für einen Bauern zu arbeiten, um die Schiffspassage an den Kapitän zurückzahlen zu können. Im 18. Jahrhundert kam beinahe die Hälfte der deutschen Einwanderer mithilfe dieses Systems nach Nordamerika. Im 19. Jahrhundert verschwand es jedoch bald. Damit wandte sich die Deutsche Gesellschaft Philadelphias anderen

Aufgaben zu. Sie entwickelte sich im Lauf der Zeit zu einer Institution, die sich um den Erhalt der deutsch-amerikanischen Kultur in Pennsylvania sorgte. So ließ sie im Jahr 1817 eine Bibliothek mit deutschsprachigen Büchern errichten und organisierte Feste nach deutscher Tradition. Doch die Kinder und Enkelkinder der Deutschen interessierten sich zunehmend weniger für die Kultur ihrer Vorfahren. Zwischen 1820 und 1850 war Englisch die offizielle Sprache der Gesellschaft, die erst Mitte des 19. Jahrhunderts durch weitere Zuwanderer aus Deutschland neue Impulse bekam. 1859 wurde wieder Deutsch als offizielle Sprache eingeführt. Da aufgrund der großen Einwanderungszahlen aus Europa der Staat den Schutz und die Kontrolle über die Einwanderung übernahm, zog sich die Deutsche Gesellschaft Philadelphias vollends aus diesem Bereich zurück. Fortan konzentrierte sie sich ausschließlich auf den Erhalt der deutschen Kultur in Pennsylvania, legte ein Archiv an und organisierte jährliche Feste für die deutsch-amerikanische Gemeinschaft.
Die Nachfahren der eingewanderten Deutschen breiteten sich gegen Ende des 18. Jahrhunderts nicht nur in Pennsylvania aus, sondern zogen auch in die umliegenden Regionen. So fand bald die zweite Generation der Einwanderer ihren Weg nach Maryland, Delaware und Ohio. Die Gegenden im Süden Nordamerikas, in denen Sklaven gehalten wurden, waren hingegen nur äußerst selten das Ziel der Deutschen.

Gottl[illegible] [illegible]ittelbergers
R[illegible]ise
[illegible]
Pen[illegible]lvanien
im J[illegible] 1750.
[illegible]
Rückreis[illegible] n[illegible] Teutschland
i[illegible] 1754.
[illegible]
nicht nur ein[illegible] B[illegible]ibung des Landes
nach seinem j[illegible]gen Zustande, sondern auch eine [illegible] Nachricht von den unglückseligen un[illegible] Umständen der meisten Teutschen, [illegible] Land gezogen sind, [illegible] ziehen.

BOSTON ATHENÆUM

Frank[illegible] und Leipzig,
1[illegible]6.

Mit seinem Buch *Reise nach Pennsylvanien* wollte Gottlieb Mittelberger eigentlich vor den Gefahren der Auswanderung warnen. Er weckte in Deutschland jedoch rasch große Begeisterung für die Neue Welt (rechts).

Die Main Street in Germantown, zwischen 1860 und 1880. Bereits 1707 wurde die Ansiedlung ein Teil des Landkreises von Philadelphia, 1854 schließlich wurde Germantown zu einem Verwaltungsdistrikt der Stadt erklärt (unten).

Frederick Muhlenberg (eigentlich „Mühlenberg“) war ein deutsch-amerikanischer Politiker. Nach dem Unabhängigkeitskrieg (1775–1783) wurde er 1789 erster Sprecher des Repräsentantenhauses und somit auch der erste Deutsch-Amerikaner im amerikanischen Kongress. Gemälde um 1790

Deutsch als Amtssprache? – Die Mühlenberg-Legende

Bis heute hält sich ein Gerücht in der deutschen wie amerikanischen Öffentlichkeit, das häufig als „Mühlenberg-Legende“ bezeichnet wird. Es besagt, dass Deutsch beinahe die Landessprache der USA geworden wäre. Dem Gerücht zufolge habe es im 18. Jahrhundert eine Abstimmung darüber gegeben, ob Deutsch als offizielle Landessprache in den Vereinigten Staaten eingeführt werden soll. Während der Abstimmung im amerikanischen Parlament sei dieses Vorhaben an einer einzigen Stimme gescheitert, am Widerspruch des Deutsch-Amerikaners Frederick Muhlenberg.

Was hat es damit auf sich? Entspricht diese Legende der Wahrheit? Hat es eine solche Abstimmung in den USA oder in einem Bundesstaat jemals gegeben?

Die Geschichte geht auf eine Petition einiger Deutscher in Virginia zurück. Sie hatten diese am 9. Januar 1794 an das US-Repräsentantenhaus gerichtet und forderten, dass Gesetzestexte neben Englisch auch in deutscher Sprache gedruckt werden sollten. Das würde die Akzeptanz der Gesetze unter den Deutschen fördern und den Inhalt der Texte weiter verbreiten, gerade weil die neu eingewanderten Deutschen noch kein Englisch sprachen. Doch der Antrag der Deutschen wurde schließlich mit 42 zu 41 Stimmen im entscheidenden Gremium abgelehnt, wobei besagter Frederick Muhlenberg, der erste Sprecher des US-Repräsentantenhauses, der Abstimmung fernblieb. Muhlenberg war der Sohn eines deutschen Einwanderers aus Pennsylvania und bekleidete das Amt von 1789 bis 1791 und von 1793 bis 1795. Zu einem späteren Zeitpunkt soll er gesagt haben:

> **„Je eher die Deutschen Amerikaner werden, desto besser ist es.“**

Berühmtheit erlangte die Legende etwa ein halbes Jahrhundert später, als sich durch Franz Lohers Buch *History and Achievements of the Germans in America,* das 1847 veröffentlicht wurde, bereits mehrere Gerüchte um die Abstimmung entwickelt hatten. Loher schrieb sein Buch mit der Absicht, den Anteil der Deutschen an der Besiedlung Nordamerikas ins rechte Licht zu rücken, verfiel aber zu häufig in Deutschtümelei. Letztlich lässt er eine gründliche Recherche vermissen, er schrieb lediglich auf, was ihm durch „Hörensagen“ zugetragen wurde. Hierzu gehörte auch die Mühlenberg-Legende, die er immer wieder bemühte. Lohers Buch war letztlich eine gedruckte Quelle, der viele Leser in den USA und Deutschland Glauben schenkten und so zur Verbreitung der Legende beitrugen.

Die Amish – eine deutsch-amerikanische Kultur der besonderen Art

In Lancaster County, Pennsylvania, durchaus ein normales Bild: Dunkle Pferdekutschen fahren auf den Straßen, gelenkt von bärtigen Männern, die aussehen, als seien sie einem Geschichtsbuch entsprungen. Ihre Häuser sind in Gemeinschaftsarbeit aus Holz gebaut und geben den Anschein von Gutshöfen aus dem 18. Jahrhundert. Moderne Technologien und Hilfsmittel sind nirgendwo zu finden. Dieses Szenario findet sich überall in den USA, wo sich die Amish niedergelassen haben. Zentrum ihrer besonderen Lebensweise aber ist der Landkreis Lancaster County in Pennsylvania.

Vor 300 Jahren waren die Amish eine kleine Glaubensgemeinschaft, heute haben sie sich zu einer weltweit bekannten Touristenattraktion entwickelt. Häufig werden sie als amerikanische Kuriosität belächelt, die deutschen Wurzeln der Amish werden dabei oftmals übersehen oder sind gänzlich unbekannt. Auf diese weist auch die Aussprache des Wortes Amish mit einem deutschen „A" hin. Nichtsdestotrotz werden sie häufig fälschlicherweise als „Amish People" mit amerikanischem „A" bezeichnet. Sie selbst betiteln sich dem Pennsylvaniadeutschen Dialekt entsprechend mit „Deitsche", wohingegen sie die Deutschen „Deitschländer" nennen. Dass die Amish in einer Welt der Vergangenheit leben, zeigt auch die Tatsache, dass sie von den Amerikanern, das heißt von ihrer Außenwelt, als „Engländer" sprechen. Diese Betitelung stammt noch aus der Zeit vor der amerikanischen Revolution, als die Engländer die Kolonien in Nordamerika beherrschten.

Eigentlich sind die Amish eine Abspaltung der Mennoniten, die seit dem frühen 18. Jahrhundert verstärkt aus den süddeutschen Staaten, aus dem Elsass und der deutschsprachigen Schweiz nach Nordamerika kamen und sich dort vor allem in Pennsylvania niederließen. Von dort breiteten sich die Mennoniten weiter aus, und bald entstanden auch Siedlungen in Ohio, Indiana, Virginia und Illinois. 1786 zogen einige Mennoniten bis in die kanadische Provinz Ontario weiter. Auch im 19. Jahrhundert kamen noch einmal deutsche Mennoniten und ließen sich an den Großen Seen nieder.

Die Amish kleiden sich noch heute nach den Vorschriften ihres Religionsstifters Jakob Amman. Auch die Art des Bartes ist festgeschrieben: Der Vollbart ist erlaubt, der Schnurrbart jedoch muss rasiert werden, da er zu militant wirkt (links).

Die Amish übernehmen die Erziehung und Ausbildung ihrer Kinder selbst; diese dürfen zu Beginn des Erwachsenenalters die Gemeinden auf bestimmte Zeit verlassen. Die meisten von ihnen kehren danach bewusst und freiwillig in den Religionsverbund zurück (rechts).

Der Einblick in eine Werkstatt der Amish, in der einer der typischen Einspänner hergestellt wird (links).

Die Amish leben zum Großteil von der Landwirtschaft und vom Handwerk, sie ernähren sich von den selbst hergestellten Produkten. Den Überschuss verkaufen sie auf Märkten in Pennsylvania (rechts).

Zum Bruch mit den Mennoniten, aus dem die „Old Order Amish" letztlich hervorgingen, kam es im Jahr 1632, als der Schweizer Prediger Jakob Ammann strengere Regeln für die Glaubensgemeinschaft forderte. Er trieb die Abspaltung der „Ammann'schen Leute" von den Mennoniten voran und verbot ihnen, mit denjenigen in Kontakt zu treten, die eine andere Auslegung des Glaubensbekenntnisses befürworteten. Zudem etablierte er eine strenge Kleidungs- und Verhaltensordnung, da Mode nur der Eitelkeit diene und diese unchristlich sei. Für Kleidung und Haarschnitt gibt es seither feste und verbindliche Regeln. Aufgrund dessen erfuhren die Amish daraufhin vielerorts in Europa Feindseligkeiten und Verfolgung. Auch sie sahen in der Auswanderung nach Pennsylvania endlich die Möglichkeit, in Frieden ihre Religion ausüben zu können. Zwischen 1720 und 1730 erreichten die ersten Amish Lancaster County in Pennsylvania. Bald darauf kamen weitere Glaubensbrüder, und die Amish begannen, sich über die benachbarten Gebiete und Kolonien auszubreiten.
Damals wie heute verfolgten sie ihre typische Lebensweise nach den Regeln von Jakob Ammann. Erwachsene Männer tragen einen Vollbart, wobei der Schnurrbart rasiert wird, da er Ammann zu militärisch wirkte. Zur Arbeit tragen sie einen Strohhut, an Sonntagen einen Filzhut mit einem ähnlichen Schnitt. Die Frauen tragen als Kopfbedeckung ein Häubchen und bisweilen eine schwarze Stoffhaube. Die restliche Kleidung ist bei Frauen und Männern einfach und schlicht gehalten, gemusterte Stoffe sind verboten.
Ihre Lebensweise erscheint auf der einen Seite kurios, auf der anderen Seite liefert sie einen lebendigen Einblick in die Vergangenheit, da es den Amish verboten ist, Elektrizität, Autos und moderne Werkzeuge zu verwenden. Sie bewegen sich mit Pferdekutschen fort, sind hervorragende Schreiner und Zimmerleute, haben einen starken Gruppenzusammenhalt und legen viel Wert auf Familienzusammengehörigkeit. Als das Auto in den USA aufkam, reagierten die Amish gar mit

Dieser Sinnspruch in Pennsylvania-Dutch gibt dem Gefühl vieler deutscher Einwanderer der ersten Generation Ausdruck. Verarmt und verfolgt kamen sie in eine neue Welt und nicht selten wollten sie ihre Traditionen und Bräuche behalten.

Pennsylvania-Dutch oder Pennsylvania-German

Im 18. Jahrhundert entstand in Pennsylvania eine Ausgleichssprache aus den verschiedenen Dialekten, welche die Deutschen aus ihrer Heimat mit nach Nordamerika brachten. Aufgrund der hohen Anzahl Pfälzer in Pennsylvania hatten deren verschiedene Dialekte den größten Einfluss auf diese Sprache. Gemeinhin wird sie Pennsylvania-Dutch, seltener Pennsylvania-German genannt. Die Bezeichnung ist leicht irreführend, da das Wort „Dutch" heute allgemein mit „Niederländisch" übersetzt wird. Im 18. Jahrhundert aber verwendeten es die Amerikaner auch synonym für „Deutsch". Das Pennsylvania-Dutch entspricht am ehesten dem Dialekt, der in einem Umkreis von 20 Kilometern um die Stadt Mannheim gesprochen wird; die Sprache hat sich aber im Lauf der 300 Jahre, in denen sie gebräuchlich ist, durch den Ausgleich mit anderen deutschen Dialekten sowie durch Elemente aus dem amerikanischen Englisch verändert. Der Anteil an Lehnwörtern liegt bei etwa 15 Prozent. Sie werden zumeist einfach in den Satzbau des Pennsylvania-Dutch eingebaut (**„Ich duh farme"** für „I am farming") oder in direkter Übersetzung verwendet (**„Wie bischt?"** für „How are you?" oder **„Des iss uff zu dir"** für „This is up to you"). Darüber hinaus entwickelte das Pennsylvania-Dutch eine teilweise andere Bezeichnung für technische und sonstige Neuerungen als die Schriftsprache in Deutschland. Ein Fernsehgerät beispielsweise erhielt die Bezeichnung „Guggbox".
Im 18. Jahrhundert existierten in Nordamerika je nach Bevölkerungszusammensetzung der Deutschen noch unterschiedliche Dialekträume. In den einzelnen Siedlungen vollzog sich jedoch bereits ein Ausgleich zwischen den verschiedenen Dialekten aus dem süddeutschen Raum. Es dauerte noch bis zum amerikanischen Unabhängigkeitskrieg, also bis in die 1780er-Jahre, ehe der Sprachausgleich überregional stattfand und Pennsylvania-Dutch zu einer einheitlichen Sprachvariante des Deutschen wurde. Dieser Prozess geht zu Teilen einher mit der Selbstwahrnehmung der Deutschen. Waren sie zu Beginn der Einwanderung noch Pfälzer, Elsässer und Schwaben, so fühlten sie sich Jahre nach ihrer Einwanderung und in der zweiten Generation verstärkt als Deutsche in Amerika oder als Deutsch-Amerikaner.
Heute wird das Pennsylvania-Dutch in einzelnen Sprachinseln vor allem von konservativen Amish in den Bundesstaaten Pennsylvania, Ohio und Indiana gesprochen. Schätzungen zufolge gibt es etwa 200 000 bis 300 000 Sprecher. Da die Amish in der Regel sehr kinderreich sind, wächst die Anzahl der Sprecher und das Pennsylvania-Dutch ist nicht vom Aussterben bedroht.

einem generellen Verbot, da sie befürchteten, das neue Fortbewegungsmittel bringe mobile Freiheit für jeden mit sich und zerstöre die Gemeinschaft, weil die Gemeindemitglieder nicht mehr in derselben Weise aufeinander angewiesen wären.

Die Amish verdingten sich im 18. Jahrhundert zum größten Teil als Bauern. Erst später versuchten sie sich auch als Handwerker. Sie sind besonders hervorragende Zimmermannsleute und betreiben verstärkt die Zucht von Pferden, die nicht nur als Fortbewegungsmittel, sondern auch als Arbeitshelfer in der Landwirtschaft dienen.

Aufgrund der kinderreichen Familien wird die Lebensweise der Amish nicht verschwinden, ganz im Gegenteil, ihre Anzahl wird zunehmen. Da sie aber weiterhin ausschließlich von der Landwirtschaft und vom Handwerk leben werden, benötigen sie neues Agrarland in der Umgebung ihrer Ansiedlungen. Dieses Land ist teuer und wird zudem von anderen Farmern bestellt. So lässt sich bei den Amish der Gegenwart auch die Tendenz zu kaufmännischen Berufen erkennen.

DER MITTLERE WESTEN – ZENTRUM DES DEUTSCH-AMERIKANISCHEN LEBENS

Der Mittlere Westen umfasst die Region jenseits des Appalachen-Gebirges von den Großen Seen über den Oberlauf des Mississippi bis hin zum Missouri River. Die meisten Bundesstaaten dieses Gebiets fielen nach dem Ende des Unabhängigkeitskrieges im Jahr 1783 an die USA, sie waren zuvor französischer oder britischer Kolonialbesitz. Die heutigen westlichen Bundesstaaten des Mittleren Westens jenseits des Mississippi River gehörten zu jenem Gebiet, das die USA mit dem Kauf von Louisiana im Jahr 1803 von Frankreich erworben hatten. Dieses Land, so hoffte der damalige Präsident Thomas Jefferson, würde das „Empire of Liberty“ werden. Tausende Generationen von Siedlern und Einwanderern würden sich dort niederlassen und in Freiheit leben.

Mit dem Kauf des in seiner Größe und Beschaffenheit unbekannten Louisiana-Territoriums, dem sogenannten Louisiana Purchase, verdoppelten die Amerikaner ihre Staatsfläche. Hier die Originalschrift des Vertrages, 1803

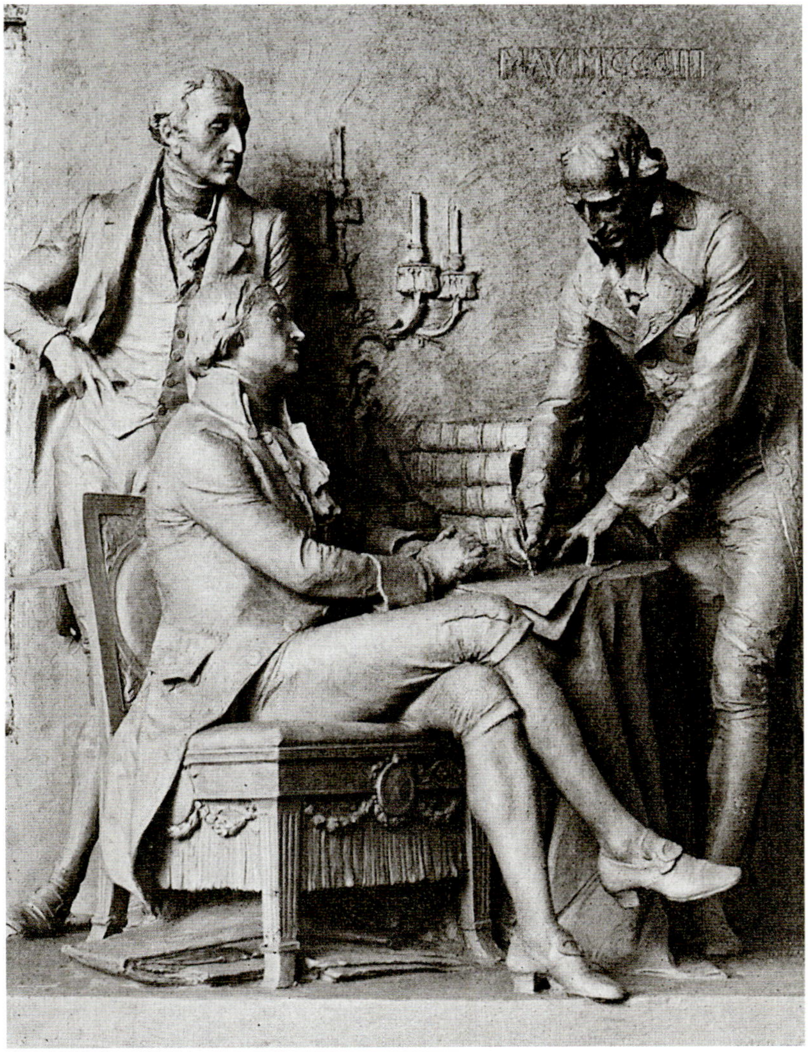

Bildhauerarbeit von Karl Bitter zum 100. Jahrestag des Louisiana-Vertrages 1903. Die Unterhändler des amerikanischen Präsidenten Thomas Jefferson waren für den Landkauf nach Paris gekommen, um Teile des französischen Gebietes in den USA zu erstehen. Überraschenderweise erhielten sie von Napoleon ein Angebot, das sie nicht abschlagen konnten.

Der Kauf von Louisiana

Frankreich hatte Louisiana nach der Niederlage im Siebenjährigen Krieg an Spanien abgegeben, erhielt es aber im Jahr 1800 zurück. Die USA befürchteten, dass Frankreich erneut eine Kolonie in Nordamerika aufbauen könnte. Doch Napoleon benötigte für seine Kriege in Europa Geld, Waffen und Verpflegung. Zugleich interessierten sich die USA für das Mississippi-Delta und die bedeutende Hafenstadt New Orleans. Der amerikanische Präsident Thomas Jefferson sandte daher zwei Unterhändler nach Paris, um über einen möglichen Landkauf zu verhandeln. Die beiden bekamen aber nicht nur New Orleans, sondern das gesamte Louisiana-Gebiet, vom Mississippi bis zu den Rocky Mountains, für 15 Millionen Dollar angeboten, was die Amerikaner nicht ausschlagen konnten. Präsident Jefferson gab den Kauf von Louisiana („Louisiana Purchase") am 4. Juli 1803, dem Jahrestag der amerikanischen Unabhängigkeitserklärung, bekannt.

Mit dem Zug gen Westen ging die Verdrängung der Ureinwohner einher. Präsident Andrew Jackson, von vielen Indianern auch „The Devil" genannt, ließ die sogenannten fünf zivilisierten Stämme, darunter auch die Cherokee, in das Gebiet westlich des Mississippi deportieren. Die Cherokee nannten dies „The Trail of Tears" (links).

Eine Siedlerfamilie mit indianischer Dienstmagd vor ihrem Blockhaus in New Mexico, um 1895 (rechts oben). Der Zug der Siedler gen Westen lief keinesfalls so romantisch ab, wie er häufig in Filmen dargestellt wird. Die Siedler überquerten den Kontinent meist zu Fuß (rechts unten).

Zu Beginn des 19. Jahrhunderts war der Mittlere Westen nur geringfügig besiedelt. Für die europäischen Siedler bildete er die Siedlungsgrenze am Rande ihrer Zivilisation. Dieses vermeintlich unberührte Land wollten sie fortan urbar machen. Für die amerikanischen Ureinwohner hingegen war der Mittlere Westen der gewohnte Lebensraum und keinesfalls Wildnis. Doch gegen sie richtete sich ein Vernichtungskrieg, den die ersten englischen Kolonisten bereits im 17. Jahrhundert begonnen hatten. Nachdem die Siedler immer weiter in Richtung Westen vorgerückt waren, unternahm die US-Regierung in den 1830er-Jahren mehrere Deportationen von ganzen Indianerstämmen, sodass nahezu kein Indianer mehr östlich des Mississippi lebte. Die „fünf zivilisierten Stämme" der Cherokee, Chickasaw, Choctaw, Seminolen und Creek, die sich bereits sehr stark an das Leben der Amerikaner angepasst hatten, wurden zwangsweise in das Indianer-Territorium umgesiedelt, das dem heutigen US-Bundesstaat Oklahoma entspricht. Dieses grausame Vorgehen spaltete Bevölkerung wie Regierung, doch Präsident Andrew Jackson konnte die Deportationen schließlich 1830 mit einer Stimme Mehrheit durchsetzen. Danach war der Mittlere Westen für die Siedler frei.

Nachdem sich die Deutschen im 18. Jahrhundert größtenteils in Pennsylvania niedergelassen hatten, siedelten sie sich im 19. Jahrhundert, mit der Ausnahme von Texas und New York, hauptsächlich im Mittleren Westen an. Bereits 1804 wurde dort die erste deutschsprachige Siedlung gegründet. Eine Gruppe Schweizer Einwanderer ließ sich mithilfe des in der Schweiz geborenen, einflussreichen Finanzministers der Vereinigten Staaten, Albert Gallatin, in Indiana nieder. Dort gründeten sie die Siedlung Neu-Vevey. Zuvor durften sie vom amerikanischen Kongress ein Stück Land abkaufen, weil sie in Aussicht gestellt hatten, in der Region Weinbau zu betreiben. Diese Fertigkeit war in dem protestantisch geprägten Amerika bis dato größtenteils unbekannt.

Freighting in
Black Hills Co
right by Grabil

Eine Farmerfamilie aus Westphalen in Missouri (um 1895)

Der Schweizer Albert Gallatin spielte eine entscheidende Rolle in der Frühphase der Vereinigten Staaten. Neben mehreren Ämtern hatte er auch das des Finanzministers inne.

Albert Gallatin, Finanzminister unter zwei Präsidenten

Abraham Alphonse Albert Gallatin hat einen beeindruckenden Lebenslauf vorzuweisen. Er wurde 1761 in Genf in eine aristokratische und wohlhabende Familie geboren. 1779 beendete er sein Studium an der Universität von Genf und wanderte ein Jahr später nach Nordamerika aus, wo er zunächst in Boston, Massachusetts, lebte. Von 1781 bis 1783 lehrte er an der Harvard Universität, arbeitete danach als Farmer in Virginia und zog 1784 schließlich nach Pennsylvania. Ein Jahr später erhielt er die amerikanische Staatsbürgerschaft. 1795 gründete er zusammen mit Jean-Louis Badollet und Jean-Antoine Cazenove die Stadt New Geneva. Gleichzeitig begann er eine äußerst erfolgreiche politische Karriere. 1789 wurde Gallatin in das Parlament von Pennsylvania und 1795 in das Repräsentantenhaus der USA gewählt, dem er bis 1801 angehörte. Von 1793 bis 1794 war er Senator von Pennsylvania und ab 1801 Finanzminister der Vereinigten Staaten. Er bekleidete dieses Amt bis 1814 und diente unter den Präsidenten Thomas Jefferson und James Madison. Durch seine kluge Finanzpolitik und seinen ausgeglichenen Haushalt war es den Vereinigten Staaten möglich, das riesige Louisiana-Gebiet im Westen zu kaufen, ohne dafür die Steuern zu erhöhen oder sich zu verschulden. Bis heute war kein Finanzminister so lange im Amt wie Albert Gallatin. Danach wechselte er in den diplomatischen Dienst, bevor er sich Ende der 1820er-Jahre aus dem politischen Leben zurückzog. Auch im Alter widmete sich Gallatin einer Vielzahl von Projekten. So war er 1831 einer der Gründer der New York Universität und widmete sich in seinen letzten Lebensjahren der Sprache und der Kultur der Native Americans, vornehmlich der Cherokee. Hierfür gründete er 1842 die „American Ethnological Society". 1849 starb Gallatin im New Yorker Stadtteil Astoria. Er gilt als einer der Urväter der amerikanischen Finanzpolitik. Ihm zu Ehren sind viele Straßen, Plätze, Gemeinden und Preise benannt, vor dem amerikanischen Finanzministerium steht eine überlebensgroße Statue von ihm.

Zunächst dauerte es bis nach dem Wiener Kongress von 1815, ehe die Anzahl der deutschen Einwanderer anstiegen und größere Ausmaße als im vergangenen Jahrhundert annehmen sollte. Unter der Politik der Mächtigen in Europa litten viele Menschen, von denen sich ein Großteil für Nordamerika entschied. So setzten ab den 1830er-Jahren die großen Einwanderungswellen ein. Diejenigen, die nicht in den Hafen- und Einwanderungsstädten hängen blieben, zog es weiter in den Mittleren Westen der USA. Dort lebten sie an der Siedlungsgrenze und betrieben Landwirtschaft. Von Vorteil war, dass sie in diesen Regionen ähnliche klimatische Rahmenbedingungen vorfanden wie in der deutschen Heimat. Die Landwirte bauten in Deutschland größtenteils Weizen an, in den USA wechselten sie zu Mais und betrieben Rinder- anstatt Schweinezucht. Diejenigen, die nicht in der Landwirtschaft arbeiteten, ließen sich in den aufblühenden Städten Milwaukee und Chicago nieder und begründeten dort ganze deutsche Stadtteile.

Im Grunde genommen konnte man deutsche Siedler in jedem neu erschlossenen Gebiet an der Siedlungsgrenze vorfinden. Sie ließen sich in den 1830er-Jahren in Missouri und Illinois, in den 1840er-Jahren in Texas, Wisconsin und Michigan und in den 1850er-Jahren in Minnesota und Nebraska nieder. In Wisconsin war der prozentual größte Anteil deutscher Einwanderer vorzufinden. Um die Jahrhundertwende hatte der Bundesstaat knapp über zwei Millionen Einwohner, wovon über 700 000 deutsch beziehungsweise deutschstämmig waren. Aus ihren Ansiedlungen entwickelte sich einerseits der „corn belt", ein breiter Gürtel von Ohio bis Missouri und Iowa, in dem überwiegend Maisanbau und Schweinezucht betrieben wurde, andererseits die Zone der Milchwirtschaft, die sich weiter nördlich zwischen Wisconsin, Michigan und New York erstreckte.

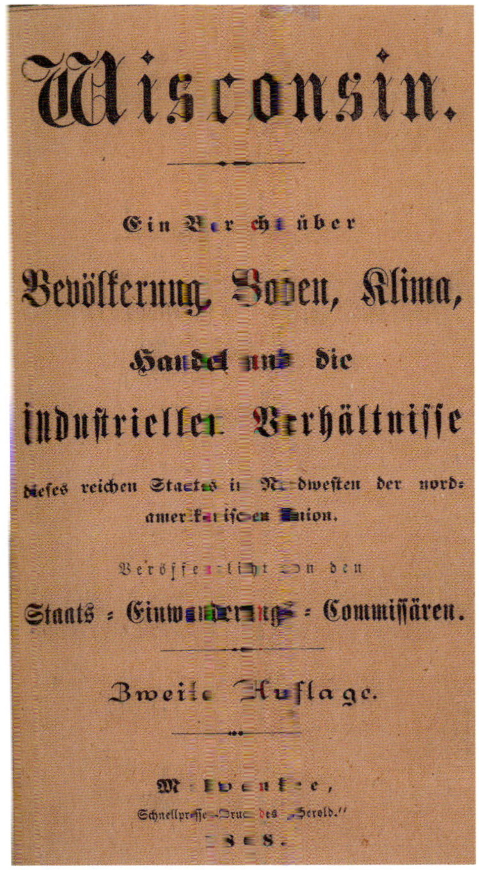
Wisconsin.

Ein Bericht über

Bevölkerung, Boden, Klima,

Handel und die

industriellen Verhältnisse

dieses reichen Staates im Nordwesten der nordamerikanischen Union.

Veröffentlicht von den

Staats-Einwanderungs-Commissären.

Zweite Auflage.

Milwaukee,

Schnellpresse-Druck des „Herold."

1868.

Die Einwanderungsbehörde gab verschiedene Broschüren heraus, die es den Deutschen erleichtern sollten, in der Neuen Welt Fuß zu fassen. Hier *Wisconsin. Ein Bericht über Bevölkerung, Boden, Klima, Handel und die industriellen Verhältnisse* aus dem Jahr 1868

Ein „Neu-Deutschland" in Missouri?

Das vielleicht einflussreichste Schriftstück aus den 1820er-Jahren, das Tausende von Deutschen dazu motivierte, nach Nordamerika auszuwandern, war der Reisebericht von Gottfried Duden. Er war der Sohn wohlhabender Eltern aus dem Rheinland, hatte an den Befreiungskriegen gegen Napoleon teilgenommen und zunächst eine Anstellung als Richter in Mühlheim an der Ruhr angetreten. Die allgemeine Armut und Überbevölkerung dieser Zeit überzeugte ihn von der Idee, dass in der Auswanderung die Lösung aller Probleme liege. Er entschloss sich, nach Nordamerika zu reisen, um sich ein Bild von den dortigen Verhältnissen zu machen. Duden spielte mit dem Gedanken, in Nordamerika eine größere Siedlung, vielleicht sogar ein Neu-Deutschland, aufzubauen.

Bevor Gottfried Duden seine Reise antrat, studierte er in Bonn einige Semester Medizin, um auf der Reise für sich selbst sorgen zu können. 1824 überquerte er mit seinem Freund Louis Eversmann den Atlantik und reiste danach von Baltimore, Maryland, nach St. Louis, Missouri, an die Siedlungsgrenze. Dort erwarb er am Zusammenfluss der beiden großen Ströme Missouri River und Mississippi eine Farm, die er als eine Art prototypische Mustersiedlung für alle Deutschen in Nordamerika aufbauen wollte. Zudem beabsichtigte er, mit dieser Siedlungsgründung alles nur Erdenkliche über die Ansiedlung in Nordamerika zu lernen. Seine Beobachtungen und Eindrücke schrieb er schließlich in einem Buch nieder, das er nach seiner Rückkehr nach Deutschland im Jahr 1829 unter dem Titel *Bericht über eine Reise nach den westlichen Staaten Nordamerika's und einen mehrjährigen Aufenthalt am Missouri (in den Jahren 1824, 25, 26 und 1827), in Bezug auf Auswanderung und Uebervölkerung* veröffentlichte. Es beinhaltete eine außergewöhnlich detaillierte, stark romantisierende Beschreibung der Lebensweise in Nordamerika und der politischen Verfassung der Vereinigten Staaten. Duden schwärmte regelrecht von den Möglichkeiten für jeden fleißigen Deutschen, im Mittleren Westen der Vereinigten Staaten an Wohlstand zu gelangen. Allerdings warnte er auch davor, die Aufgabe allzu leicht zu nehmen. Man könne sich in Nordamerika nur ansiedeln, wenn man über eine gewisse Summe Geld verfüge, das ungewöhnliche Klima und Infektionen verkrafte sowie die Nähe von anderer Deutschen suchen würde.

Duden selbst hatte seinen Versuch in Missouri nach fünf Jahren abgebrochen und war nach Deutschland zurückgekehrt. Er schwieg darüber, dass er sein Vorhaben als gescheitert empfand. Zu groß waren die Strapazen für ihn gewesen, aus dem unberührten Land eine blühende Siedlung zu machen. Letztlich waren die Reise und das Leben auf der Farm für ihn lediglich ein romantisches Experiment gewesen. Seine anfängliche Begeisterung hatte sich in Angst gewandelt.

Dudens Reisebericht beeinflusste nicht nur zahlreiche Familien, sich im Mittleren Westen niederzulassen, sondern auch politische Denker, die in Nordamerika ein neues, demokratisches Deutschland planten. Duden war ein geschickter Schreiber und es gelang ihm, seinen Lesern Nordamerika als ein fernes Land der Hoffnung erscheinen zu lassen. Viele Intellektuelle, die im Vormärz (siehe Seite 92) unter der Despotie der Fürsten litten, erhoben ihre Stimmen für eine Ansiedlung im Mittleren Westen. Sie forderten andere auf, in Nordamerika ein Neu-Deutschland zu gründen, in dem sich alle in Nordamerika lebenden Deutschen versammeln und niederlassen sollten. Vor allem sollten die Familien aus Pennsylvania mit in diesen Plan eingebunden werden, obwohl sie bereits in dritter oder vierter Generation in Nordamerika lebten. So könnte, weit von den Herrschern und Fürsten des Deutschen Bundes entfernt, ein liberales und demokratisches Deutschland entstehen.

Auch im 19. Jahrhundert lieferten Reise- und Erfahrungsberichte reichhaltige Einblicke in ein Leben in Freiheit jenseits des Atlantiks. Gottfried Dudens *Bericht über die Reise nach den westlichen Staaten Nordamerika's und einen mehrjährigen Aufenthalt am Missouri (in den Jahren 1824, 25, 26 und 1827), in Bezug auf Auswanderung und Ueberbevölkerung* nimmt ob seiner detaillierten Beschreibung der Lebensweise und der politischen Verhältnisse eine wesentliche Rolle ein.

Bericht

über eine Reise

nach den

westlichen Staaten Nordamerika's

und einen mehrjährigen Aufenthalt am Missouri (in den Jahren 1824, 25, 26 und 1827), in Bezug auf Auswanderung und Uebervölkerung,

oder:

Das Leben

im

Innern der Vereinigten Staaten

und dessen Bedeutung für die häusliche und politische Lage der Europäer, dargestellt

a) in einer Sammlung von Briefen,

b) in einer besonderen Abhandlung über den politischen Zustand der nordamerikanischen Freistaaten, und

c) in einem rathgebenden Nachtrage für auswandernde deutsche Ackerwirthe und Diejenigen, welche auf Handelsunternehmungen denken,

von

Gottfried Duden.

Gedruckt zu Elberfeld im Jahre 1829 bei Sam. Lucas,
auf Kosten des Verfassers.

Diese Idee verbreitete sich rasch unter den Intellektuellen. Überall gründeten deutsche Studenten, Professoren, liberale Bürger, Journalisten und Kaufleute Gesellschaften mit dem Ziel, die Idee einer deutschen Kolonie in Missouri zu verwirklichen. Doch was in der Theorie für viele wie ein Paradies anmutete, ließ sich nicht in die Tat umsetzen. Die Probleme begannen bei der Siedlungsgründung. Den Intellektuellen mangelte es an Erfahrungen in der Landwirtschaft, sie waren harte körperliche Arbeit nicht gewohnt und zerstritten sich nicht selten über Ziel und Ausrichtung der Auswanderungsgesellschaft. Viele Gruppen splitteten sich auf und gründeten eigene Siedlungen, verstreut in ganz Nordamerika.

Franz Löher, der in den 1840er-Jahren eine Bestandsaufnahme der Deutschen in Amerika verfasste, schwärmte noch: „[Die Deutschen] werden Amerikaner werden, tüchtige Republikaner und tüchtige Geschäftsleute, sie werden sich auch mit Nichtdeutschen vermischen und verheirathen und viel von deren Wesen annehmen. Aber Gehalt und Ausdruck werden deutsch bleiben … Sie können einen Staat bilden, in welchem ihre Sprache so Volks- und Regierungssprache ist, als jetzt die englische.“ Doch ein Neu-Deutschland oder zumindest ein deutscher US-Bundesstaat blieben reine Theorie und Wunschgedanke frustrierter Revolutionäre und Reformer. Zur mangelnden Erfahrung kam hinzu, dass niemand die Initiative ergriff oder gar über die Finanzen verfügte, der US-Regierung ein entsprechend großes Gebiet für eine derartige Neugründung abzukaufen. Die Diskussion hierüber blieb hypothetisch. Zudem hatten sich überall amerikanische oder andere europäische Siedler niedergelassen, sodass es ohnehin schwer gewesen wäre, einen Platz für eine rein deutsche Ansiedlungen zu finden.

Zur Verbesserung dieser Situation konnten nicht einmal die sogenannten Latin Settlements beitragen. In diesen Niederlassungen siedelten sich Latein sprechende Freidenker aus Deutschland an, um gemeinsam eine Gesellschaft der Hochkultur zu begründen. Sie befassten sich mit klassischer Musik, deutscher Literatur, Latein und Philosophie. Mit der Landwirtschaft hatten sie allerdings ihre Schwierigkeiten, und so lösten sich die Siedlungen bis zum amerikanischen Bürgerkrieg wieder auf.

Die bekannteste dieser Vereinigungen war die „Gießener Auswanderungsgesellschaft“. Sie wurde von dem Juristen Paul Follen, Bruder des Gelehrten und späteren Harvard-Professors Karl Follen, und seinem Schwager Friedrich Münch im Jahr 1833 gegründet. Sie beabsichtigten, im nördlichen Missouri einen deutschen Staat zu gründen, der zwar irgendwann zu den Vereinigten Staaten gehören sollte, in dem aber ausschließlich Deutsch gesprochen und nach deutschen Traditionen gelebt werden sollte. Follen und Münch erreichten Missouri mit 500 Siedlern im Frühjahr 1834. Die Deutschen brachten eine Glocke mit, außerdem hatten sie ein kostbares Fernrohr dabei, das der ersten deutschen Hochschule gestiftet werden sollte. Die raue Siedlungswirklichkeit machte die Träume von einem Neu-Deutschland allerdings bald zunichte und das Vorhaben scheiterte. Teile der Gesellschaft starben an einer Cholera-Epidemie, andere wiederum zerstritten sich über die Ausrichtung der Ansiedlung und verließen die Gruppe. Die allgemein herrschende Unkenntnis über das Land und über landwirtschaftliche Arbeit im Speziellen führten nach wenigen Jahren dazu, dass viele Siedler der Auswanderungsgesellschaft ihre Farm aufgaben und in die umliegenden Städte, allen voran St. Louis, abwanderten.

Die Stadt St. Louis, Missouri, entwickelte sich schnell zu einem Zentrum fern der amerikanischen Zivilisation. Viele Deutsche, die nicht über die großen Atlantikhäfen, sondern über New Orleans in die USA einwanderten, fuhren den Mississippi hinauf und ließen sich in St. Louis nieder. Es bildeten sich bald deutsche Wohnviertel, in denen sich die deutsche Lebensweise lange hielt, die aber nicht aufgrund einer ideologischen Motivation entstanden war.

Für die Siedler wurde die Stadt zum „Tor nach Westen“, da sie verkehrstechnisch verhältnismäßig leicht zu erreichen war. Für viele begann das Abenteuer der Überquerung des Kontinents in Planwagen

Der Schweizer Maler Karl Bodmer lieferte mit seinen Gemälden (hier „Winterdorf der Moennitarris“) und Zeichnungen ein einzigartiges Zeugnis der Lebensweise einiger Indianerstämme in der ersten Hälfte des 19. Jahrhunderts. Nur wenige Jahrzehnte später war diese Lebensweise verloren und ausgestorben.

Porträt des Malers Karl Bodmer (oben), der in den Jahren 1832 bis 1834 zusammen mit Prinz Maximilian zu Wied (unten) eine Entdeckungsreise entlang des Missouri River im Westen Amerikas unternahm. Ihre Erlebnisse schilderten sie in dem Bericht *Reise in das innere Nord-America*.

Eines der berühmtesten Gemälde von Bodmer: „Der Moennitarri-Krieger Pehriska-Ruhpa im Kostüm des Hunde-Tanzes" (rechts)

Die Entdeckungsreise des Prinz Maximilian zu Wied-Neuwied

Trapper und Pelzjäger berichteten im Osten von der Naturschönheit der Wildnis im amerikanischen Westen und lösten damit große Begeisterung für dieses Gebiet aus. Die Berichte gelangten auch über den Atlantik und zogen viele Abenteurer, Entdecker sowie naturverbundene Menschen an, die sich in der unberührten Naturlandschaft niederlassen wollten. Einer dieser Entdecker war der deutsche Prinz Maximilian zu Wied, der in den Jahren 1832 bis 1834 gemeinsam mit dem Schweizer Maler Karl Bodmer den Westen erkundete. Prinz Maximilian hatte bereits in den Jahren 1815 bis 1817 in Brasilien geweilt und plante nun, entlang dem Missouri River in das von Indianern bewohnte Gebiet westlich des Mississippi zu reisen. Er wollte Pflanzen entdecken, exotische Utensilien sammeln und ein Reisetagebuch verfassen. Vor allem aber wollte er die Sprachen und Kulturen der Indianer kennenlernen. Karl Bodmer sollte die entsprechenden Zeichnungen und Gemälde anfertigen.

Am 4. Juli 1832 erreichten die beiden den Hafen von Boston und fuhren danach über New York nach Philadelphia, um die deutschen Siedlungen in Pennsylvania zu besuchen. Im Frühjahr des folgenden Jahres reisten sie weiter nach St. Louis, Missouri, an der Siedlungsgrenze. Nach einigen Vorbereitungen waren sie schließlich im April 1833 so weit, ihre Expedition entlang dem Missouri River zu beginnen.

Die Reise wurde ein großer Erfolg. Sie trafen verschiedene Stämme, bei denen sie kurze Zeit verweilten und mit denen sie Freundschaft schlossen. Sie begegneten Angehörigen der Omaha, Ponca, Dakota, Mandan, Hidatsa, Absarokee, Cree, Ojibwa und Assiniboin. Im August 1833 erreichten sie Fort McKenzie am Missouri River, den westlichsten Punkt ihrer Reise. Ihrem ursprünglichen Plan zufolge wollten Prinz Maximilian und Bodmer noch weiter reisen, doch war dies aufgrund der Auseinandersetzungen zwischen den Amerikanern und dem indianischen Volk der Blackfoot lebensgefährlich.

Der Rückweg verlief nicht ohne Unglück. Während eines Unwetters sank eines ihrer Boote und die beiden Entdecker verloren einen Teil ihres Gepäcks. Darunter Gegenstände aus der botanischen Sammlung, indianische Kostüme und einige Gemälde Bodmers. Schließlich erreichten sie im Frühjahr 1834 wieder ihren Ausgangspunkt in St. Louis. Nach einer kleinen Reise durch den besiedelten Teil des Mittleren Westens und entlang der Ostküste kehrten sie nach Deutschland zurück. Prinz Maximilian verfasste seinen zweibändigen Reisebericht *Reise in das innere Nord-America*, der in Deutschland für eine frühe Begeisterung für den Wilden Westen, die Indianer und die Natur Amerikas sorgte. Die Bilder Karl Bodmers unterstrichen diesen Eindruck auf entscheidende Art und Weise. Noch heute werden sie vielerorts gezeigt, zeugen sie doch von einer Kultur, die es wenige Jahrzehnte nach der Reise des deutschen Prinzen und des Schweizer Malers nicht mehr gab.

in St. Louis, wo sich die Siedler mit allerhand Gegenständen eindeckten, ehe sie sich weiter westlich in Independence, Missouri, den Wagentrecks anschlossen.

Doch auch Missouri verlor alsbald wieder an Attraktivität, weil es 1820 die Sklavenhaltung erlaubte und sich diese dort immer weiter verbreitete. Viele Deutsche entschlossen sich dazu, den Staat wieder zu verlassen. Sie packten abermals ihre Habe zusammen und zogen in das benachbarte Illinois. Ein freiheitliches Neu-Deutschland konnte es in direkter Nachbarschaft zur Sklaverei nicht geben.

Werbung für das Bier der Brauerei Anheuser-Busch unter dem Titel „The Hostess". Die Frau trägt sogar eine Halskette mit den Insignien des Unternehmens.

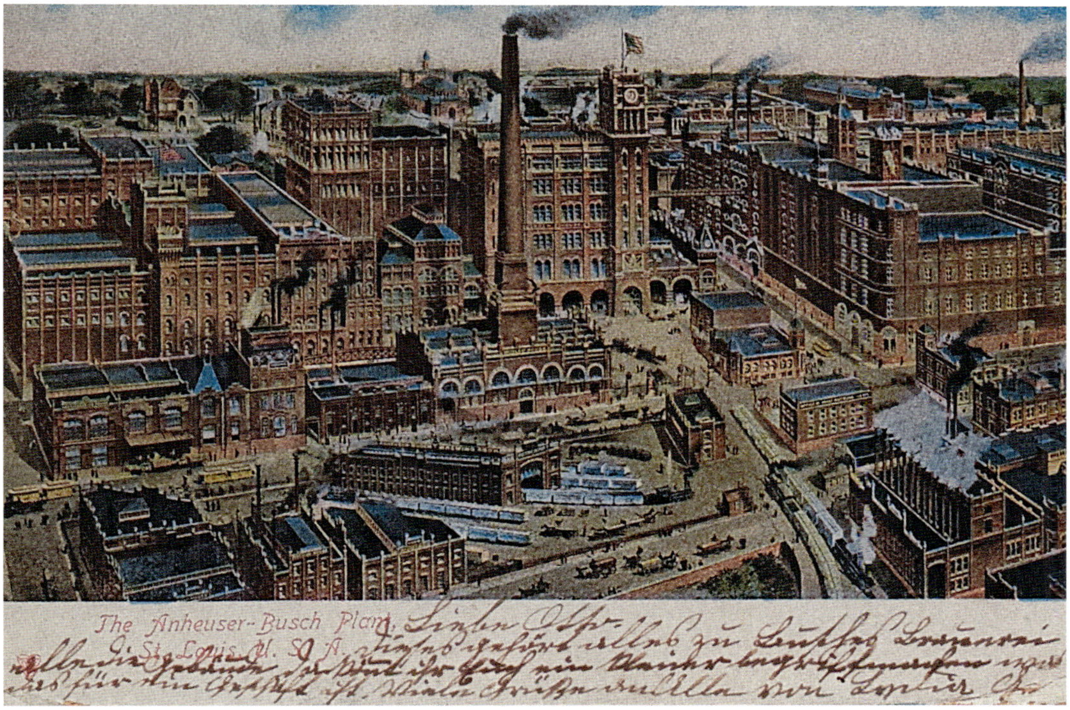

Die Anheuser-Busch Brauerei in St. Louis, Missouri, ist bis heute eine der größten amerikanischen Brauereien (Postkarte um 1906, oben). Beide Gründer, Eberhard Anheuser und sein Schwiegersohn Adolphus Busch (unten), stammen aus dem heutigen Rheinland-Pfalz.

Eberhard Anheuser und Adolphus Busch, die Bierbrauer in Missouri

Eine der größten amerikanischen Brauereien ist heute noch die Anheuser-Busch Brauerei in St. Louis, Missouri. Sie geht auf die beiden aus dem heutigen Rheinland-Pfalz stammenden Deutschen Eberhard Anheuser und Adolphus Busch zurück. Eberhard Anheuser wurde 1805 als Sohn einer alteingesessenen Familie im pfälzischen Bad Kreuznach geboren. Zusammen mit einem Bruder wanderte er 1842 nach Nordamerika aus, wo er als Kerzen- und Seifenhersteller schnell zu Geld kam. Er hatte sich in St. Louis niedergelassen und beobachtete, wie sich immer mehr Deutsche in der Stadt ansiedelten. Er hatte ebenfalls recht schnell festgestellt, dass die ortsansässige Bierbrauerei, die Bavarian Brewery von George Schneider, immer wieder in finanzielle Schwierigkeiten geriet. Auch der Einstieg des Arztes Adam Hammer im Jahr 1858 konnte dies nicht verhindern. Anheuser wunderte sich darüber, denn die Deutschen in St. Louis verlangten nach Bier – genauer gesagt nach Bier, gebraut nach dem deutschen Reinheitsgebot. 1860 steckte Eberhard Anheuser sein Vermögen in die Firma, kaufte alle Schuldscheine auf und strukturierte die Brauerei um. Unter dem Namen E. Anheuser & Company und seiner Leitung florierte das Geschäft. Bald darauf, im Jahr 1861, stellte Anheuser den Ehemann seiner Tochter Lilly, den eingewanderten Rheinhessen Adolphus Busch, in der Brauerei an. Nach der Fusion mit einem lokalen Konkurrenten, der John B. Busch Brewing Company, machte Anheuser seinen Schwiegersohn 1869 zu seinem Teilhaber und Erben. Das Unternehmen erhielt 1879 den Namen Anheuser-Busch Brewing Association. Nach Anheusers Tod am 2. Mai 1880 übernahm Busch als Präsident die Leitung des Unternehmens und führte es bis zu seinem Tod im Jahr 1913. Busch reiste in diesen Jahren oft zurück nach Deutschland, in Langenschwalbach (heute Bad Schwalbach) erwarb er ein Feriendomizil, das er nach seiner Frau „Villa Lilly" benannte. Auf diesem Anwesen verstarb er während seiner Sommerferien 1913.

Ein Plakat, das um 1900 für Lagerbier warb. Es verdeutlicht nur allzu gut die deutsch-amerikanische Bierkultur.

„Womans Holy War": Bereits lange vor der Prohibition kämpften amerikanische Temperenzler gegen den Genuss von Alkohol. Als im 19. Jahrhundert Millionen Iren und Deutsche nach Nordamerika kamen, stieg der Alkoholkonsum rapide an, sodass es häufig zu Spannungen zwischen Gegnern und Befürwortern kam. Auf dem Bild aus dem Jahr 1874 ist Carry A. Nation, die Wortführerin der Temperenz-Liga, als Jeanne d'Arc dargestellt.

Die Deutsch-Amerikaner und das Bier

Es mag wie ein billiges Klischee klingen, doch ist es von besonderer kultureller und historischer Bedeutung für die Deutsch-Amerikaner: das Bier. Im protestantischen Amerika des 18. Jahrhunderts und im Speziellen in den protestantischen Gemeinden der Deutschen war Alkohol vielerorts verboten. Weinanbau wurde nur selten betrieben; die Kunst des Bierbrauens war zwar bereits im 17. Jahrhundert in den von den Holländern und Engländer gegründeten Niederlassungen in Zügen vorhanden, doch erst als die Deutschen diesen Geschäftszweig übernahmen, nahm er nationale Dimensionen an. Anstatt des englischen Ale führten die Deutschen das leichtere dem amerikanischen Klima angemessenere Lagerbier ein. Dieses verdrängte nicht nur die englischen Biere fast vollständig, sondern dämmte auch den außerordentlich starken Konsum von Whiskey und anderer Branntweinsorten ein.

Die Deutschen kannten sich in ihrem Handwerk gut aus, schließlich sind alle großen Brauereien der USA auf Gründungen von Deutschen zurückzuführen. Doch Bier war mehr als nur ein Getränk. Dahinter verbarg sich eine ganze Lebensweise. Von den Engländern hatten die Deutschen das Picknick übernommen, das ursprünglich eine sonntägliche Zusammenkunft puritanischer Familien war. Jeder Teilnehmer brachte einen Teil des Essens mit. Die Deutschen nahmen diese Tradition auf und veränderten sie leicht. An Sommersonntagen flüchteten sie in geselliger Runde aus den überfüllten Wohnvierteln und ließen sich irgendwo im Grünen nieder. In fröhlicher Runde sangen und tanzten sie und tranken nicht zuletzt jede Menge Bier. Auch der Gang in die Wirtshäuser war ein integraler Bestandteil des sozialen Lebens der Deutsch-Amerikaner. Die Sichtbarkeit dieser Praxis verschaffte der Antialkoholismus-Bewegung der angloamerikanischen Kirchenvertreter und puritanischen Temperenzler in den USA starken Zulauf. Dieselben wollten den Alkoholkonsum unterbinden, doch gerade in Zusammenarbeit mit den irischen Einwanderern traten die deutschen Vertreter diesem Vorhaben erfolgreich entgegen und pochten auf den Erhalt ihrer Lebensweise.

Kulturwissenschaftler haben auch den Hang vieler Amerikaner zu Cocktails und Long Drinks darauf zurückgeführt, dass Bier und Wein in den USA verpönt waren, ein Mischgetränk aus hartem Alkohol und Fruchtsaft aber nicht als alkoholisches Getränk auffällt. In den protestantischen Regionen wurde der Schnaps auf diese Weise vor Gott versteckt, ähnlich wie in deutschen Klöstern das Fleisch in einer Maultausche. Verstärkt wurde diese Gewohnheit zudem in den Jahren der Prohibition von 1919 bis 1932.

Die Deutschen in Wisconsin

„Wisconsin darf in der That stolz seyn: der Kern seiner Bevölkerung sind Deutsche: Deutsche sind es, welche seine dichten Wälder urbar machen, und Deutsche sind es wieder, die eine echtdemokratische und wahrhaft freisinnige Constitution für den künftigen Staat Wisconsin erstreben." So kommentierte die deutschsprachige Zeitung *Wiskonsin-Banner* 1845 die Gründung des Deutschen Demokratischen Vereins zur Wahrung deutscher Interessen in Wisconsin. Voller Selbstbewusstsein zeigte der Kommentar, wie sich die Deutschen in der Fremde wahrnahmen. Heute darf Wisconsin zu Recht als derjenige Staat bezeichnet werden, in dem die Deutschen die meisten sichtbaren Spuren hinterlassen haben. Überall finden sich Hinweise auf ein reges deutsch-amerikanisches Leben im 19. Jahrhundert.

Dabei wurde Wisconsin erst über hundert Jahre nach Pennsylvania zum Ziel der deutschen Einwanderung. Nach der Vertreibung der letzten Indianer im Jahr 1835 markierten die Vereinigten Staaten am 3. Juli 1836 Wisconsin als US-Territorium und gaben es zur Besiedlung frei. Schnell hatte das Territorium die notwendige Einwohnerzahl von 60 000 erreicht und konnte den Antrag zur Aufnahme als US-Bundesstaat stellen. Am 13. März 1848 verabschiedete Wisconsin seine Verfassung und wurde schließlich am 29. Mai 1848 als 30. Bundesstaat in die amerikanische Union aufgenommen. Bis ins Jahr 1900 hatte der Staat knapp über zwei Millionen Einwohner, wovon über 700 000 deutsch oder deutschstämmig waren.

Die meisten deutschen Siedler zog es im 19. Jahrhundert nach Wisconsin. Dort entstanden ganze deutsche Landstriche mit den verschiedensten deutschen Geschäften. Hier eine deutsche Apotheke, 1888

In den 1840er-Jahren gründeten mehrheitlich deutsche Siedler in dem recht unbewohnten Gebiet entlang des Lake Michigan kleine Siedlungen. Bereits wenige Jahre später verstärkte sich nicht nur der Strom der Einwanderer aus Deutschland, auch aus Pennsylvania zogen größere Gruppen Pennsylvania-Deutsche der vierten oder fünften Generation nach Wisconsin. Nach der Ankunft sahen sich die meisten Siedler unmittelbar nach einem geeigneten Gelände für eine Farm um. Einige deutsche Einwanderer erwarben bereits kultiviertes Farmland von Angloamerikanern, die es weiter nach Westen zog. Zudem konnten die Deutschen die Anfänge einer Infrastruktur nutzen. So gab es Getreidemühlen und in Wisconsin lebende Farmer, bei denen die Deutschen ihr Saatgut und Werkzeug kaufen konnten. Die meisten betätigten sich als Bauern oder Handwerker – Berufe, die sie schon in der alten Heimat ausgeübt hatten. Die Eliteberufe waren meist in den Händen der Angloamerikaner. In Wisconsin untermauerten die Deutschen ihren bereits in Pennsylvania erworbenen guten Ruf als hervorragende Farmer, da sie mit wenig Land, aber harter und effizienter Arbeit höhere Erträge erzielen konnten.

Allein das Leben in Freiheit und der Besitz eines eigenen Stücks Land entfachten in manchen Deutschen großen Enthusiasmus für Amerika. So schrieb der deutsche Auswanderer Wilhelm Stille 1836 zurück in die Heimat:

„Aber wen sie hier erst ein wenig gewesen sind, und spühren die Freiheit, und sehn die guthen Früchte hir wachsen, und das alle ohne mißt, und das das Land so leicht zu verarbeithen ist, dan … bedauern sie schon ihre Freunde die dan noch in Deutsland sind."

Zum Zusammenhalt der Deutschen in Wisconsin trugen vor allem die deutschsprachigen Zeitungen bei, die im 19. Jahrhundert bereits hohe Auflagenzahlen erzielten. Sobald sich 1000 bis 2000 deutschstämmige Bewohner in einem Landkreis aufhielten, wurde eine deutschsprachige Wochenzeitung gegründet. Zeitungen wie das weitverbreitete *Wiskonsin-Banner* versorgten die Bewohner mit Informationen über das Leben der Deutsch-Amerikaner wie auch über die politischen Ereignisse in Deutschland. 1847 traf man in der Umgebung von Milwaukee, Wisconsin, kaum einen Farmer an, der nicht eine deutsche Wochenzeitung abonniert hatte. Neben dem *Wiskonsin-Banner* war auch der von österreichischen 1848ern herausgegebene *Volksfreund* ein in Wisconsin gern gelesenes Blatt. Beide Zeitungen verstanden sich als freiheitliche, demokratische Organe und legten darüber hinaus einen starken Anti-Katholizismus an den Tag. Dies veranlasste 1851 den katholischen Priester Joseph Salzmann dazu, den *Seeboten* als Gegengewicht zu gründen.

Die Stadt Milwaukee, Wisconsin, hatte von allen amerikanischen Städten prozentual den größten Anteil an deutschen Einwohnern. Hier war und ist das deutsch-amerikanische Leben besonders präsent, im 19. Jahrhundert wurde es mitunter von der deutschsprachigen Presse geprägt.

Unter den Blättern herrschte ein großer Konkurrenzdruck. Einige regionale Zeitungen, wie etwa der *Phoenix des Nordwestens*, wurden von den Wochenzeitungen aus der nahe gelegenen Stadt Milwaukee verdrängt. Weitere Provinzblätter wie der *Botschafter* und die *Kiel National Zeitung*, welche die Bewohner der unmittelbaren Umgebung über lokale Vorkommnisse informierten sowie Nachrichten aus Deutschland viel Platz einräumten, erlagen dem gleichen Schicksal. Die meisten Zeitungen erschienen nur einige wenige Jahre. Insbesondere die zweite und dritte Generation der Deutschen in Wisconsin las zunehmend amerikanische Zeitungen. Einerseits beherrschten sie die Sprache besser als die ihrer Vorfahren, andererseits waren sie nicht weiter an Informationen aus der alten Heimat – Jubiläen, Todesfälle, Unglücke – interessiert. Sie kannten Deutschland zumeist nur aus den Erzählungen. Dennoch finden sich in Wisconsin deutschsprachige Zeitungen, die bis ins 20. Jahrhundert hinein existierten.

Die deutschsprachige Presse hatte zwei konträre Wirkungen auf die Deutschen. Auf der einen Seite verzögerte sie das Erlernen der englischen Sprache, da die Deutschen Zeitungen in der vertrauten Muttersprache lesen konnten. Auf der anderen Seite klärten die Blätter über Kultur und Lebensweise der Amerikaner sowie über die politischen Verhältnisse in den USA auf, sie waren bemüht, die politisch unerfahrenen Deutschen zu freiheitsliebenden Demokraten zu machen. Viele Zeitungen standen im Dienste einer Partei und trugen zur Instrumentalisierung der deutschen Bevölkerung bei, die sich allerdings nur zögerlich für politische Zwecke einspannen ließ.

So ist auch die Veröffentlichung des *Yankee Doodle* kurz nach Ausbruch des amerikanischen Bürgerkrieges im *National Demokrat* (auch *Sheboygan Zeitung*) zu deuten. Der Text wurde in Pennsylvania-Dutch veröffentlicht und sollte die Deutschen für die Ziele der Nordstaaten begeistern, deren Soldaten das Lied im Krieg sangen. Die Deutschen sollten bei öffentlichen Veranstaltungen und im Militärverbund mitsingen können:

„Der Däd und ich, mir wor'n im Camp
Mitsammt 'm Cäpten Gudwin,
Un do hen mer die Buwe g'sehn,
So dick wie hästi Pudding-
Un do wor Capten Washington,
Uuf'm schöne Gaul, gar rausend
Der hot den Leut die Orders gewe –
Es waren viele Tausend ...“

Den Kirchen in den ländlichen Gebieten Wisconsins kam die Bedeutung zu, sowohl als Zentren des religiösen wie auch des gesellschaftlichen Lebens zu fungieren. Der Schwerpunkt des religiösen Lebens wurde von den protestantischen Kirchen getragen. Katholiken gab es nur vereinzelt. Die meisten protestantischen Kirchengemeinden wählten ihre Priester selbst aus und schlossen mit ihnen zeitlich befristete Verträge ab. Da es häufig schwierig war, einen Priester zu finden, mussten protestantische Kirchengemeinden teilweise jahrelang auf geistliche Betreuung verzichten. Ein deutscher Farmer, der am Lake

Mit den deutschen Einwanderern des 19. Jahrhunderts kamen auch die etablierten Konfessionen nach Nordamerika und bauten eigene Gotteshäuser wie hier in Wisconsin, 1894. Die durch und durch protestantische amerikanische Gesellschaft fürchtete sich besonders vor dem Einfluss der katholischen Kirche.

Gerade nach der Auswanderung waren die Familienbande ein starker Halt in der Fremde. In den meisten Fällen heirateten die eingewanderten Deutschen untereinander. Die Fotografie zeigt eine deutsch-amerikanische Familie Siggelkow in Wisconsin, 1851.

Winnebago lebte, schrieb im Jahr 1850: „Vor kurzem besuchte uns ein evangelischer Prediger, der erste, der seit unserer 2jährigen Ansiedlung hierher kam … In der Nachbarschaft segnete er mehrere Ehepaare ein und taufte eine Menge Kinder, unter denen sich mehrere von 3 und 5 Jahren befanden, binnen welcher Zeit kein Reiseprediger in unserer Gegend gewesen war." Reisende Priester gab es bei fast allen Konfessionen, im Mittleren Westen waren sie keine Seltenheit. Mitunter stellten die Siedler auch Priester anderer Glaubensgemeinschaften ein, was in einigen Fällen zu Uneinigkeiten innerhalb der Gemeinde bis hin zur Spaltung führte.

Im Allgemeinen entstanden die deutschen Kirchengemeinden ausschließlich auf Initiative der Siedler. Die neu gegründeten Gemeinden zeichneten sich vor allem durch ein hohes Maß an Autonomie aus,

Neben vielen anderen Traditionen brachten die Deutschen auch ihre Stammtischtreffen mit in die Neue Welt, wie hier in Milwaukee im Januar 1920. Diese boten über Generationen hinweg die Möglichkeit zum Austausch und zur Erinnerung.

Das deutsche Vereinsleben nahm auch Einzug in die Vereinigten Staaten. Turn- und Gesangsvereine waren am weitesten verbreitet, zudem gab es Vereine mit karitativem Zweck oder Musikvereine wie den Milwaukee Zither Club.

Milwaukee, die „deutscheste Stadt" Nordamerikas

Milwaukee in Wisconsin ist am Lake Michigan und nördlich von Chicago gelegen. Vor allem im 19. Jahrhundert verzeichnete die Stadt ein enormes Wachstum. In der Zeit von 1840 bis 1880 vermehrte sich die Bevölkerung Milwaukees alle zehn Jahre um 70 bis 80 Prozent. Obwohl die Stadt keinen deutschen Namen trägt – das Wort entstammt der Sprache der Algonkin (ein aus mehreren Stämmen bestehendes Volk von Ureinwohnern) und bedeutet „gutes Land" –, war sie doch jene, in der prozentual gesehen die meisten Deutschen in Nordamerika lebten. Von den 115 587 Einwohnern im Jahr 1880 waren 46 073 Immigranten, davon wiederum stammten 31 483 aus Deutschland. Das ergibt einen Anteil von 27,2 Prozent der eingewanderten Deutschen an der gesamten Einwohnerzahl. Die in Nordamerika geborene zweite Generation fällt in dieser Statistik zwar in die Gesamteinwohnerschaft, nicht aber in den Anteil der zugewanderten Deutschen. Die Zahl der Deutschstämmigen war also weitaus höher. Zeitgenossen betrachteten die Stadt mit ihren deutschen Straßennamen, Wohnvierteln, Brauereien und nicht zuletzt mit ihrem regen Vereinsleben als das „Herz deutsch-amerikanischen Lebens".

Im Jahr 1839 kamen mit den Lutheranern aus Preußen die ersten Deutschen nach Milwaukee. Schon bald setzte die Zuwanderung im großen Stil ein, und in der Stadt ließen sich Deutsche aus Bayern, Schwaben, Pommern, dem Rheinland, Österreich und der Pfalz nieder. Der Anteil der Deutschen in Milwaukee war bald so hoch, dass die Amtsantrittsrede des Ersten Bürgermeisters 1846 auf Englisch und auf Deutsch gedruckt wurde. Nach Angaben von Samuel Freemans *The Emigrant Handbook* gab es 1851 allein sechs deutschsprachige Zeitungen in der Stadt. Deutsche Schulen, Zeitungen, Turnvereine und Theatergruppen sprossen hier schnell aus dem Boden, und mit dem Berliner Emil Wallber bekam die Stadt 1884 den ersten in Deutschland geborenen Bürgermeister.

Die Deutschen brachten vor allem Bierbrauer, Metzger und traditionelle Feste mit nach Milwaukee. Noch heute ist in der Stadt die älteste funktionierende Brauerei ansässig: Miller Brewing Company, gegründet von dem Schwaben Friedrich Müller aus Riedlingen, Joseph Schlitz aus Mainz, Valentin Blatz aus Bayern und Jacob Best aus Darmstadt. Milwaukee war dank Miller die Stadt, die weltweit am meisten Bier produzierte. Noch heute wird dort ein Oktoberfest und das sogenannte Germanfest gefeiert, um sich der deutsch-amerikanischen Vergangenheit zu erinnern.

In Milwaukee lebten nicht nur Deutsche und Amerikaner, auch Polen, Skandinavier und Franzosen ließen sich in der Stadt nieder. Durch die Vielzahl an Einwanderern entwickelte Milwaukee im Lauf des 19. Jahrhunderts einen besonderen Gemeinsinn, gerade im sozialen Bereich galt die Stadt lange Zeit als fortschrittlich. Ebenfalls beachtenswert sind die vielen Parkanlagen in der Stadt und am Seeufer, die auf den Einfluss der deutschen Bevölkerung zurückzuführen sind. Ihr war die „Biergartengemütlichkeit" aus der Heimat so wichtig, dass sie auch in Nordamerika nach ähnlichen Plätzen und Flecken suchte, um ihren Gewohnheiten zu frönen.

Doch das deutsche Erbe verschwindet – trotz Germanfest mit Apfelstrudel, Bratwurst und Sauerkraut. Die Deutschen als ethnische Gruppe gibt es nicht mehr, sie sind im Melting Pot der USA aufgegangen. Entlang der Teutonia Avenue wohnen nun Afroamerikaner und fast alle deutschen Vereine haben Nachwuchsschwierigkeiten.

ein deutlicher Unterschied zu den etablierten kirchlichen Strukturen in Deutschland. Bei der Gründung gab sich jede Kirche eine Konstitution, bestehend aus zwei Teilen. Im ersten Teil waren Angaben über die theologische Ausrichtung, Glaubensschriften und Sakramente enthalten; im zweiten Teil wurden organisatorische Fragen geregelt wie Ernennung und Aufgabe von Priestern sowie Rechte und Pflichten der Mitglieder. Viele protestantische Kirchengemeinden schlossen sich dem Deutschen Evangelischen Kirchenverein des Westens an, der ihnen auch Priester entsandte. Alljährlich fand eine Versammlung der Gemeindemitglieder statt. Hier wurde der Kirchenvorstand gewählt, unter Umständen die Verfassung geändert und über die Richtlinien der Kirche gesprochen. Nicht selten gab es auch Kritik an den Priestern. Die St.-Johannes-Gemeinde in Germantown, Wisconsin, bestimmte 1865: „Weil diese Gemeinde eine deutsche ist und sein und bleiben will, so soll Lehren und Predigen in der deutschen Sprache geschehen, und zwar so lange noch drei Glieder dieser Gemeinde die deutsche Sprache beibehalten wollen."

Das Lehrerseminar in Milwaukee, Wisconsin, hatte zum Ziel, deutsch-amerikanische Erzieher für die deutsch-amerikanische Jugend auszubilden, Lehrer, „die im Deutschen und Englischen gleich vollkommen ausgebildet sind" (links).

Ein deutsches Restaurant, wie es heute im amerikanischen Melting Pot durchaus noch zu finden ist (rechts). Traditionell bieten derartige Restaurants Sauerbraten, Wiener Schnitzel und Sauerkraut an.

Deutsch-amerikanische Arbeiter in Chicago

Nachdem im 18. Jahrhundert zunächst Philadelphia und mit Beginn des 19. Jahrhunderts New York zum Haupteinwanderungshafen der Deutsch-Amerikaner und damit zum Zentrum des deutsch-amerikanischen Lebens wurden, zog es ab dem Jahr 1850 mehr und mehr Deutsche nach Chicago. Innerhalb von wenigen Jahren expandierte die Stadt zur Verkehrs-, Handels- und Industriemetropole des Mittleren Westens. Gerade in der zweiten Hälfte des 19. Jahrhunderts wuchs die Einwohnerzahl beachtlich. 1830 zählte Chicago gerade einmal 100 Einwohner, 20 Jahre später waren es bereits 30 000 Einwohner, nach dem amerikanischen Bürgerkrieg blühte die Stadt schließlich richtig auf: Die Einwohnerzahl von 109 206 im Jahr 1860 verzehnfachte sich bis ins Jahr 1890 auf 1 099 805. Dabei hielt sich der Anteil der deutsch-amerikanischen Bevölkerung in den Jahren von 1850 bis 1900 konstant zwischen 25 und 30 Prozent.

Obwohl die Mehrheit der deutschen Auswanderer in der alten Heimat auf dem Land gelebt hatte, siedelten sich viele von ihnen in Nordamerika nun in städtischen Regionen an. Schon 1880 wohnten 28,7 Prozent der Einwanderer in den zehn größten Städten der USA. Zehn Jahre später waren es bereits rund 49 Prozent, während im Deutschen Reich um die Jahrhundertwende nur 41 Prozent der Bevölkerung in den Städten ansässig waren. In New York und Chicago – den beiden amerikanischen Städte mit der größten Anzahl deutscher Einwanderer: New York hatte im Jahr 1880 163 482 deutsche Einwohner, Chicago 75 205 – sowie in Milwaukee, Cincinnati und St. Louis fand im 19. Jahrhundert der Großteil des städtischen deutsch-amerikanischen Lebens statt. Der deutsche Anteil, bestehend aus der ersten und der zweiten Generation deutscher Einwanderer, an der gesamten Chicagoer Einwohnerschaft betrug zu Spitzenzeiten sogar über 30 Prozent. Angesichts dieses Größenverhältnisses ließ sich die deutschsprachige *Chicagoer Arbeiter-Zeitung* im Jahr 1884 dazu verleiten, Chicago noch vor Frankfurt am Main, Hannover, Bremen, Leipzig, Köln und Stuttgart zu den fünf größten deutschen Städten zu zählen. Solche Schlagzeilen wurden von den Deutsch-Amerikanern jubelnd gefeiert. Viele Amerikaner aber sahen die „Unterwanderung" ihrer Gesellschaft mit Skepsis und großer Sorge.

Der Aufschwung der Stadt ergab sich aufgrund mehrerer Einflüsse. Einerseits war Chicago das Hauptziel der letzten großen deutschen Auswanderungswelle, beginnend in den 1880er-Jahren. Die Einwanderer waren Arbeiter, die ohne Familien in die USA gekommen waren und sich bewusst in den großen Städten ansiedelten. Andererseits lag Chicago verkehrstechnisch günstig. Über die Großen Seen und den Erie-Kanal war die Stadt mit New York und der Atlantikküste verbunden, über den Flussweg konnte Chicago den Mississippi und damit die beiden größten Zuflüsse, den Ohio River und den Missouri River, erreichen. Zudem wurde Chicago zu einem wichtigen Knotenpunkt des amerikanischen Eisenbahnnetzes.

Zwischen den beiden Wirtschaftskrisen von 1870 und 1890 trat die Industrialisierung in eine neue Phase ein; die neuen Techniken lösten den qualifizierten Facharbeiter ab, forderten aber umso mehr „Fließbandarbeiter" ein. Diese Umstrukturierung in der Großindustrie änderte die beruflichen Umstände der zuwandernden Arbeiter aus Deutschland auf markante Art und Weise.

Der Erie-Kanal verband die Städte Chicago und New York über die großen Seen und den Hudson River. Der Bau des Kanals von 1817 bis 1825 führte schließlich zur Blüte beider Städte, binnen kurzer Zeit konnten nun Waren zwischen der Atlantikküste und dem Mittleren Westen ausgetauscht werden. Stahlstich, um 1850

Der Erie-Kanal

Zu Beginn des 19. Jahrhunderts unternahm eine Gruppe einflussreicher New Yorker unter der Führung von DeWitt Clinton den Versuch, einen Kanal zwischen dem Hudson River und dem Eriesee bauen zu lassen. Um den Vorschlag zu untermauern, kandidierte Clinton 1817 selbst für das Amt des Gouverneurs von New York. Er gewann die Wahl und veranlasste gleich nach seiner Amtseinführung den Bau des sogenannten Erie-Kanals. Dem Plan nach sollte er vom Eriesee in der Nähe von Buffalo Richtung Osten führen und nahe Albany in den Hudson River münden. 1825 schließlich war der Erie-Kanal vollendet, am 26. Oktober 1825 wurde er feierlich eingeweiht. Zu diesem Anlass verließ das Schiff Seneca Chief die Stadt Buffalo und erreichte nur wenige Tage später, am 4. November, New York. Damit war die Ostküste direkt mit dem Mittelwesten verbunden. In kurzer Zeit konnten nun Waren und Personen von New York nach Chicago transportiert werden, was zu einer wirtschaftlichen Blüte in beiden Städten führte. Der Erie-Kanal begründete Chicagos Aufstieg.

2249 60. Stück. März 1859. 2250

Für Auswanderer!

Regelmäßige Schiffs-Expeditionen von Bremen vermittelst Dampf- und Segelschiffen.

Die regelmäßigen Fahrten der Passagierschiffe nehmen am 1. März d. J. wieder ihren Anfang und expedire ich von diesem Termine an, am 1. und 15. eines jeden Monats nach **Newyork** und **Baltimore**, nach **New-Orleans** und **Galveston** im Frühjahr und Herbst, sowie nach andern Häfen **Amerika's** und **Australien's**, große gekupferte, für die Passagierfahrt eigens erbauete Segelschiffe, die mit hohem geräumigen Zwischendeck und elegant eingerichteten Cajüten versehen, und mit gutem Proviant reichlich ausgerüstet sind.

Für die zwischen hier und Newyork regelmäßig fahrenden großen, prachtvoll eingerichteten Dampschiffe des **Norddeutschen Lloyd** bin ich beauftragt Passagiere anzunehmen, für erste Cajüte und Zwischendeck zu herabgesetzten Preisen.

Ueber die billig gestellten Passagepreise und sonstigen Bedingungen ertheilen gern auf Anfragen meine concessionirten Herren Agenten:

in **Braunschweig** Herr **C. H. Stoot,**

sowie ich direct, jede gewünschte Auskunft unentgeldlich.

Bremen, Februar 1859.

gez. ***Carl Joh. Klingenberg.***

Die große Gruppe der deutschen Einwanderer zeichnete sich auch in Chicago vor allem durch ihre Heterogenität aus. Um 1880 waren die Deutschen aufgrund ihrer numerischen Bedeutung und ihrer langen Präsenz in Chicago in allen sozialen Schichten vertreten. Der größte Anteil von 72,2 Prozent aller Berufstätigen gehörte der Arbeiterschaft an. Ihr folgten mit 18,2 Prozent Geschäftsleute und Angestellte des unteren Mittelstandes. Mit Beginn der 1840er-Jahre expandierte vor allem die Nordseite Chicagos im Zuge der deutschen Zuwanderung stark. Die ursprünglich pfälzische und württembergische Bevölkerung, sie war noch Bestandteil der frühen Zuwanderung, verkümmerte bald zu einer unbedeutenden Minderheit im Vergleich zu den ab den 1860er-Jahren neu zugewanderten Deutschen aus Nord- und Nordostdeutschland. Das deutsche Viertel an der Nordseite bewahrte aber mit seinen typischen Lebensmittelläden, Einzelhandelsgeschäften, Kneipen, Restaurants, Biergärten, Kirchen und Turnhallen seinen deutschen Charakter bis weit ins 20. Jahrhundert hinein.

Während an der Nordseite vornehmlich Akademiker, Geschäftsleute und obere Mittelständler lebten, war die Süd- und Südwestseite Chicagos das Wohnviertel der Arbeiter, auch derer aus Deutschland. Ungelernte Arbeiter mussten sogar mit Wohnungen in der Nähe des Industriegürtels nahe dem Chicago River vorliebnehmen. Aufgrund der hohen Zahl deutscher Arbeiter ist die Akkulturation der Einwanderer in Chicago in erster Linie eine Akkulturation der Arbeiter.

Werbeanzeige in Bremen, 1859, die Auswanderungswillige zur Überfahrt in die Neue Welt bewegen sollte (links). Ab den 1860er-Jahren stammte die Mehrheit der Auswanderer aus dem Norden Deutschlands.

Der Holzstich aus dem Jahr 1887 illustriert das Einschiffen von Auswanderern in Brunshausen bei Stade (rechts). Nach dem Abschied von Freunden und Familie (kleiner Ausschnitt) wurden die Auswanderer mit Zubringerbooten auf die großen Atlantikschiffe gebracht.

Das Massaker von New Ulm

Im Jahr 1854 gründeten deutsche Siedler von Chicago aus die Stadt New Ulm in Minnesota, direkt an der damaligen Siedlungsgrenze und nahe den Jagdgründen der Sioux. Die Idee für die Siedlungsgründung stammte von Frederick Beinhorn, der 1852 nach Nordamerika ausgewandert war. Ein Jahr nach seiner Ankunft gründete er in Chicago die Chicago Land Society, die letztlich den Grundstein zur Siedlungsgründung von New Ulm legte. Da sich unter den Deutschen hauptsächlich Auswanderer aus dem heutigen Baden-Württemberg befanden, entschied sich die Gruppe dafür, die neue Siedlung nach der schwäbischen Stadt Ulm zu benennen. Im Jahr 1856 stieß Wilhelm Pfaender mit seiner Turner Colonization Society of Cincinnati hinzu und gemeinsam stellten sie die Verwaltung der neuen Gemeinde auf.

Zunächst pflegten die Deutschen und die Sioux einen freundschaftlichen Umgang miteinander. Häufig besuchten die Indianer die Stadt, um dort Felle und andere Waren zu tauschen. Doch dann geriet New Ulm in den fortlaufenden Verdrängungskampf der Amerikaner gegen die Indianer. Im Vertrag von Mendota, Minnesota, der am 5. August 1851 zwischen den Sioux und der US-Regierung geschlossen wurde, verkauften die Sioux einen Großteil ihres Landes, zogen in einen schmalen Streifen am Minnesota River, der fortan das Reservat bildete, und erhielten im Gegenzug Zahlungen und Lebensmittel von der US-Regierung. Als 1862 die Lieferungen in das Reservat aufgrund des amerikanischen Bürgerkrieges und einiger betrügerischer Händler ausblieben, brach eine große Hungersnot unter den Sioux aus. Da die Amerikaner sich nicht an den Vertrag hielten, beschlossen die Sioux, sich ebenfalls nicht daran zu halten. Sie brachen aus dem Reservat aus und führten gegen alle Siedler nahe des Minnesota River Krieg – egal ob sie an dem Streit beteiligt waren oder nicht. Am 19. August konnte der erste Überfall auf New Ulm abgewehrt werden. In den nächsten Tagen überfielen die Sioux das nahe gelegene Fort Ridgely, am 23. August stürmten sie noch einmal auf New Ulm. Die Sioux waren den Siedlern zahlenmäßig weit überlegen, schafften es allerdings nicht, die Stadt zu erobern. Nichtsdestotrotz richteten sie ein Massaker an. 450 Siedler starben in New Ulm und Umgebung, ehe die Stadt evakuiert wurde und sich weitere knapp 2000 Menschen in die benachbarte Stadt Mankato retten konnten. Die US-Armee reagierte nun und schlug den Aufstand binnen der nächsten vier Wochen nieder. Häuptling Litte Crow konnte fliehen, doch 2000 seiner Krieger mussten sich den Amerikanern ergeben. Der Aufstand in Minnesota war beendet, doch der Krieg zwischen der US-Regierung und den Sioux tobte im Westen der USA noch bis ins Jahr 1890.

New Ulm war beinahe gänzlich zerstört. Nach dem Überfall der Indianer standen nur noch ein paar wenige Gebäude, die den Überlebenden Unterschlupf boten. Doch die deutschen Siedler, zu denen sich viele Skandinavier gesellten, bauten die Stadt wieder auf. Das Ereignis brannte sich in das Gedächtnis der deutschen Siedler ein und wurde häufig in Politik und Populärkultur zitiert, etwa in der Verfilmung von Karl Mays *Winnetou II,* in der das reale Beispiel von der Unterzeichnung eines fiktiven Friedensvertrages bemüht wird und zur Unsicherheit der amerikanischen Soldaten beiträgt. Im Jahr 1897 errichteten die Bewohner der wieder aufgebauten Stadt in Verbundenheit zur deutschen Heimat das Hermann Heights Monument, das dem Hermannsdenkmal im Teutoburger Wald nachempfunden wurde. Zur feierlichen Einweihung des Denkmals kamen 10 000 Deutsche nach New Ulm. Heute gilt es in den USA als offizielles Symbol des deutsch-amerikanischen Erbes.

Deutsche Siedler aus New Ulm, Minnesota, auf der Flucht vor den aufständischen Sioux in den Weiten der Prärie (links oben)

Eine Darstellung des Massakers von New Ulm. Da der Vertrag von Mendota zwischen Sioux und US-Regierung vor allem aufgrund des Bürgerkrieges und einiger betrügerischer Händler gebrochen wurde, brachen die Sioux aus dem ihnen zugeteilten Reservat aus und führten Krieg gegen die Siedler. 450 Siedler starben bei dem Angriff auf New Ulm (links unten).

Häuptling Little Crow, Anführer der Sioux beim Massaker von New Ulm (rechts). Als die US-Armee den Aufstand niederschlug, konnte er fliehen.

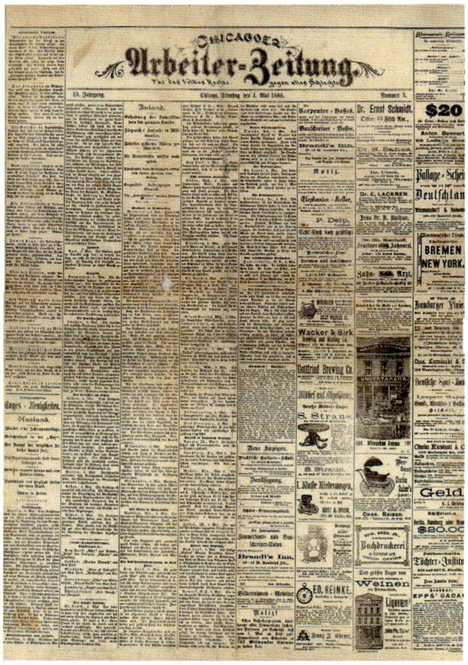
Chicagoer Arbeiter-Zeitung

Die einflussreiche *Chicagoer Arbeiter-Zeitung* war das Sprachrohr der aus Deutschland kommenden Arbeiterschicht (links). Die Zeitung erschien ab 1877 und registrierte sorgfältig die politische, wirtschaftliche und gewerkschaftliche Situation Chicagos.

Das Hermann Heights Monument wurde 1897 als Zeichen der Verbundenheit zur deutschen Heimat in der Nähe von New Ulm, Minnesota, errichtet. Die Abbildung rechts zeigt die Statue in Arbeit.

Aufgrund seiner günstigen Lage und der optimalen Verkehrsbedingungen bot Chicago den Einwanderern ganz andere soziale und wirtschaftliche Möglichkeiten als New York, die Stadt etablierte sich daher rasch als Verteiler und Durchgangsstation für den gesamten Mittelwesten. Beginnend mit dem Getreideexport und dem Holzhandel, entwickelte sich Chicago schon frühzeitig zu einem industriellen Zentrum. Von größerer Bedeutung für die Wirtschaft Chicagos waren aber die Fleischverarbeitung als die führende Branche und der Bau von Landmaschinen beziehungsweise Eisenbahnmaterialien. Diese geografischen und wirtschaftlichen Faktoren führten zu einer schnellen Expansion des in den 1830er-Jahren noch bescheidenen Grenzstädtchens.

In ihrem Berufsalltag hatten die deutschen Arbeiter kaum Kontakt mit Amerikanern, was die Anpassung an die amerikanische Lebensweise zusätzlich erschwerte. Die Arbeiter trafen in ihrem Berufsalltag größtenteils wieder auf andere Deutsche, vielleicht gelegentlich einmal auf Iren oder Italiener. „Meine Mitarbeiter … waren überwiegend deutscher Abstammung. Und deutsch war auch die Umgangssprache“, so beschrieb der Arbeiter Alfred Kolb sein Umfeld in Chicago. Dies ist insofern nicht verwunderlich, als der größte Teil der amerikanischen Arbeiterschaft im 19. Jahrhundert aus Einwanderern bestand. Eine amerikanische Arbeiterschaft gab es Mitte des 19. Jahrhunderts nur zu geringen Teilen.

Die Einwanderer waren es auch, vor allem die deutschen, welche die frühen Organisationen der Arbeiter initiiert und getragen haben. So stand der 1857 in Chicago gegründete Arbeiterverein ganz in der Tradition deutscher Arbeiter-Bildungsvereine der frühen Industrialisierung und vereinigte in seiner Zielsetzung bürgerliche und liberale Elemente sowie die Stärkung der Interessen der Deutschen. Der Arbeiterverein in Chicago war der bedeutendste seiner Art in Nordamerika. In den 1860er-Jahren initiierten einige Arbeitervereine die Gründungen mehrerer Zeitungen. Aber erst mit der Zunahme der deutschen Bevölkerung entwickelte sich ab den 1870er-Jahren eine ausreichend große deutschsprachige Leserschaft in der Stadt. Das bedeutendste deutschsprachige Blatt war dabei die *Chicagoer Arbeiter-Zeitung*. Sie erschien von 1877 bis 1931 und wurde ab Juni 1879 bis zu ihrer Einstellung täglich herausgegeben. Außerdem erschien ab Mai 1879 noch das Sonntagsblatt *Die Fackel* und von 1876 bis 1919 das Wochenblatt *Der wöchentliche Vorbote*. Trotz ihrer Auflagenstärke kämpfte die *Chicagoer Arbeiter-Zeitung* mit den bürgerlichen Blättern *Abendpost* und *Illinois Staats-Zeitung* um die deutschsprachige Leserschaft. Auch neigten die deutschen Leser zunehmend dazu, die englischsprachige Presse zu lesen. Dennoch war die *Chicagoer Arbeiter-Zeitung* für die Arbeiterschaft Chicagos von großer Bedeutung. Sie registrierte sorgfältig alle politischen, gewerkschaftlichen und sozialen Bewegungen, protokollierte Gewerkschafts-, Partei- und Vereinstreffen und engagierte sich in allen

ESROOMS 10 N. JEFFERSON ST

DEPARTMENT

öffentlichen Veranstaltungen für die Sache der Arbeiter. Des Weiteren kümmerte sie sich durch das Abdrucken von Romanen um das kulturelle Leben der Deutschen und dokumentierte naturwissenschaftliche Entwicklungen.

Vom großen Engagement der *Chicagoer Arbeiter-Zeitung* zeugen die vielen Aufrufe für notleidende Deutsche in den USA oder der Heimat. Als es im Winter 1882/83 an Rhein und Donau durch eine Flutkatastrophe zu verheerenden Schäden kam, rief die Zeitung am 28. Januar 1883 zu Spenden „für die überschwemmten Proletarier Deutschlands" auf. Diese Aktion verdeutlicht nur allzu gut, wie nahe sich die Deutschen Chicagos ihren Landsleuten fühlten. Der Aufruf zeigt aber auch, dass die *Chicagoer Arbeiter-Zeitung* die Arbeiterschaft nicht als eine nach Kontinenten getrennte Bewegung sah, sondern vielmehr als ein transatlantisches Phänomen. Die deutsche Arbeiterschaft und ihre Institutionen in Chicago waren es, die sozialistische Ideen und Forderungen nach sozialer Gerechtigkeit mit in die amerikanische Politik und Gesellschaft brachten – Ideen, die bis dato unbekannt waren.

Trotz der Heterogenität gab es gemeinsame Interessen unter den Deutschen in Chicago, die Forderungen und Ziele beschränkten sich jedoch hauptsächlich auf die Neutralisierung der Sonntagsgesetz- und Temperenzfanatiker und auf den Erhalt des Deutschunterrichts an den öffentlichen Schulen, der sich zunehmend schwieriger gestaltete. Schließlich gelang es den nativistischen Amerikanern ab 1891 gar, den Deutschunterricht an den öffentlichen Schulen zu verdrängen. Ein Aufruhr ging durch die Gruppe der Deutsch-Amerikaner in Chicago, empört wehrten sie sich gegen die Abschaffung. Unter der Anleitung der Chicagoer Turnvereine sammelten die Deutschen Unterschriften und riefen zu Protestaktionen auf. Doch ihr Protest war vergebens und es blieb bei der Abschaffung des Deutschunterrichts. Die folgende Generation lernte zwar noch zu Hause die deutsche Sprache, doch in der Öffentlichkeit wurde vermehrt Englisch gesprochen. Damit war ein bedeutender Schritt zur Anpassung an die amerikanische Lebensweise vollzogen.

Es ist bemerkenswert, dass es überhaupt zu dieser Verdrängung kommen konnte. Denn was für Chicago selbstverständlich war, galt nicht für die anderen Städte. Als größte ethnische Gruppe in Chicago war es den Deutschen Mitte der 1860er-Jahre gelungen, den Deutschunterricht an öffentlichen Schulen überhaupt durchzusetzen. Andere Einwanderergruppen waren darüber verärgert, denn dieses Privileg war ihnen nicht gestattet. In einem Artikel der *Chicagoer Arbeiter-Zeitung* vom 27. März 1880 forderte der sozialistische Stadtrat Frank A. Stauber sogar die Einführung der deutschen Sprache an allen Hochschulen als erste Fremdsprache für Amerikaner: „Der große Nutzen … im praktischen Leben empfiehlt Deutsch …"

Das einschneidende Ereignis für die deutsch-amerikanische Arbeiterbewegung waren die sogenannten Haymarket Riots, Ausschreitungen,

Die Haymarket Riots im Mai 1886: Während mehrerer Versammlungen der deutschen und irischen Arbeiterschaft, die gegen Massenentlassungen und für den 8-Stunden-Tag eintrat, kam es zu Auseinandersetzungen mit der amerikanischen Polizei (oben). Am 3. Mai waren dabei mehrere Demonstranten zu Tode gekommen. Blieb die Nacht zunächst ruhig, so eskalierte die Situation am darauffolgenden Tag. Sieben Polizisten starben durch ein Bombenattentat (unten).

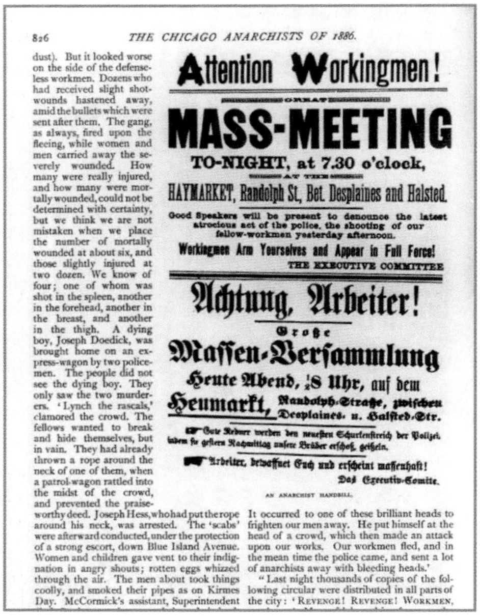

826 THE CHICAGO ANARCHISTS OF 1886.

dust). But it looked worse on the side of the defenseless workmen. Dozens who had received slight shot-wounds hastened away, amid the bullets which were sent after them. The gang, as always, fired upon the fleeing, while women and men carried away the severely wounded. How many were really injured, and how many were mortally wounded, could not be determined with certainty, but we think we are not mistaken when we place the number of mortally wounded at about six, and those slightly injured at two dozen. We know of four; one of whom was shot in the spleen, another in the forehead, another in the breast, and another in the thigh. A dying boy, Joseph Doedick, was brought home on an express-wagon by two policemen. The people did not see the dying boy. They only saw the two murderers. 'Lynch the rascals,' clamored the crowd. The fellows wanted to break and hide themselves, but in vain. They had already thrown a rope around the neck of one of them, when a patrol-wagon rattled into the midst of the crowd, and prevented the praiseworthy deed. Joseph Hess, who had put the rope around his neck, was arrested. The 'scabs' were afterward conducted, under the protection of a strong escort, down Blue Island Avenue. Women and children gave vent to their indignation in angry shouts; rotten eggs whizzed through the air. The men about took things coolly, and smoked their pipes as on Kirmes Day. McCormick's assistant, Superintendent

Attention Workingmen!

GREAT

MASS-MEETING

TO-NIGHT, at 7.30 o'clock,

AT THE

HAYMARKET, Randolph St, Bet. Desplaines and Halsted.

Good Speakers will be present to denounce the latest atrocious act of the police, the shooting of our fellow-workmen yesterday afternoon.

Workingmen Arm Yourselves and Appear in Full Force!

THE EXECUTIVE COMMITTEE

Achtung, Arbeiter!

Große

Massen-Versammlung

Heute Abend, ½8 Uhr, auf dem

Heumarkt, Randolph-Straße, zwischen Desplaines- u. Halsted-Str.

Gute Redner werden den neuesten Schurkenstreich der Polizei, indem sie gestern Nachmittag unsere Brüder erschoß, geißeln.

Arbeiter, bewaffnet Euch und erscheint massenhaft!

Das Executiv-Comite.

AN ANARCHIST HANDBILL.

It occurred to one of these brilliant heads to frighten our men away. He put himself at the head of a crowd, which then made an attack upon our works. Our workmen fled, and in the mean time the police came, and sent a lot of anarchists away with bleeding heads.'

"Last night thousands of copies of the following circular were distributed in all parts of the city: 'REVENGE! REVENGE! WORKMEN,

Aufruf an die deutsche Arbeiterschaft zur Versammlung auf dem Chicagoer Haymarket (deutsch: Heumarkt) im Mai 1886 (oben links)

Als Reaktion auf die Unruhen wurden mehrere Rädelsführer verhaftet. Fünf von ihnen wurden zum Tode verurteilt. August Spies, Albert Parsons, George Engel und Adolph Fischer wurden erhängt (oben rechts). Louis Lingg beging in seiner Zelle Selbstmord. Dem Vorfall folgte ein internationaler Aufschrei der Empörung.

Der aus Hessen stammende August Spies, Herausgeber und Chefredakteur der *Chicagoer Arbeiter-Zeitung*, war einer der Rädelsführer der Haymarket Riots. Am 1. Mai 1886 hatte er noch die Erfolge der Solidarität unter deutschen und irischen Arbeitern verkündet, einige Tage später saß er, zum Tode verurteilt, in seiner Zelle (Seite 85).

zu denen es in der Folge einer Versammlung am 1. Mai 1886 kam. Die Arbeitergewerkschaft hatte wenige Tage zuvor einen ersten Erfolg erringen können, indem sie sich erfolgreich gegen eine Massenentlassung wehrte. Am Abend des 1. Mai hielt nun der Hesse August Spies, Herausgeber der *Chicagoer Arbeiter-Zeitung*, eine Rede, um sich für die Solidarität der gesamten Arbeiterschaft in diesem Fall zu bedanken. In den Tagen nach der Veranstaltung kam es jedoch zu zahlreichen Massen- und Protestversammlungen. Am 3. Mai löste die Polizei eine Versammlung von Streikenden gewaltsam auf, wobei sechs protestierende Arbeiter ums Leben kamen. Die Todesfälle heizten die ohnehin schon brenzlige Stimmung weiter an. In der Nacht versammelte sich eine große Menschenmenge am Haymarket Square. Die Polizei befürchtete nun schlimme Racheakte, doch die neuerlichen Demonstrationen glichen eher einem Trauermarsch und blieben friedlich. Am nächsten Tag eskalierte jedoch die Situation. Bei einer Veranstaltung starben sieben Polizisten durch ein Bombenattentat, das einem unbekannten Täter zuzuschreiben war. Die Polizei vermutete hinter dem Anschlag einen Anarchisten und feuerte in die hilflose Menge. Eine unbekannte Anzahl von Demonstranten wurde verletzt oder gar tödlich getroffen. Acht Anarchisten, darunter fünf Mitglieder der deutsch-amerikanischen Linken, wurden gefasst, fünf von ihnen wurden zum Tode verurteilt – unter ihnen der Herausgeber der *Chicagoer Arbeiter-Zeitung*, August Spies. Das Ereignis zog einen internationalen Aufschrei der Entrüstung nach sich.

Nativismus und Fremdenfeindlichkeit gegenüber den deutschen Einwanderern

Zu ernsthaften Auseinandersetzungen und offen ausgetragener Fremdenfeindlichkeit kam es erst in der zweiten Hälfte des 19. Jahrhunderts. Religiöse und kulturelle Unterschiede führten auf amerikanischer Seite zu latenten Abwehrhaltungen, welche die Deutsch-Amerikaner besonders hart trafen. Die Nativisten forderten die Stärkung der Rechte der in Amerika Geborenen sowie die Reinheit der amerikanischen Gesellschaft. Sie traten für eine Reduzierung der Einwanderung und eine Einschränkung der gesellschaftlichen wie politischen Mitbestimmung der Einwanderer ein.

Die Wurzeln der Fremdenfeindlichkeit gehen bis ins 18. Jahrhundert zurück, als verschiedentlich Amerikaner Schwierigkeiten damit hatten, dass die Deutschen weiterhin ihre Muttersprache sprechen und sich nicht in die angelsächsische Mehrheit eingliedern wollten. In den 1820er- und 1830er-Jahren entstand dann eine mit religiösem Eifer vorangetriebene protestantische Erweckungsbewegung, das sogenannte Second Great Awakening. Diese Bewegung richtete sich vor allem gegen die eingewanderten Katholiken aus Irland und Deutschland. Mit Angst blickte man auf die ständig steigende Zahl katholischer Immigranten, und es kam von protestantischer Seite zu heftigen Abwehrreaktionen; den Katholiken wurden Abhängigkeit vom Papst und undemokratische Ideale vorgeworfen.

Gerade in den großen Städten wie New York und Chicago brachte die Masseneinwanderung unvorhergesehene soziale und wirtschaftliche Probleme mit sich. Wenn wirtschaftliche Depression und eine hohe Zuwanderungsrate aufeinandertrafen, wie es in den 1840er-Jahren der Fall war, beherrschte der Nativismus, der für die Stärkung der in den USA geborenen nationalen Mehrheit eintrat, das politische Leben der Stadt. In den 1850er-Jahren lebten in New York schließlich ebenso viele Einheimische wie Einwanderer. In Chicago, Milwaukee und St. Louis waren sie sogar in der Überzahl. Das Aufkommen einer Abwehrhaltung gegenüber den Einwanderern war die Folge. In der amerikanischen Gesellschaft wurde zudem verstärkt auf die Kriminalität unter den Einwanderern hingewiesen, die zum Erhalt ihres Lebensstandards oftmals Diebstähle zu begehen schienen.

Die Verbrennung deutscher Bücher Ende des Ersten Weltkrieges bildete den Höhepunkt der Fremdenfeindlichkeit gegenüber den deutschen Einwanderern, die vor allem in der zweiten Hälfte des 19. Jahrhunderts offen gezeigt wurde. Die Wurzeln gehen bis ins 18. Jahrhundert zurück, als viele Amerikaner den mangelnden Integrationswillen der Deutschen beklagten.

Es formierten sich fremdenfeindliche Geheimbünde, die aufgrund ihrer Auskunftsverweigerung populär als „know-nothings" bezeichnet wurden. Ihre favorisierte Partei, die American Party, erhielt in den 1850er-Jahren in einigen Staaten politischen Einfluss, vor allem in Massachusetts. Die „know-nothings" forderten im Allgemeinen, Einwanderern das passive Wahlrecht zu versagen, Naturalisierung erst nach 21 Jahren Residenz zu gewähren und öffentliche Gelder für katholische Schulen zu sperren. Sie profitierten dabei vor allem von den Ängsten der Bürger vor Überfremdung durch die Einwanderer. Die Geheimbünde hatten zudem den Vorteil für Politiker, sich verdeckt zum Nativismus bekennen zu können. Der Einfluss der „know-nothings" war allerdings nur von kurzer Dauer. Das öffentliche, nationale Interesse wandte sich der Frage der Sklaverei zu, womit der Einfluss des Nativismus rasch von der politischen Bühne verschwand. Die Vorurteile gegenüber den Einwanderern blieben allerdings.
Nicht nur die Konkurrenzangst in einigen Berufssparten führte wiederholt zu Auseinandersetzungen mit den deutschen Einwanderern, vor allem die Freizeitgestaltung der Deutschen löste Reibungen aus. Die zahlreichen Zusammenkünfte Deutscher in geselliger Runde bei Sängerfesten, Vereinstreffen oder in Biergärten – vor allem an den Sonntagen – widersprachen den Idealen der puritanisch geprägten Amerikaner. In dreifacher Hinsicht erregten sich die protestantischen Gemüter: Die Sonntagsruhe wurde des Öfteren verletzt, der ständige Alkoholkonsum war für die Amerikaner eine Sünde, außerdem lieferten die Deutschen den Amerikanern ein fremdes Frauenbild.
Politische Aktivitäten außerhalb der zwei großen Parteien machten die deutschen Einwanderer für die Mehrheit der amerikanischen Bevölkerung ebenfalls verdächtig. Hinzu kam die Abneigung gegen deutsche Sozialisten, die nach Bismarcks Sozialistengesetz 1878 in die Vereinigten Staaten gekommen waren. Sie stellten in den 1880er-Jahren nicht nur einen hohen Anteil der Arbeiter, sie versuchten auch nachhaltig, die Entwicklung sozialistischer Ideen in den USA voranzutreiben. Ihre Ideen waren unvereinbar mit den Grundwerten der amerikanischen Republik.

Kulturelle und religiöse Spannungen zwischen den Einwanderern und den etablierten Amerikanern führten immer wieder zu öffentlichen Unruhen und Ausschreitungen. Eine regelrechte protestantische Erweckungsbewegung, das sogenannte Second Great Awakening, richtete sich vor allem gegen die katholischen Einwanderer aus Irland und Deutschland.
Die Abbildung zeigt ein Treffen von Methodisten um 1819, die im 19. Jahrhundert die größte Religionsgruppe in den USA bildeten.

DIE BESIEDLUNG VON TEXAS

In den 1820er- und 1830er-Jahren zogen viele Amerikaner nach Texas – seit 1821 Teil des von Spanien unabhängig gewordenen Mexikos –, um sich dort niederzulassen. Federführend war der in Missouri aufgewachsene Stephen F. Austin, der 1823 durch eine Genehmigung der mexikanischen Regierung mit 300 amerikanischen Familien in das texanische Staatsgebiet zog und sich dort ansiedelte. Hierfür gaben Austin und seine Siedler die amerikanische Staatsbürgerschaft auf und nahmen die mexikanische an. Seinem Beispiel folgten weitere amerikanische Siedler, bis im Jahr 1835 nahezu 45 000 Amerikaner im Norden von Texas lebten. Mit dem Einsetzen der großen Einwanderungswellen nach Nordamerika ab den 1830er-Jahren und dem damit verbundenen Landhunger emigrierten auch immer mehr deutsche Siedler indirekt über die USA oder direkt über die texanische Hafenstadt Galveston in die mexikanische Provinz Texas. Viele von ihnen flüchteten in der Phase des Vormärzes, als die europäischen Fürsten nach der Französischen Revolution ihre Macht wieder festigten. Die Deutschen waren bereits in ihrer Heimat für Freiheit und Demokratie eingetreten und dafür von der staatlichen Obrigkeit verfolgt worden, nun fühlten sie sich als freie Texaner. Als sich schließlich in Texas der Widerstand gegen den mexikanischen Präsidenten Antonio López de Santa Anna (kurz auch Santa Anna) erhob, schlossen sich die Deutschen abermals einem Freiheitskampf an.

Der Deutsch-Texaner Adolph Toepperwein um 1890 in San Antonio, Texas (links)

Eine Szene, wie sie sich an vielen Orten in Nordamerika zugetragen hat: Deutsche Einwanderer roden die Wälder und machen das Land an der Siedlungsgrenze urbar. Holzstich um 1860 (rechts)

Deutsche Farmer im Mittleren Westen der USA bei der Mais- und Kürbisernte (links). In Osttexas wurde hauptsächlich Mais angebaut.

George Krause, Louis Krause, Werner Krause, Friedrich Hofheinz und Frederich Bergman, Mitglieder des Germania Farmer Vereins, vor ihrem Vereinsheim in Anhalt, Texas, um 1890 (rechts)

Seit der Präsident 1829 die Sklaverei in allen Gebieten Mexikos, eben auch in Texas, verboten hatte, kam es immer wieder zu Spannungen mit den in Texas ansässigen amerikanischen Siedlern. Einige von ihnen hatten aus der Heimat die Sklaverei mit in die mexikanische Provinz gebracht. Weiterhin sorgten religiöse, kulturelle und politische Unterschiede für permanente Streitigkeiten zwischen den protestantischen, freiheitsliebenden Siedlern und Mexiko, das mehrheitlich katholisch war und keinerlei demokratische Tradition besaß. Die Deutschen schlossen sich rasch den Amerikanern an und stellten sich im Aufstand gegen den mexikanischen Präsidenten Santa Anna – obwohl sie gegen die Sklaverei waren. Am 2. März 1836 erklärten die amerikanischen Siedler Texas schließlich für unabhängig und verabschiedeten eine eigene Verfassung, die sich an der der Vereinigten Staaten orientierte. Daraufhin brach zwischen Mexiko und der abtrünnigen Provinz ein Krieg aus, in dem auch deutsche Studenten, Burschenschaftler und Demokraten kämpften. Um nicht für ein paar Siedler einen unter Umständen verheerenden Krieg mit den Nachbarn zu riskieren, verhielten sich die USA offiziell neutral, lieferten aber insgeheim Waffen, Ausstattung und Gelder nach Texas. Der amerikanische General Sam Houston bezwang schließlich in der Schlacht von San Jacinto am 21. April 1836 die mexikanischen Truppen unter Santa Anna. Texas war somit unabhängig. Doch die meisten Texaner hatten nicht nach der Eigenständigkeit gestrebt, sondern forderten nun den Anschluss an die amerikanische Union. Aus Angst vor einem Krieg mit Mexiko lehnten die USA dies zunächst ab. Der demokratische Präsidentschaftskandidat und spätere Präsident James Knox Polk

Texas war der einzige Staat im Süden der USA, der einen starken Zustrom an deutschen Siedlern erlebte. 1888, als dieses Foto entstand, lebte in einigen Familien bereits die dritte Generation Deutsch-Amerikaner (links).

Bevor die Siedler kamen, lebten in weiten Teilen von Texas Komantschen. Im Gegensatz zu vielen anderen Orten der USA freundeten sich die Deutschen mit den Indianern an. Der zwischen den beiden Gruppierungen geschlossene Friedensvertrag ist der einzige, der bis heute nicht gebrochen wurde. Komantschen wie Deutsch-Amerikaner begehen daher alljährlich einen Feiertag, um an ihre Freundschaft zu erinnern.

(Präsident von 1845 bis 1849) betrieb schließlich seinen Wahlkampf mit der Forderung, Texas und Oregon einzugliedern, und er konnte damit die Mehrheit der Stimmen erreichen. Noch bevor er als Präsident vereidigt wurde, stimmte der Kongress im Februar 1845 für die Aufnahme von Texas (die sogenannte Texas Annexation).
Aus deutscher Sicht war Texas vor allem als Agrarland interessant. Von Ost nach West erstrecken sich drei verschiedene Klimazonen – feucht, trocken und wüstenhaft – durch den Staat, die eine unterschiedliche landwirtschaftliche Nutzung erforderten. Etwa die Hälfte derjenigen, die in der texanischen Landwirtschaft arbeiteten, waren deutsche Einwanderer, die sich hauptsächlich in den feuchten Gebieten in Osttexas niederließen. In der Landwirtschaft Osttexas wurden überwiegend Mais zum Eigenbedarf und Baumwolle und Tabak für den Verkauf angebaut. Im Westen spielte die Baumwolle aufgrund der klimatischen Bedingungen und der Entfernung zum eigentlichen „cotton belt" keine große Rolle. Hier war neben Mais der Weizen das wichtigste Anbauprodukt. Außerdem übernahmen die Deutschen die noch aus der spanisch-mexikanischen Zeit bestehende Rinderzucht.
Die deutschen Kaufleute in Texas tauschten einerseits ihre Waren mit den freundlich gesinnten Komantschen oder anderen Stämmen, andererseits betrieben sie Handel mit dem nahe gelegenen Mexiko. Des Weiteren exportierten sie Güter über die Küstenstädte nach Europa. Vor allem Baumwolle wurde über den Seeweg in die Manufakturen Deutschlands exportiert. Weitere Erwerbsmöglichkeiten bot der Handel mit den Siedlertrecks, die in Richtung Westen zogen, und mit den Bewohnern der Forts der US-Armee in Friedrichsburg und Comfort.

Das Hambacher Fest vom 27. bis 30. Mai 1832 zählt zu den zentralen Ereignissen der deutschen Geschichte. Die frühliberale bürgerliche Opposition, meist Studenten und Intellektuelle, forderte in ihrer Massenkundgebung Freiheit, Demokratie und die Einheit der deutschen Nation. Viele wurden in den folgenden Jahren enttäuscht und entschieden sich für ein neues Leben in Amerika. Gemälde von Joseph Weber, 1832

Vormärz

Trotz der Restauration in Deutschland und der Neuordnung Europas durch die Fürsten im Wiener Kongress von 1815 verbreiteten sich in der deutschen Bevölkerung die Ideen der Französischen Revolution mit den Forderungen nach Freiheit, Gleichheit und Brüderlichkeit, zu denen der Wunsch nach der Einheit der Nation hinzukam. In der Phase von 1815 bis zum Ausbruch der Märzrevolution 1848, die allgemein als Vormärz bezeichnet wird, kam es zu verschiedenen Aufständen und Protesten, auf welche die im Deutschen Bund zusammengeschlossene Obrigkeit mit Inhaftierungen, Verboten und Restriktionen wie etwa den Karlsbader Beschlüssen (Maßnahmen zur Überwachung und Bekämpfung von liberalen und nationalen Tendenzen) reagierte. Besonders Intellektuelle, Studenten und Professoren standen der Protestbewegung voran, aus der in den 1830er-Jahren eine Massenbewegung wurde. Diese kulminierte 1832 im Hambacher Fest und in dem Sturm auf die Frankfurter Wache im darauffolgenden Jahr. Ernüchtert stellten allerdings viele Mitglieder dieser Protestbewegung fest, dass sich in Deutschland nichts ändern lassen würde.

Die Dreißiger

Bereits nach Ende der napoleonischen Kriege kamen die ersten Deutschen nach Texas, die großen Einwanderungsströme ließen jedoch noch auf sich warten. 1823 gründete der Preuße Philip Bögel (amerikanisiert Bogel), der sich in Nordamerika Baron de Bastrop nannte, die erste deutsche Siedlung in Texas, die Stadt Bastrop. Für die nächsten 16 Jahre blieb sie die nordöstlichste Stadtgründung, direkt an der Siedlungsgrenze gelegen. Häufig kam es zu Auseinandersetzungen mit Indianern, welche die Siedler mehrfach dazu bewogen, Bastrop wieder zu verlassen.

In den 1830er-Jahren begannen die deutschen Siedler dann verstärkt, sich in Texas niederzulassen. Eine der einflussreichsten Gruppen dieser Deutschen waren die sogenannten Dreißiger, politische Flüchtlinge des Vormärzes. Sie waren zum Großteil Intellektuelle und hatten sich in der deutschen Heimat für eine Liberalisierung der deutschen Politik, für Demokratie und Freiheit sowie in Teilen für die Einheit Deutschlands eingesetzt. Deshalb wurden sie von der Obrigkeit verfolgt und häufig inhaftiert. Vielen blieb nichts anderes übrig, als zu fliehen. Die Flüchtlinge suchten sich bewusst Nordamerika aus, weil sie hofften, dort ein freiheitliches Land vorzufinden. Allerdings zog es sie zumeist nicht in die USA, sondern nach Texas. In den dünn besiedelten Weiten von Texas sahen sie die Möglichkeit, einen eigenen deutschen Staat aufzubauen. Zudem konnten sie hier politisch „formen", wohingegen Staat und politische Institutionen in den USA bereits herausgebildet waren.

Die Dreißiger werden auch häufig als Vorläufer der 1848er bezeichnet. Obwohl beide Gruppen aufgrund der politischen Situation in Deutschland fliehen mussten, setzten sie sich doch unterschiedlich zusammen. Die Dreißiger waren jünger und bestanden zum Großteil aus Studenten, sie sahen sich selbst als Freiheitskämpfer, Draufgänger und Abenteurer. Im Vergleich zu den 1848ern waren sie weniger politisch verbraucht und enttäuscht, sondern positiv gestimmt, tolerant und aufbruchsbereit.

Unter den Dreißigern war eine Reihe interessanter Persönlichkeiten, wie etwa Dr. Ferdinand Lindheimer, ein Botaniker und späterer Journalist, und Dr. J.E.F. Gustav Bunsen, einer der Köpfe des Sturms auf die Frankfurter Wache. Beide waren zuvor Professoren in Frankfurt und mussten unter dem Druck der Obrigkeit flüchten. Als der texanische Unabhängigkeitskrieg ausbrach, schlugen sich die beiden, wie die meisten Deutschen in Texas, auf die Seite der Amerikaner. Bunsen kämpfte unter General Sam Houston und fiel in der Schlacht von San Jacinto. Auch der einflussreiche Ferdinand Lindheimer unterstützte den Freiheitskampf, ließ sich später in der deutschen Stadt Neu Braunfels nieder und gründete dort die *Neu-Braunfelser-Zeitung*. Neben den beiden nahmen weitere Deutsche an den Befreiungskämpfen teil. Einige starben bei der legendären Verteidigung von Alamo, als 189 Texaner die Garnison nahe der Stadt San Antonio im Februar 1836 dreizehn Tage lang gegen die Übermacht von 3000 mexikanischen Soldaten verteidigten. Schließlich wurde die Garnison gestürmt, wobei alle Verteidiger getötet wurden. Das Opfer der 189 Texaner verklärte sich schnell zu einem patriotischen Mythos. Mit dem Schlachtruf „Remember the Alamo" („Erinnert auch an Alamo") zogen die Texaner am 21. April 1836 unter Sam Houston schließlich in die alles entscheidende Schlacht von San Jacinto und gewannen so ihre Unabhängigkeit. Unter Houston dienten auch Studenten aus Jena und Burschenschaftler aus ganz Deutschland.

Der Stern von Texas

Der Freiheitskampf der Texaner hatte bei vielen Menschen in Deutschland die Fantasie beflügelt. Viele Revolutionäre und Reformer sahen Parallelen zwischen den Bestrebungen in Europa, Demokratien einzuführen, und dem Wunsch der Texaner nach Unabhängigkeit von Mexiko. Hoffmann von Fallersleben, der Dichter des „Liedes der Deutschen", schrieb das Lied „Der Stern von Texas" und verlieh damit seiner Unterstützung für den texanischen Freiheitskampf gegen die Mexikaner Ausdruck. Im Lied heißt es:
„Hin nach Texas / Hin nach Texas / Wo der Stern im blauen Felde / Eine neue Welt verkündet / Jedes Herz für Recht und Freiheit / Und für Wahrheit froh entzündet / Dahin sehnt mein Herz sich ganz."

Tausende deutscher Siedler quälten sich auf Geheiß des Mainzer Adelsvereins in Ochsenkarren oder zu Fuß durch die texanische Wüste nach Neu Braunfels. Viele ließen dabei ihr Leben.

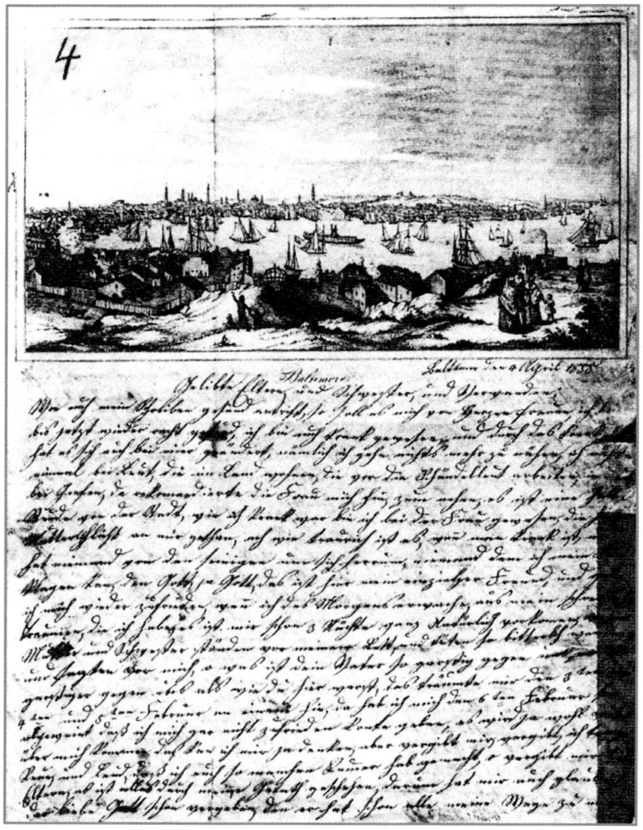

Briefe und Berichte übten bei den Daheimgebliebenen in Deutschland entscheidenden Einfluss aus: Organisationen und Vereine wurden gegründet, welche die Auswanderung erleichtern sollten. Links der Brief von Christine Pfau, 1855, an ihre Eltern und Geschwister in Marburg, rechts der Stich „Ein Brief aus Amerika", 1856

Die Besiedlung durch den Mainzer Adelsverein

Die Briefe und Berichte der Dreißiger übten in Deutschland großen Einfluss aus. Bald begannen sich Organisationen und Vereine zu bilden, welche die deutsche Auswanderung nach Nordamerika regelten. Die bedeutendste Kolonisationsbestrebung geschah durch den Mainzer Adelsverein. Er ließ die Zahl der einwandernden Deutschen nach Texas in den 1840er-Jahren enorm ansteigen. Es ist jedoch schwierig, genaue Angaben über die Anzahl der neuen Siedler zu machen. Diejenigen Emigranten, die über Schifffahrtswege direkt nach Texas auswanderten, wurden zwar zahlenmäßig bei ihrer Ankunft erfasst, über die Anzahl derjenigen Einwanderer aber, die in einem anderen Staat der USA gelandet waren und auf dem indirekten Weg nach Texas kamen, gibt es keinerlei Statistiken. Lediglich die Deutsche Gesellschaft von New Orleans verzeichnete alle Deutschen, die über den Hafen der Stadt auch nach Texas reisten.
Der Mainzer Adelsverein konstituierte sich am 20. April 1842 auf Einladung des Herzogs Adolf von Nassau. Er rief eine größere Anzahl Adliger zusammen, um über ein groß angelegtes Kolonisationsprojekt in Texas zu beraten. Zu diesem Zweck gründeten die Anwesenden den Verein zum Schutze deutscher Einwanderer in Texas, der vereinfacht

Charles Sealsfield
Der österreichische Pfarrer und Schriftsteller Karl Anton Postl erlangte unter dem Namen Charles Sealsfield im 19. Jahrhundert Weltberühmtheit. Er schrieb sowohl auf Englisch als auch auf Deutsch und wurde 1844 vom *Boston Daily Advertiser* als „Greatest American Author" gepriesen. Vor allem sein *Cabin Book* (deutsch: Kajütenbuch) von 1841 trug dazu bei, dass sich viele in Deutschland für Texas interessierten. In diesem Buch beschrieb er Texas als einen Ort der Hoffnung auf eine bessere Zukunft.
Im Jahr 1823 flüchtete Postl aus ungeklärten Umständen in die USA und verdiente sein Geld zunächst als Geistlicher in Pennsylvania und New Orleans. In den Folgejahren wohnte er mal auf der einen, mal auf der anderen Seite des Atlantiks und erwarb dabei auch die amerikanische Staatsbürgerschaft. 1858 kaufte er sich ein Haus in Solothurn und lebte dort, bis er 1864 einem Krebsleiden erlag.
Mit seinem künstlerischen Schaffen stellte er sich hinter die Ideen der Aufklärung und des Fortschritts. Sealsfield beabsichtigte, mit seinen historischen Romanen zur humanen Bildung der Gesellschaft beizutragen, und stellte in seinen Werken die progressive, exotische und abenteuerliche Welt Nordamerikas der konservativen Alten Welt gegenüber.

oft als Mainzer Adelsverein oder als Texasverein bezeichnet wird. Unter der Aufsicht der Adligen sollten nun Tausende Deutsche auswandern und sich in Texas niederlassen. Im Gegensatz zur bisherigen Auswanderung kann dies als eine „Umsiedlung von oben" betrachtet werden. Texas schien den Adligen der ideale Ort für eine deutsche Kolonie zu sein. Das Land gehörte zu diesem Zeitpunkt nicht zu den USA, wo ein ähnliches Vorhaben ihrer Meinung nach scheitern würde, und war darüber hinaus eine unabhängige Republik, die politisch noch nicht gefestigt war.
Der Adelsverein setzte sich folgende Ziele: Die weitere Verarmung der Arbeiterklasse sollte durch die Umsiedlung nach Texas verhindert werden, die heimische Industrie neue Absatzmöglichkeiten erhalten und der deutsche Überseehandel entwickelt und ausgebaut werden. Um diese Ziele erreichen zu können, beschloss der Adelsverein, im wüstenartigen, unbewohnten Westen von Texas Land zu kaufen und dort eine rein deutsche Kolonie zu gründen. In dieser Region gab es bislang kaum Siedlungen, sodass auch eine Vermischung mit den Texanern vermieden werden konnte. In einem zweiten Schritt sollten die Handelsverbindungen zwischen den deutschen Ländern und ihrer Kolonie in Texas aufgebaut werden.
Am 24. Juni 1844 erwarb der Adelsverein von dem Deutsch-Amerikaner Henry Fisher und seinem Partner Burchard Miller einen Anteil an einem Gebiet zwischen dem oberen Llano River und dem Colorado River (der sogenannte Fisher-Miller Grant). Die wüstenartige Region wurde übrigens 30 Jahre später von Karl May mehrfach als Handlungsort seiner Reiseerzählungen aufgegriffen. Er siedelte mehrere Abenteuer im Llano Estacado an, in den sich unschuldige Siedler aus Deutschland verirrten, um von Mays Alter Ego Old Shatterhand

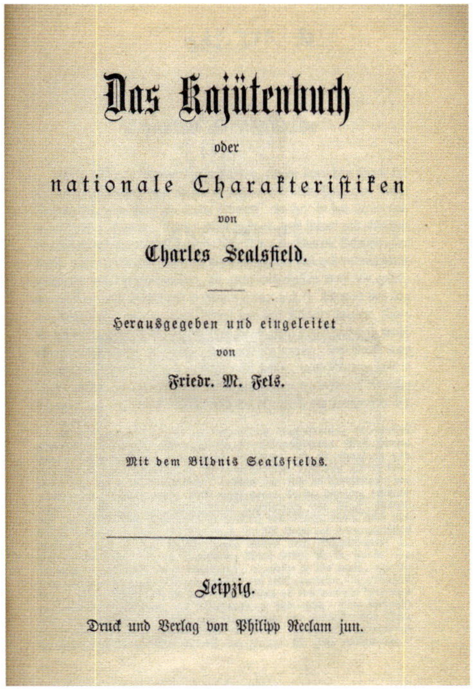

Das Kajütenbuch

oder

nationale Charakteristiken

von

Charles Sealsfield.

Herausgegeben und eingeleitet

von

Friedr. M. Fels.

Mit dem Bildnis Sealsfields.

Leipzig.

Druck und Verlag von Philipp Reclam jun.

Der österreichische Pfarrer und Schriftsteller Karl Anton Postl wurde unter dem Namen Charles Sealsfield berühmt (oben). Er schrieb sowohl auf Englisch als auch auf Deutsch.

Durch Charles Sealsfields Kajütenbuch aus dem Jahr 1841 interessierten sich mehr und mehr Deutsche für Texas, das darin als ein Ort der Hoffnung auf eine bessere Zukunft beschrieben wird (unten).

Stadtansicht von Neu Braunfels, Texas. Die ersten deutschen Siedler erreichten die Stätte am Guadalupe River am Karfreitag 1845 und begannen, das Land zu bebauen.

gerettet zu werden. Henry Fisher hatte am 1. September 1843 von der Republik Texas einen Kolonisationsvertrag erhalten, der mit der Bedingung verknüpft war, innerhalb der nächsten 18 Monate 200 Familien nach Texas zu bringen. Da der Adelsverein das Abkommen mit Fisher aber erst am 24. Juni 1844 abgeschlossen hatte, blieb nun nicht mehr viel Zeit für die Besiedlung. Fisher versprach den deutschen Siedlern fruchtbares Weideland, hatte den Boden aber selbst nie gesehen. Zudem verschwieg er, dass das Land zum Jagdgebiet der Komantschen gehörte, mit denen weder er noch die Regierung von Texas jemals eine Vereinbarung über die Besiedlung des Landes getroffen hatte. Fisher war dieser Umstand egal und er verschwieg ihn. Die indianische Kultur wurde von vielen Geschäftemachern dieser Zeit missachtet und ignoriert. So sollten die Siedler nach Fishers Meinung selbst mit den Komantschen verhandeln und einen Vertrag über die Besiedlung abschließen. Scheiterte dies, könnten die seiner Meinung nach minderwertigen Indianer immer noch vertrieben werden. Er und sein Partner Burchard Miller waren einzig und allein an ihrem eigenen Gewinn durch die Vermittlung des Landes interessiert. Die Mitglieder des Adelsvereins sahen diese Problematik nicht voraus und handelten letztlich recht naiv, indem sie Fisher uneingeschränkt Glauben schenkten und das vorgesehene Land nie inspizierten.

Für 200 Familien mit insgesamt 700 Personen begann das Abenteuer Texas im November und Dezember 1844. Sie stammten großenteils aus Hessen und hatten in Deutschland den unterschiedlichsten Gesellschaftsschichten angehört. Eingepfercht auf drei Segelschiffen hatten sie hoffnungsvoll den Atlantik überquert und träumten davon, in Texas fruchtbares Weideland zu bebauen. Sie würden die Wildnis

Vor solchen Szenen fürchteten sich die deutschen Siedler. Sie waren auf der Suche nach Freiheit und einem eigenen Stück Land in die Neue Welt gekommen, wurden jedoch oftmals in den Konflikt der Amerikaner mit den Indianern hineingezogen.

urbar machen und erblühen lassen. Nach ein paar Jahren, so die Abmachung mit dem Adelsverein, würde das Land in ihren Besitz übergehen. Um diesen Ansiedlungsprozess zu leiten, hatte der Adelsverein einen der Ihrigen nach Texas abgestellt. Prinz Carl zu Solms-Braunfels hatte als erster Generalkommissar des Adelsvereins die Verantwortung für die Siedler übertragen bekommen. Bereits seit dem 1. Juli weilte er in Texas und bereitete die Ansiedlung vor. Als erste Station gründete er in den Sümpfen der Matagorda Bay die Hafenstadt Carlshafen, die heute Indianola heißt und eine regelrechte Geisterstadt ist. Sie wurde im 19. Jahrhundert zweimal von Hurrikanen schwer zerstört, sodass die Bevölkerung die Stadt verließ. In Carlshafen sollten die deutschen Ankömmlinge den Winter über bleiben. Doch in den notdürftig zusammengestellten Hütten griffen bald Gelbsucht, Cholera und andere bösartige Krankheiten und Seuchen um sich, sodass viele Siedler starben.

Damit das Zielgebiet überhaupt erreicht werden konnte, hatte sich Solms-Braunfels dazu entschieden, von Carlshafen bis in die Region am Colorado River kleine Dörfer anzulegen, gewissermaßen als Zwischenstationen und Handelskette von den angedachten Siedlungen bis an den Golf von Mexiko. Zunächst sollte also die erste Station dieser Kette errichtet werden. Fisher hatte Solms-Braunfeld vertraglich zugesagt, die für den Transport notwendigen Wagen zu besorgen. Als dieser aber mit 15 anstatt der vereinbarten 50 Wagen eintraf, entwickelten sich Spannungen zwischen ihm und dem deutschen Prinzen. In dieser Notsituation kam der bereits zehn Jahre zuvor eingewanderter Deutsche Dr. Ferdinand Lindheimer den Siedlern des Adelsvereins zu Hilfe. Er verkaufte dem Prinzen ein etwa 520 Hektar großes

Die Kolonisten des Mainzer Adelsvereins auf dem Weg von der texanischen Küste, wo sie mit mehreren Schiffen gelandet waren, ins Landesinnere. Die Strapazen der Reise kosteten viele Deutsche das Leben.

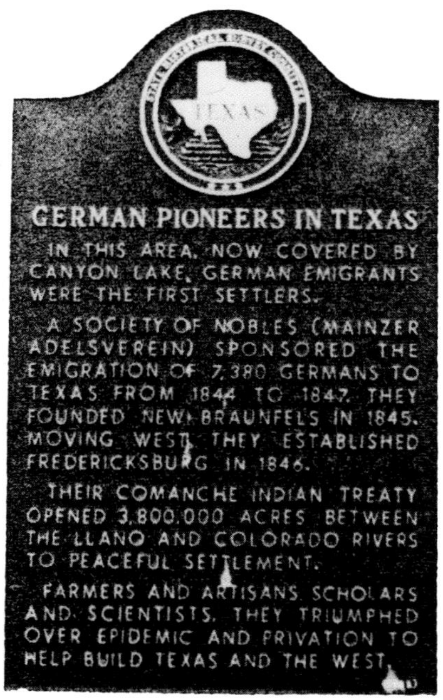

Gedenkstein für die deutschen Siedler in Texas. Auch wenn der Gesamtplan des Adelsvereins scheiterte, so entwickelten sich Neu Braunfels und Fredericksburg zu großen Städten.

Gebiet am Guadalupe River, das früher einem Mexikaner gehörte und außerhalb der Jagdgebiete der Komantschen lag. Dort, so plante der Prinz, sollte die erste Ansiedlung des Adelsvereins entstehen.
Nach dem harten Winter mussten die deutschen Siedler nun einer weiteren Strapaze trotzen, dem Wagentreck. „Wir quälten uns jeden dieser Tage“, schrieb einer der Siedler in die Heimat. Auf den wenigen Ochsenwagen durchquerten sie die unwegsame Wildnis landeinwärts. Die meisten von ihnen mussten laufen, nur Kinder und Kranke hatten einen Platz auf den vollgepackten Wagen. Wieder starben viele von ihnen an Krankheiten oder durch Überfälle feindlicher Indianer. Am 21. März 1845, einem Karfreitag, erreichte der Treck schließlich den Guadalupe River. Hier sollte der Grundstein für die erste Siedlung des Adelsvereins gelegt werden. In den nächsten Jahren würden dann weitere Trecks aufbrechen, bis auch das Gebiet von Fisher besiedelt sein würde, so der Plan des Prinzen. Er vergab an jede Familie und jeden Ledigen ein etwa ein Hektar großes Grundstück innerhalb der Stadt sowie vier Hektar Farmland außerhalb der Stadt, das die Deutschen sofort ihr Eigentum nennen konnten. Solms-Braunfels war begeistert von der Region und taufte die Siedlung auf seinen Namen: Neu Braunfels. Er schrieb an den Mainzer Adelsverein: „Hier am Guadalupe River beginnt das Land, das ich für die Gesellschaft gekauft habe … Auf der rechten Seite liegt Waldland …, das mich an den Schwarzwald erinnert. Im unteren Gebiet fließt der Comal River, der in sieben Kaskaden aus dem Fels bricht. Sein Wasser ist sehr tief und kristallklar.“ Nicht ganz unbescheiden schrieb er an anderer Stelle: Aufgrund der Nähe zum Gebiet der Komantschen hielt es der Prinz für nötig, einen Holzwall um die Siedlungsgründung aufzustellen.

„Nicht nur die Augen Deutschlands, nein, ganz Europa soll auf dieses Vorhaben schauen … Neuen Glanz und Reichtum soll es den alten Kronen bringen."

Zudem ließ er mindestens einmal am Tag einen Kanonenschuss abfeuern, um etwaige feindliche Indianer abzuschrecken. Den Machtverhältnissen der europäischen Monarchen entsprechend befahl er den Siedlern, ein geräumiges Blockhaus zu errichten, das er zu Ehren seiner Verlobten Sophienburg nannte und anschließend bezog. Prinz Solms setzte eine Administration zur Verwaltung der Siedlung ein und stellte eine Schutztruppe aus mehreren Soldaten auf – doch trotz all dieser Maßnahmen war er letztlich kein guter Kolonialherr. Unter den Siedlern regten sich Widerstände gegen seinen Führungsstil. Viele wollten nicht in Neu Braunfels bleiben, sondern weiter in das eigentlich gekaufte Land am Colorado River ziehen. Wieder andere beschlossen, auf Kosten des Adelsvereins zu leben, der den Siedlern freie Verpflegung zugesichert hatte, bis sie am endgültigen Punkt ihrer Reise ankommen sollten. Sie weigerten sich zudem, beim Aufbau der Siedlung zu helfen. Immer wieder kam es zu Spannungen zwischen dem Prinzen und den Siedlern. Bald hatte er genug von seinen kolonialen Aufgaben und kündigte den Vertrag mit dem Adelsverein auf. Im Mai 1845 verließ er Texas, ohne auf seinen Nachfolger zu warten, und kehrte nach Deutschland zurück.

Des Prinzen Nachfolger wurde Otfried Hans Freiherr von Meusebach (einfach John O. Meusebach). Er traf am 14. Mai 1845 in Neu Braunfels ein und übernahm das Amt des Generalkommissars. Prinz Solms hatte allen Grund gehabt, Texas so schnell wie möglich zu verlassen, er hinterließ Meusebach ein schwieriges Erbe: Die Siedlungsgründung war in argen finanziellen Nöten, der Adelsverein nahezu bankrott und unter den Siedlern herrschte enorme Unruhe. Doch es gelang Meusebach, die Stimmung und die Moral unter den Siedlern wieder zu verbessern und die wirtschaftliche Lage der Ansiedlung zumindest zu konsolidieren. Die Situation der Kolonie verschlechterte sich allerdings wieder, als Meusebach von der Ankunft weiterer Siedler erfuhr. Tausende euphemistische und euphorische Briefe in die Heimat setzten einen gewaltigen Exodus in Gang. In den Briefen schrieben die Deutschen von paradiesischen Umständen: „Wir sind in ein gesundes, glückliches Land gekommen. Wenn es ein irdisches Paradies gibt, so ist es gewiss dieses Land." Oder sie priesen die neu gewonnene Freiheit: „Wir leben hier im wahrsten Sinn des Wortes frei. Kein Polizist, kein Soldat, kein Leuteschinder hat hier etwas zu sagen. Und der Geringste gilt so viel wie der Reichste."

Prinz Carl zu Solms-Braunfels war der erste Kolonisator des Mainzer Adelsvereins in Texas (oben). Er hatte als erster Generalkommissar die Verantwortung über die Siedler übernommen, scheiterte jedoch mit seinen Plänen.

Der Verein zum Schutze deutscher Einwanderer in Texas hatte sich die reibungslose Immigration der Deutschen zur Aufgabe gemacht (unten).

Wie in dieser Karikatur dargestellt, träumten viele verarmte Deutsche davon, in der Neuen Welt zu Reichtum und Wohlstand zu gelangen. Einige konnten ihren Traum verwirklichen, viele strandeten jedoch in den Einwandererviertelen der Großstädte.

Das Amerikabild in Deutschland

Die Menschen in Deutschland ließen sich von den realitätstreuen Schilderungen wie von den von Amerika erzeugten Illusionen verlocken, welche die Presse, Auswanderungsagenturen und Briefe der Auswanderer in Deutschland verbreiteten. Berichte von einem „traumhaften" Amerika, in denen von fruchtbaren Ländern, großen Vermögen und vor allem von der Möglichkeit, eigenes Land zu besitzen, die Rede war, stießen bei Unentschlossenen nicht selten auf offene Ohren. In Amerika versprach man sich materielles Wohlergehen und finanzielle Sicherheit, ja, die Menschen in Deutschland glaubten fest daran, dass sich alle Bereiche ihres Lebens in den USA verbessern würden. Höhere Löhne, sicherere Arbeitsplätze und ein riesiger, expandierender Arbeitsmarkt zogen die Auswanderer über den Atlantik. Nach der ersten Welle korrigierten zahlreiche Briefe die anfängliche Begeisterung. Auch in den Vereinigten Staaten führte harte Arbeit nicht immer zu Landbesitz, ebenso wie in der Heimat mussten sich die Auswanderer mit Missernten, schlechten Bodenverhältnissen und fallenden Erzeugerpreisen auseinandersetzen. Mit der Erfindung neuer Maschinen wurden zwar die Strapazen der körperlichen Arbeit gemindert, doch ging dadurch gerade für ärmere Einwanderer die Möglichkeit verloren, durch harte Arbeit schnell Geld zu verdienen. Des Weiteren mussten die Deutschen in den USA feststellen, dass der Einsatz moderner Maschinen und die damit verbundene Arbeitsteilung im Gegensatz zu den ausgeprägten europäischen Berufstraditionen Statusverlust und Lohnsenkung mit sich bringen konnten. Saison- und krisenbedingte Arbeitslosigkeit war an der Tagesordnung, und die Arbeiter wurden ab der Jahrhundertwende zunehmend von der lohndrückenden Konkurrenz aus Südosteuropa ausgestochen. Die mittelalterliche Kleinstadtidylle wich der großstädtischen Rationalität, die Vorstellung vom ehrlichen, redlichen Deutschen der des materialistischen Yankees, Tradition und Genauigkeit machten Platz für schnellere, moderne Arbeitsweisen. Die Freiheit der USA machte Platz für

Das Plakat der Hamburg-Amerika-Linie erweckt die Illusion eines „traumhaften" Amerikas, in dem die Einwanderer zu großem Vermögen, zu fruchtbarem Land und vor allem zu Freiheit gelangen konnten (links).

Eine entscheidende Rolle bei der Erzeugung eines positiven Amerikabildes in Deutschland spielte der Schriftsteller Karl May. Hier zusammen mit seiner Frau Klara an den Niagarafällen im Jahr 1908 (rechts)

Menschen, die diese Freiheit für ihre eigenen Zwecke zu nutzen wussten – und für Menschen, die darunter zu leiden hatten. Mit der Auswanderung nach Amerika erfuhren viele Deutsche erstmals den Puls der Moderne, eine Erfahrung, die sie in ihrem Heimatland bis dato noch nicht machen konnten. Im Für und Wider der Berichte und Briefe aus Amerika überwog das positive Bild einer freien Nation. Je mehr Informationen die Emigranten in der Alten Welt besaßen, je intensiver sie Quellen hinzuzogen und je älter die Tradition der Auswanderung in der Region war, in der sie lebten, desto realitätsbezogener war ihr Bild von den USA. Die wissenschaftliche Analyse der Auswandererbriefe brachte eine weitere interessante These zutage: Der heutige amerikanische Arbeitsethos und der Erfolgsmythos beruhen auf der Lebenseinstellung der Zuwanderer im 19. Jahrhundert. Sie hatten den Mut, ein altes Leben zu beenden und ein neues auf einem anderen Erdteil zu beginnen. Zudem zeichneten sie sich durch eine hohe Mobilitätsbereitschaft aus, die noch heute in den Vereinigten Staaten zu spüren ist.
Eine entscheidende Rolle bei der Erzeugung eines positiven Bildes der Vereinigten Staaten spielten auch die in Zeitungen abgedruckten Kolportagen und Romane etwa von James F. Cooper (seine Lederstrumpf-Reihe wurde ins Deutsche übersetzt), Friedrich Gerstäcker und insbesondere von Karl May, der auf der einen Seite über die deutschen Trapper und Siedler sowie deren neues Leben in Nordamerika schrieb, auf der anderen Seite geografische Berichte und Beschreibungen der politischen und sozialen Lage in seine Erzählungen einfügte.
Die positiven Berichte der Auswanderer sorgten allerdings auch für eine erste Welle des Antiamerikanismus in Deutschland. Diejenigen, die zurückgeblieben waren, neideten den Ausgewanderten den Erfolg in der Ferne. Sie bemühten jedes Klischee, um die amerikanische Lebensweise zu diffamieren und auf diese Weise ihren ausgewanderten Bekannten und Verwandten eine Fehlentscheidung zu attestieren. Die Klischees, die im 19. Jahrhundert bemüht wurden, sind bis heute in Deutschland weit verbreitet.

Das Nimitz Hotel in Fredericksburg, Texas, wurde im 19. Jahrhundert von dem Bremer Charles Nimitz gegründet (links).

Die Abbildung rechts zeigt ein Farmhaus deutscher Siedler in Fredericksburg um 1880.

Meusebach sah keine Möglichkeit, wie die junge Gemeinde eine dermaßen große Anzahl von Menschen aufnehmen konnte. Im Dezember 1845 führte er daher die Besiedlung von Texas weiter und schickte eine 36 Mann starke Expedition an den Pedernales River, um dort eine weitere Station auf dem Weg zum endgültigen Siedlungsgebiet zu gründen. Die Expedition begann mit dem Bau eines Blockhauses, kehrte dann aber wieder nach Neu Braunfels zurück, da die Vorräte ausgingen. Im nächsten Frühjahr schickte Meusebach nun einen Siedlertreck an die neue Siedlungsstelle und ließ dort die Stadt Friedrichsburg gründen, die er zu Ehren des preußischen Prinzen Friedrich benannte, der ebenfalls ein Mitglied des Adelsvereins war. Der Treck bestand aus 120 Menschen, die mit 20 typisch mexikanischen, zweiachsigen Ochsenkarren 16 Tage lang die urwaldartige Landschaft nach Friedrichsburg durchquerten. Beschützt wurden sie von einigen Soldaten des Adelsvereins. Am 8. Mai 1846 trafen sie nach einer strapaziösen Reise an dem Ort ihrer Bestimmung ein und begannen mit dem Aufbau der neuen Siedlung. Gleich nach der Ankunft traten die Soldaten den Rückweg an, die Familien mit ihren Kindern ließen sie allein in der Wildnis zurück. Mit Mut und Selbstvertrauen machten sie das Land urbar und errichteten schnell Zelte und kleine Laubhütten, um ein Dach über dem Kopf zu haben. Die Siedler gehörten unterschiedlichen sozialen Schichten an, Ärzte und Kaufleute waren genauso vertreten wie Handwerker und Bauern. Nachdem sie die ersten Jahre voller Entbehrungen und Krankheiten überstanden hatten, gelangten viele von ihnen zu Wohlstand.

Als sich die ersten deutschen Siedler in Westtexas niederließen, wurden auch die Komantschen auf sie aufmerksam. Die Siedler sahen sich nun mit den Konsequenzen konfrontiert, die aus Fishers Kaltblütigkeit und der Leichtfertigkeit des Adelsvereins resultierten. Nach ersten Auseinandersetzungen übernahm Meusebach die Verantwortung für die Streitigkeiten mit den Indianern. Er schloss Frieden mit den Häuptlingen Buffalo Hump, Santana und Old Owl und unterzeichnete am 9. Mai 1847 einen Friedensvertrag. Die Deutschen verpflichteten sich im Gegenzug zur Abnahme einer bestimmten Anzahl von Fellen und Lebensmitteln von den Komantschen. Der Vertrag, den Meusebach und die Komantschen schlossen, ist der einzige zwischen Amerikanern und Indianern, der bis heute niemals gebrochen wurde. Meusebach sicherte damit den beiden deutschen Siedlungen, Neu Braunfels und Friedrichsburg, die Existenz und ermöglichte zugleich die weitere Ausdehnung der Kolonie. Noch heute treffen sich Vertreter der Komantschen und die Nachkommen der deutschen Siedler alljährlich am zweiten Samstag im Mai in Friedrichsburg (heute Fredericksburg) zum „Founder's Day", um ihre Freundschaft und den ungebrochenen Frieden zu feiern.

Doch auch Meusebach konnte den eigentlichen Siedlungsplan des Adelsvereins nicht in die Tat umsetzen. Er schaffte es nicht, die Finanzen des Vereins zu sanieren, und resignierte schließlich am 20. Juli 1847. Sein Nachfolger Hermann Spieß, ein hessischer Studentenführer, konnte bei Amtsantritt nichts weiter als die Zahlungsunfähigkeit des Vereins feststellen. Der Mainzer Adelsverein löste sich daraufhin

Unter den zahlreichen Vereinsgründungen der Deutsch-Amerikaner in der Neuen Welt befanden sich auch Musikvereine und Blasmusikgruppen. Links deutsch-amerikanische Musiker in Texas um 1880

Die Fotografie rechts zeigt ein Diploma für den Deutschen Charles Simmang für seine Büste von Ludwig van Beethoven, das ihn zum Gewinner der Bronzemedaille bei der San Antonio Mid-Winter Fair 1895/1896 kürte.

am 23. Februar 1848 auf. Er war an seiner eigenen Naivität und an den fehlenden finanziellen Mitteln, die ein derart großes Unterfangen benötigt, gescheitert. Der Fisher-Miller Grant wurde nie besiedelt, und somit erhielt Fisher auch nie den von ihm so gierig erwarteten finanziellen Anteil.
Rund um die Städte Neu Braunfels und Friedrichsburg entstand aber eine blühende Siedlungslandschaft mit deutschen Dörfern und Städten. Bis weit in das 20. Jahrhundert hinein war diese Region von der deutschen Lebensweise geprägt. Noch heute spricht man von einem „German Belt" in Texas, in dem das texanische Amerikanisch stark von deutschen Ausdrücken durchsetzt ist. Deutlich sichtbar werden die Impulse, welche die Städte durch den Zuzug neuer Siedler erhielten, vor allem mit dem Aufschwung der deutschsprachigen Presse in Texas, der Errichtung von deutschen Schulen und dem Aufkommen des „typisch deutschen" Vereinslebens. So existiert die 1854 in San Antonio gegründete Dachvereinigung der texanischen Gesangsvereine, der Deutsch-Texanische Staats-Sängerbund, unter dem Namen Texas State Sängerbund noch heute.

Otfried Hans Freiherr von Meusebach ging unter seinem amerikanisierten Namen John O. Meusebach in die Geschichte von Texas ein. Sein 1847 mit den Komantschen geschlossener Friedensvertrag wurde nie gebrochen.

Otfried Hans Freiherr von Meusebach, der Indianerfreund

Der zweite Generalkommissar des Mainzer Adelsvereins, Otfried Hans Freiherr von Meusebach, wurde am 26. Mai 1812 im hessischen Dillenburg geboren und entstammte einem thüringischen Adelsgeschlecht. 1815 zog seine Familie nach Koblenz und 1819 nach Berlin, wo Meusebachs Vater eine Stellung als preußischer Beamter angenommen hatte. Während seines Studiums in Clausthal, Bonn und Naumburg erlernte er mehrere Sprachen, 1844 absolvierte der das Examen in Jura. Noch im selben Jahr wurde er vom Mainzer Adelsverein als Nachfolger für Prinz Carl zu Solms-Braunfels verpflichtet. Meusebach sollte als Generalkommissar die Geschicke des Adelsvereins in Texas leiten, nachdem sein Vorgänger finanziell gescheitert war. Am 14. Mai 1845 traf John O. Meusebach, wie er in Texas genannt wurde, in Neu Braunfels ein, um seinen Dienst anzutreten. Er fand das Projekt in ernsthaften Schwierigkeiten vor. Nach einer kurzen Erholungsphase geriet die Kolonie erneut in finanzielle Schwierigkeiten, da ein weiterer Auswandererstrom unterwegs war. Meusebach handelte und gründete die nächste deutsche Siedlung in Texas: Friedrichsburg (heute Fredericksburg). Da die deutschen Siedlungsgebiete an die Jagdgründe der Komantschen angrenzten, entschloss er sich zu Friedensverhandlungen. Er war nicht nur auf die Sicherheit seiner Schutzbefohlenen bedacht, er pflegte auch den Komantschen gegenüber keinerlei rassistische Ressentiments. Meusebach wird die Aussage zugetragen: „Wenn mein Volk für eine Zeitlang mit Euch gelebt hat und wenn wir uns gegenseitig besser kennen, dann mag es vorkommen, dass einige heiraten möchten. Bald werden unsere Krieger Eure Sprache lernen. Wenn sie dann wünschen, ein Mädchen aus Eurem Stamm zu heiraten, sehe ich darin überhaupt kein Hindernis, und unsere Völker werden so viel bessere Freunde ...

Mein Bruder spricht von einer Barriere zwischen den roten Männern und den Bleichgesichtern. Ich schätze meine roten Brüder nicht geringer, weil ihre Haut dunkler ist, und ich halte nicht mehr vom Volk der Weißen, nur weil ihre Hautfarbe heller ist."

An dem Ort des Friedensvertrags wurde ein Gedenkstein mit folgender Inschrift aufgestellt: „On this site a treaty of peace was agreed upon, March 1/2, 1847, between twenty Comanche chiefs and the German colonists represented by Otfried Hans Freiherr von Meusebach (1812–1897), who became a citizen of Texas under the name of John O. Meusebach … this treaty was never broken." („An diesem Ort wurde am 1. und 2. März 1847 ein Friedensvertrag zwischen 20 Häuptlingen der Komantschen und den deutschen Siedlern, vertreten durch Otfried Hans Freiherr von Meusebach (1812–1897), der ein Bürger von Texas unter dem Namen John O. Meusebach wurde, geschlossen … Dieser Vertrag wurde niemals gebrochen.")
Der von beiden Seiten am 9. Mai unterzeichnete Friedensvertrag ist in seiner Beständigkeit einzigartig in der Geschichte.
Nach seiner Ablösung blieb Meusebach in Texas und beschäftigte sich eine Weile mit dem Handel einheimischer Pflanzen nach Europa; 1851 wurde er in den texanischen Senat gewählt. 1869 bezog er mit seiner zweiten Frau Agnes Coreth Meusebach, die einem Tiroler Adelsgeschlecht entstammte, eine Farm in Loyal Valley, wo er sich zur Ruhe setzte. Dort starb er am 27. Mai 1897. Otfried Hans Freiherr von Meusebach ist auf dem nach ihm benannten Marshall-Meusebach-Cemetary begraben.

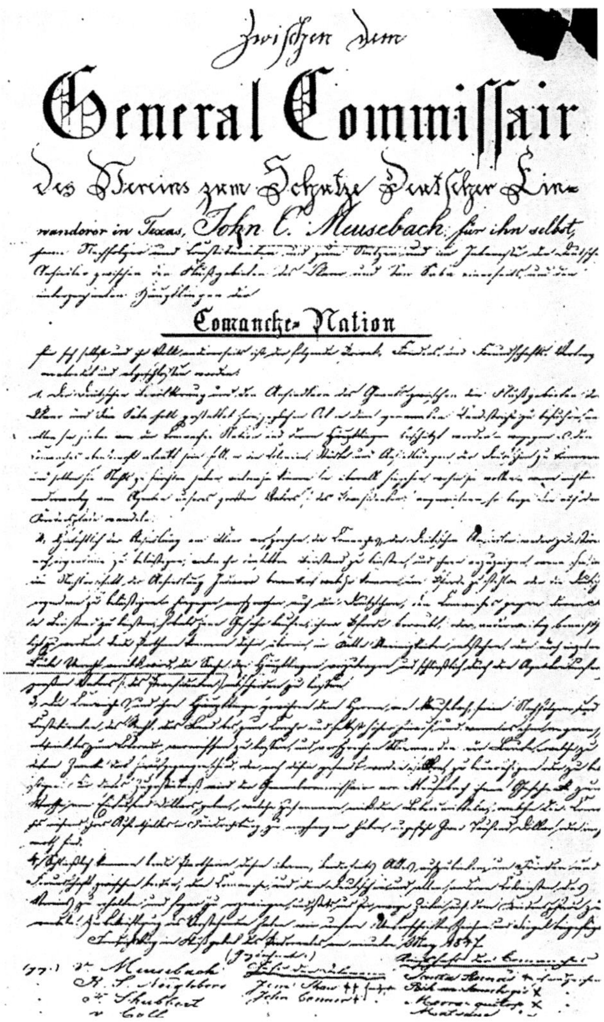

Zwischen dem

General Commissair

des Vereins zum Schutze Deutscher Einwanderer in Texas, John O. Meusebach, für ihn selbst, [illegible]

Comanche-Nation

[illegible]

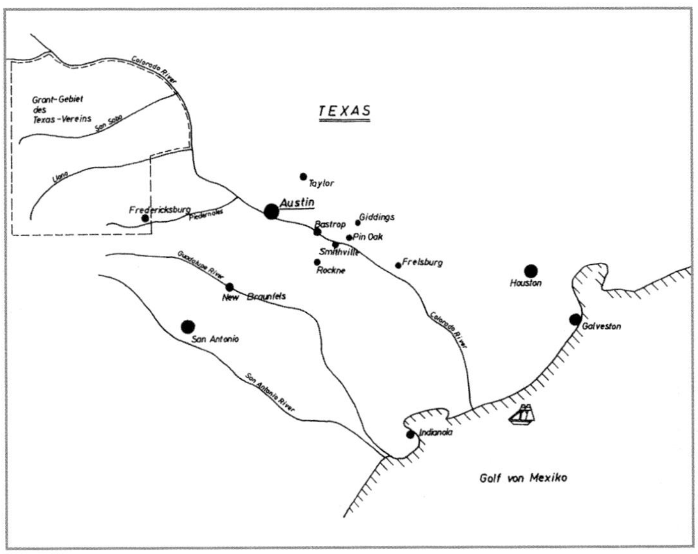

Der zweisprachig verfasste Friedensvertrag zwischen deutschen Siedlern und 20 Häuptlingen der Komantschen, unterzeichnet von John O. Meusebach 1847 (abgebildet ist die deutsche Fassung, links)

Die Skizze rechts zeigt das Gebiet, das Meusebach 1847 für den Texasverein erwarb. Im äußersten Südosten liegt die Siedlungsgründung Fredericksburg.

Die Deutsch-Texaner und die Sklaverei

Das politische Gemeinwesen, auf das die deutsche Einwanderungskultur in Texas traf, wurde nahezu das gesamte 19. Jahrhundert über von einer einzigen Partei beherrscht: den Demokraten. Vor dem Bürgerkrieg konnten lediglich die „know-nothings" und die „Whigs" (ein Ableger der britischen Whig-Partei, deren offizieller Name „Country Party", zur Abgrenzung von der „Court Party", den Tories, lautete) kleinere Erfolge verbuchen. Während die Demokraten in der geistigen Nachfolge Thomas Jeffersons standen, waren die „Whigs" eine äußerst heterogene Partei, die eine gemeinsame Ebene lediglich in der Opposition zur Person und Präsidentschaft Andrew Jacksons fand. Deutlich wurde die Heterogenität der Partei auf paradoxe Art und Weise in der Präsidentschaftswahl von 1836, als die „Whigs" mit vier Kandidaten antraten und sich gegenseitig die Stimmen wegnahmen. Die Partei zerbrach schließlich an der Sklavenfrage zu Beginn der 1850er-Jahre, aus den Überresten entstand die republikanische Partei. In der Phase der Reconstruction nach dem Bürgerkrieg erlangten die Republikaner mit der Unterstützung der Besatzungstruppen der Union und politischer Kreise aus dem Norden für einige Zeit die Oberhand. Nach dem Ende der Reconstruction lag die politische Verantwortung dann wieder in den Händen der Demokraten.

Die deutschen Einwanderer sind in Texas grundsätzlich in zwei Gruppen zu unterteilen. Auf der einen Seite gab es den herkömmlichen Wunsch, als eingewanderter Deutscher zunächst texanischer und mit dem Anschluss an die Vereinigten Staaten schließlich US-amerikanischer Bürger zu sein, auf der anderen Seite vertrat eine etwas kleinere Gruppe die Idee, in Texas ein neues Deutschland auf die Beine zu stellen. Deren Anhänger rekrutierten sich vor allem aus Einwanderern des Adelsvereins. Sie waren auch gegen einen Anschluss an die USA, weil sie dadurch Probleme bei der Realisierung ihres Ziels erwarteten. Nach dem Anschluss von Texas an die amerikanische Union verstummten diese Stimmen, und die Deutschen zogen für die USA in den Mexikanisch-Amerikanischen Krieg.
Zunächst hielten sich die Deutschen in Texas aus der Alltagspolitik heraus. Sie konzentrierten sich auf die Landwirtschaft und die eigene Existenzsicherung – und das hatte Vorrang. Erst mit der Ankunft der 1848er aus Deutschland erwachten die Deutsch-Texaner aus ihrem politischen Dornröschenschlaf. Die Immigranten politisierten die Deutschen vor dem Hintergrund eines neuen Konflikts, der auf der auch in Texas aufkommenden ausländerfeindlichen Nativismus-Bewegung und auf der Auseinandersetzung um die Frage der Sklaverei basierte, welche die Deutschen zwar ablehnten, für deren Abschaffung sie aber nur vereinzelt aktiv wurden.

Die Mehrheit der Deutsch-Amerikaner war gegen die Sklaverei eingestellt. Als sich jedoch ihre neue Heimat Texas der Sezession anschloss, blieb ihnen oft keine andere Wahl, als für die Sklaverei in den Krieg zu ziehen oder abermals ihre Heimat zu verlassen und sich nach Norden durchzuschlagen. Unten links der Bajonettangriff des deutschen Ohio-Regiments in der Schlacht bei Somerset, 1862

Nach der Wahl Abraham Lincolns im November 1860 zum 16. amerikanischen Präsidenten spaltete sich zunächst South Carolina von der amerikanischen Union ab. Der Großteil der sklavenhaltenden Staaten folgte diesem Beispiel, gemeinsam gründeten sie die Konföderierten Staaten von Amerika. Karte zu Beginn des Sezessionskrieges 1861

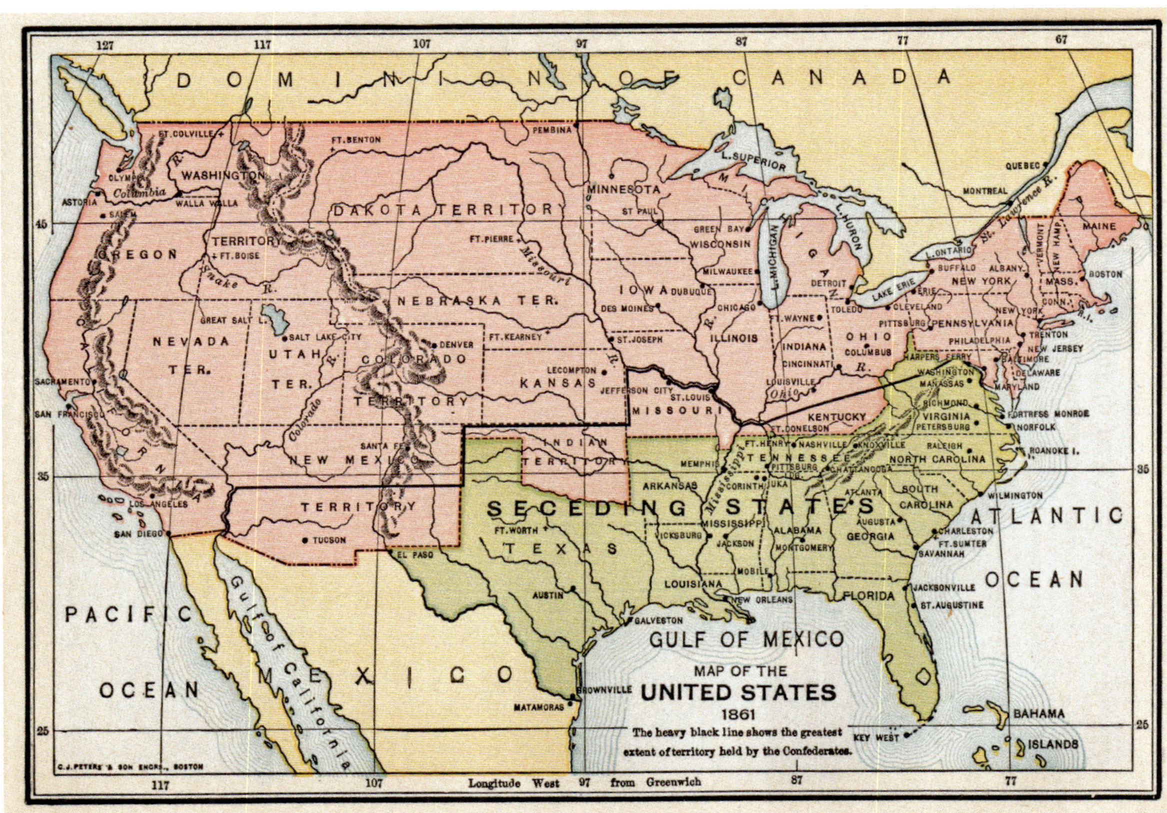

Von den Truppen des Nordens befreite Sklaven, die sogenannten Contra-Bands, wurden beschlagnahmt, gemustert und zu Fußsoldaten ausgebildet.

Nachdem in Texas die Entscheidung zur Sezession gefallen war, akzeptierten die meisten Deutschen den Wegfall von der amerikanischen Union, blieben aber Gegner der Sklaverei. Der Großteil der Deutschen versuchte auch, sich aus dem Kriegsgeschehen herauszuhalten, nur wenige radikale Gegner der Sklaverei verließen den Staat, um schließlich für die Nordstaaten in den Krieg gegen die Südstaaten zu ziehen. Der Bürgerkrieg war für die Deutschen im Gegensatz zum texanischen Unabhängigkeitskrieg kein Freiheitskampf, an dem ihre Ideale zur Teilnahme verpflichteten. Dennoch kämpften auch einige Deutsch-Texaner auf der Seite der Konföderierten für deren Sache und für die neue Heimat. Für viele überzeugte Pazifisten und Demokraten, die weder für die Sklaverei eintreten und für die Konföderation in den Krieg ziehen wollten noch rechtzeitig den Staat verlassen hatten, wurde die neue Heimat, in die sie voller Hoffnung ausgewandert waren, rasch zum Alptraum. Schnell verbreitete sich unter den Texanern die Auffassung, einige Deutsche zeigten keine Loyalität – äußerten sie sich öffentlich gegen den Krieg oder die Sklaverei, mussten sie mit dem Schlimmsten rechnen. Sie wurden verfolgt, vertrieben oder gar gelyncht. Hunderte Deutscher versteckten sich in der weiten Hügellandschaft vor den Texas Rangers, einer texanischen Miliz, oftmals ließen sie ihre Frauen in Fredericksburg und Neu Braunfels zurück.

LITTLE GERMANY – DAS KLEINDEUTSCHLAND VON NEW YORK

Ende des 18. Jahrhunderts wäre es für die New Yorker unvorstellbar gewesen, dass sich ihre Stadt einmal über ganz Manhattan erstrecken würde. New York war von seiner heutigen Gestalt und Größe weit entfernt. Im Unabhängigkeitskrieg von 1775 bis 1783 hatte die Stadt schwer gelitten, danach war sie größtenteils zerstört. Nachdem die Briten kapituliert hatten und Nordamerika verließen, strömten Tausende Menschen in die Stadt und ließen sich dort nieder. Schnell stieg die Einwohnerzahl an und sprang von 12 000 im Jahr 1783 auf 24 000 zwei Jahre später.

Der Zweite Kontinentalkongress, die provisorische Regierung der Vereinigten Staaten während des Unabhängigkeitskrieges, erklärte im Jahr 1784 New York zur ersten Hauptstadt der Vereinigten Staaten. Nun erlebte die Stadt einen weiteren Zustrom. Die Politik zog mit ihren Beratern und Beamten, aber auch mit deren Familien in die Stadt und machte Manhattan zu einem lebhaften Ort. Von größerer Bedeutung als die Politik waren für New York allerdings die alteingesessenen Kaufleute und Reeder angelsächsischer und niederländischer Herkunft, welche die Stadt zur Blüte brachten.

Im 17. Jahrhundert war es schwer vorstellbar, dass sich die kleine Siedlung an der Südspitze Manhattans, New Amsterdam, einmal über die ganze Insel ausbreiten würde. In dieser Zeit existierten neben dem Hafen und dem Fort lediglich ein paar Kaufmannshäuser.

Henry Hudson bereiste 1609 den später nach ihm benannten Fluss, auf der Suche nach einer Passage Richtung Westen. Er setzte als erster Europäer einen Fuß auf die Insel Manhattan. Hierzu ein Gemälde von Edward Moran, 1898

Im Jahr 1790 einigten sich schließlich Finanzminister Alexander Hamilton und Außenminister Thomas Jefferson – die Wortführer der beiden politischen Fraktionen – auf eine neue Hauptstadt. In der bisherigen Kapitale New York sollten Kultur und Handel bleiben, ansonsten wurde die Stadt, wie spätere Historiker urteilten, „förmlich von der Last der Politik befreit". Auf Drängen der Südstaaten, die den Verlust ihres Einflusses und ihrer landwirtschaftlich ausgerichteten Wirtschaftsform fürchteten, schlug Jefferson vor, eine neue Hauptstadt weiter südlich am Potomac River zu errichten. Sie sollte den Norden mit dem Süden verbinden und den Namen des ersten Präsidenten George Washington tragen. In der Zeit, bis die Regierungsgebäude in Washington fertiggestellt sein würden, sollte Philadelphia als Hauptstadt fungieren.

Diese Maßnahmen änderten das Gesicht New Yorks gewaltig. Eine Hauptstadt nach europäischem Vorbild, die zugleich Sitz der Regierung wie auch das wirtschaftliche Zentrum eines Staates sein sollte, gab es in den USA fortan nicht mehr. Doch auch ohne die Politik entwickelte sich die Stadt am Hudson River weiter zum wirtschaftlichen und kulturellen Zentrum Nordamerikas – und für viele Amerikaner zur „gefühlten Hauptstadt". Die europäischen Einwanderer strömten bald zu Tausenden in die Stadt.

Die Gründung der Stadt New York

Der erste Europäer, der an die spätere Gemarkung von New York City gelangte, war der Florentiner Giovanni da Verrazzano. Er erforschte im Namen des französischen Königs die nordamerikanische Küste. Am Ufer des Hudson River traf er auf Indianer, die dort bereits ansässig waren. Namensgeber dieses Flusses war allerdings ein anderer: Henry Hudson. Er reiste 1609 im Auftrag der Niederländischen Westindien Kompanie den später nach ihm benannten Fluss bis nach Albany hinauf – auf der Suche nach einer Passage Richtung Westen. Als erster Europäer setzte er seinen Fuß auf die Insel, die von den Algonkin-Indianern „Manahtin" genannt wurde. Doch der eigentliche Erforscher dieser Region war Hendrik Christiansen aus Kleve, der ebenfalls für die Niederländische Westindien Kompanie tätig war. Er erkannte die Bedeutung der Region am Hudson River für den Pelzhandel und erkundete sie auf insgesamt elf Reisen. 1614 kehrte er als Kapitän der Fortuna mit mehreren holländischen Schiffen an die Hudsonmündung zurück, wo die Westindien Kompanie die Kolonie Neu Niederlande gründete.

Der legendäre Gründungsmythos der Stadt New York stammt jedoch aus dem Jahr 1626. Ob der Lage an der äußersten Peripherie des holländischen Handelsimperiums hatte Neu Niederlande bislang wenig Aufmerksamkeit von den europäischen Kolonialmächten erhalten. Nun, im Jahr 1626, kaufte General Peter Minuit aus Wesel im Herzogtum Kleve der Legende nach für die Niederländische Westindien Kompanie die Insel Manhattan von den Algonkin für 60 Gulden, umgerechnet etwa 24 Dollar. Minuit kann nicht als Gründer von New York bezeichnet werden, hatte aber als Gouverneur von Neu Niederlande großen Einfluss auf den Ausbau des Handelspostens. Durch eine Intrige verlor er das Amt und in den nächsten Jahren distanzierte er sich deutlich von der Niederländischen Westindien Kompanie. Er ging sogar so weit, dass er sich 1638 einem schwedischen Kolonisationsprojekt verpflichtete, das in direkter Konkurrenz zu Neu Amsterdam am Delaware River ebenfalls einen Handelsposten plante. Dies konnte er allerdings nicht mehr in die Tat umsetzen, da er im selben Jahr auf hoher See in der Karibik starb.

1664 wurde Neu Amsterdam zu einem Teil des britischen Imperiums und nach dem Bruder des englischen Königs, dem Duke of York, umbenannt. Zwar gelang es den Holländern im Jahr 1673, New York nochmals unter ihre Herrschaft zu bringen, doch bereits im folgenden Jahr wurde der Außenposten durch den Vertrag von Westminster wieder britisch. Die Glorreiche Revolution von 1688 spaltete auch die Bewohner New Yorks in zwei Lager. Während der Unruhen übernahm der in Frankfurt geborene und seit 1660 in New York weilende Jakob Leisler die Führung eines Aufstands der Farmer, Seeleute und Handwerker gegen die alten Patrizier. Leisler war als Kaufmann im Dienst der Niederländer nach Nordamerika gekommen und schnell zu Reichtum gelangt. Obwohl er selbst ein wohlhabender Patrizier war, kümmerte er sich um die Belange der Ärmeren, was ihm große Sympathien einbrachte. Er übernahm die provisorische Regierung in New York und hoffte insgeheim, ob seiner gesellschaftlichen Stellung ein Vermittler zwischen beiden Seiten sein zu können. Er sollte sich irren. Die Patrizier stilisierten ihn zum Feindbild ihres Standes. Als Wilhelm von Oranien schließlich Peter Schuyler, seinen Gegenspieler, als neuen Gouverneur von New York einsetzte, war Leislers Schicksal besiegelt. Nach Schuylers Ankunft übergab er diesem die Macht über New York, anschließend wurde er aufgrund seiner aufrührerischen Tätigkeit zum Tode verurteilt und hingerichtet.

Neu Amsterdam Ende des 17. Jahrhunderts (oben)

Der Frankfurter Jakob Leisler war einer der Ersten, der sich gegen die kolonialistischen Anmaßungen Großbritanniens wehrte. Wegen Hochverrat wurde er von den Briten 1691 hingerichtet. Die Abbildung zeigt das Haus, in dem Leisler der Prozess gemacht wurde (unten).

Frühe deutsche Siedlungen in New York

Angelockt von dem Gerücht, dass Queen Anne von England deutschen Auswanderern freies Ackerland in Nordamerika zur Verfügung stellen würde, strömten im Jahr 1709 Zehntausende Deutsche nach England. Sie kamen hauptsächlich aus der Kurpfalz und verließen die von den Franzosen zerstörten Hauptstädte Heidelberg und Mannheim. Auf Flößen, Schiffen und Kähnen schipperten sie den Rhein hinauf bis nach Rotterdam. Von dort aus setzten sie nach England über und lagerten schließlich vor den Toren Londons. In London erschrak man über die Menge der Ankömmlinge: 14 000 Deutsche hatten vor den Toren der Stadt ihr Quartier aufgeschlagen. Queen Anne wusste nicht, was mit ihnen geschehen sollte. Und so beschloss die Englische Krone, die Deutschen in verschiedenen Ländereien anzusiedeln. Einige blieben in London, etwa 4000 wurden nach Irland geschickt, um die dortigen Webereien zu unterstützen, wieder andere kehrten zurück nach Deutschland. Auch nach Nordamerika ließ die Königin einige Deutsche ziehen. 600 sollten in den Kolonien Virginia und Carolina angesiedelt werden und 3000 im Tal des Hudson River in New York State.

Im April 1710 erreichten die Deutschen auf insgesamt zehn Schiffen die Küste Nordamerikas. Auf der Überfahrt starben beinahe 500 Menschen, in der Quarantäne vor den Toren New Yorks weitere 250 Personen. Viele Familien wurden zerrissen, Trauer und Verzweiflung machten sich unter den Deutschen breit. Doch aus diesem Umstand entstand eine Tugend. Gemäß dem gängigen Brauch, nach dem Tod eines Ehepartners schnell wieder zu heiraten, um so die Versorgung der Familie zu gewährleisten, schlossen nun viele Einwanderer untereinander den Bund fürs Leben. Die Mehrheit der Deutschen stammte wie bereits erwähnt aus der Kurpfalz, doch unter ihnen waren auch Schwaben, Badener, Elsässer, Hessen und weitere Süddeutsche. In ihrer Heimat hatten sie sich überwiegend mit der eigenen Region identifiziert, durch die Hochzeiten entstand bei den Einwanderern eine Art Nationalbewusstsein. Auch auf Dialekt-Ebene vollzog sich ein solcher Ausgleichsprozess.

Nach einer längeren Zeit in Quarantäne wurden die Deutschen im Hudson-Tal nördlich von New York angesiedelt. Sie sollten für die englische Krone Teer herstellen und Hanf anbauen. Im Gegenzug verpflichtete sich die englische Regierung, für die Deutschen zu sorgen. Mit dieser Aufgabe wurde Robert Livingston betraut, ein geldgieriger New Yorker Kaufmann schottischen Ursprungs. Er war darauf bedacht, aus der Ansiedlung größtmöglichen Profit zu schlagen, und versorgte die Deutschen daher nur mit dem Allernötigsten. Sie litten unter den Bedingungen und hatten selten ausreichend zu essen, geschweige denn vernünftige Kleidung. Nach dem harten Winter 1712 richteten sie daher eine Beschwerde an die englische Krone:

Durch den ersten großen Exodus aus dem deutschen Südwesten, vornehmlich aus der Kurpfalz, entstanden bald überall im Staat New York deutsche Siedlungen, die sich entlang des Hudson River und des Mohawk River erstreckten.

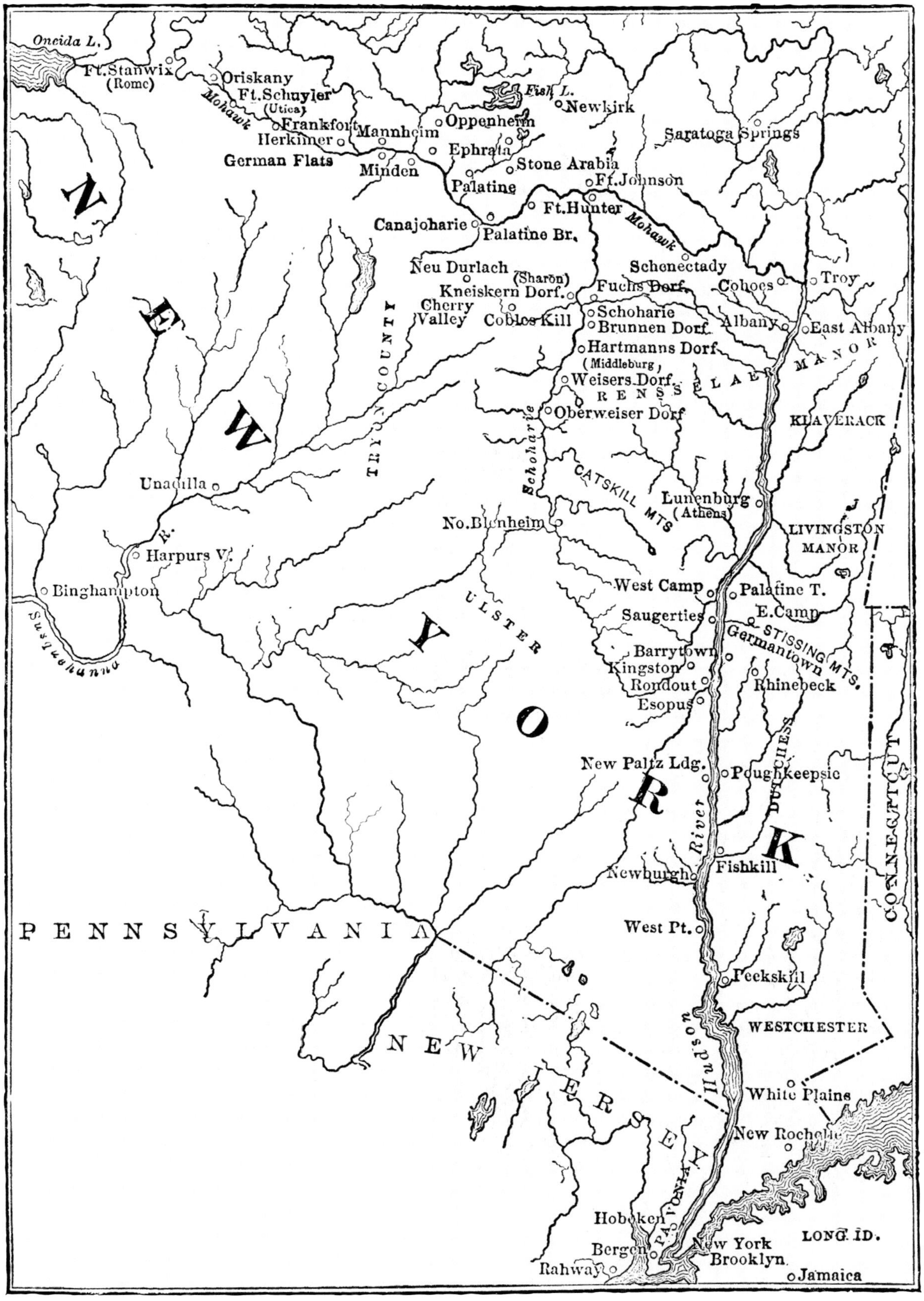
Oneida L.
Ft. Stanwix (Rome)
Oriskany
Ft. Schuyler (Utica)
Mohawk
Frankfort
Herkimer
Mannheim
Oppenheim
Fish L.
Newkirk
Saratoga Springs
Ephrata
German Flats
Minden
Stone Arabia
Ft. Johnson
Palatine
Ft. Hunter
Canajoharie
Palatine Br.
Schenectady
Neu Durlach
(Sharon)
Kneiskern Dorf.
Fuchs Dorf.
Cohoes
Troy
Cherry Valley
Cobles Kill
Schoharie
Brunnen Dorf.
Albany
East Albany
Hartmanns Dorf
(Middleburg)
Weisers Dorf.
Oberweiser Dorf
RENSSELAER MANOR
KLAVERACK
TRYON COUNTY
Schoharie
CATSKILL MTS
Lunenburg (Athens)
Unadilla
No. Blenheim
LIVINGSTON MANOR
Harpurs V.
R.
Binghampton
West Camp
Palatine T.
Saugerties
E. Camp
ULSTER
Susquehanna
STISSING MTS.
Germantown
Barrytown
Kingston
Rhinebeck
Rondout
Esopus
DUTCHESS
New Paltz Ldg.
Poughkeepsie
CONNECTICUT
River
Newburgh
Fishkill
NEW YORK
West Pt.
PENNSYLVANIA
Peekskill
Hudson
WESTCHESTER
NEW JERSEY
White Plains
New Rochelle
PAVONIA
Hoboken
LONG ID.
New York
Bergen
Brooklyn
Rahway
Jamaica

„Wir besaßen weder Lebensmittel noch Kleider. Infolgedessen herrschte überall größte Bestürzung. Von allen Seiten, besonders von den Lippen der Frauen und Kinder, ertönten die jämmerlichsten und herzbrechendsten Klagen."

Sie hatten sich ein besseres Leben in der Neuen Welt versprochen und mussten nun auch hier in Armut leben.

Einige Deutsche weigerten sich fortan, weiter Teer herzustellen. Als der Gouverneur von New York, Robert Hunter, mit Soldaten anrückte, um sie zur Arbeit zu zwingen, flüchteten viele in die unbekannte Wildnis des Schoharie-Tals. Dort gerieten die Flüchtige in Kontakt mit mehreren Indianerhäuptlingen, die das Elend der Siedler erkannten und ihnen ein Stück ihres Landes schenkten. Die Flüchtlinge nahmen dies dankend an – trotz aller Warnungen des New Yorker Gouverneurs vor den bösen Absichten der Indianer.

Nun standen sie allerdings erneut vor einer Mammutaufgabe. Ohne Zugtier und ohne Wagen mussten sie mit allen Kindern und Kranken vierzehn Tage lang durch die unwegsame Wildnis wandern. Das Wenige, das sie besaßen, ließen sie zurück, aus dem Nichts versuchten sie, eine Siedlung anzulegen. In den ersten Jahren hausten sie in Unterkünften, die notdürftig aus einigen Baumstämmen gezimmert wurden. Kleider und Mützen fertigten sie aus Fellen und die Felder bestellten sie ohne jegliches Werkzeug. Allein die Hilfe der Indianer rettete die Siedlung vor dem Untergang. Bereits ein Jahr später entstand in Grundzügen, was zu den zukünftigen Gemeinden Weisersdorf, Hartmannsdorf, Brunnendorf, Schmidtsdorf, Fuchsdorf, Gerlachsdorf und Kneiskerndorf werden sollte.

Doch wieder waren es Gouverneur Hunter und Robert Livingston, die den Deutschen das Leben schwer machten und nach dem eigenen Gewinn trachteten. Hunter war erzürnt, dass die Deutschen die von ihm zugewiesenen Ländereien am Hudson River verlassen hatten. Er übertrug nun das Land am Schoharie River an Livingston und andere Spekulanten. Damit missachtete er das alte Kolonialgesetz, wonach denjenigen das Land gehört, die es zuerst bebauen, wie auch die Schenkung der Indianer. Hunter forderte zudem von den Deutschen eine Abfindung für die Ländereien.

Die Bewohner der deutschen Siedlungen waren entsetzt über die Kaltblütigkeit und Willkür ihrer Peiniger. Gerade erst hatten sich ihre Siedlungen wirtschaftlich stabilisiert. Sie schickten drei Abgesandte nach London, um vor dem Parlament zu protestieren. Doch dies brachte keinerlei Verbesserungen. Ganz im Gegenteil, in New York wurden mehrere Siedler inhaftiert, die übrigen allgemein als Aufständische bezeichnet, die sich auf dem Eigentum anderer niedergelassen haben sollen. Als der letzte Abgesandte Johann Konrad Weise 1723 nach fünf

Straßenszene in der Orchard Street in der New Yorker Lower East Side. Viele Einwanderer fanden hier ihre erste Unterkunft in den Vereinigten Staaten. Sie trafen auf Verwandte und Freunde, die ihnen den Start erleichterten.

Jahren Aufenthalt in London zurück an den Schoharie River kehrte, sahen sich die ehemaligen Flüchtlinge mit einer erneuten Entscheidung zum Aufbruch konfrontiert. Die deutschen Siedler splitteten sich auf. Ein kleiner Teil blieb im Schoharie-Tal – sie wollten ihre Familien nicht mit neuerlichen Strapazen belasten –, ein Teil zog weiter an den Mohawk River, an dem ein befreundeter Indianerstamm ebenfalls kostenlos Land zur Verfügung stellte. Ein dritter Teil der Siedler entschloss sich, nach Pennsylvania zu ziehen, wo sich in dieser Zeit der Großteil der deutschen Auswanderer befand und wo diese sehr geschätzt wurden.

Little Germany entsteht

Noch heute ist New York City für seine ausgeprägten Nationalitätenviertel bekannt. Auch die zahlenmäßig stark vertretenen Deutschen hatten ihr Viertel, das charakteristische Merkmale aufwies und sich von anderen Vierteln deutlich abgrenzte. Heute existiert ein solches Little Germany nicht mehr, doch in der zweiten Hälfte des 19. Jahr-

Das deutsch-amerikanische Leben spielte sich überwiegend in der Lower East Side ab. Hier bildete sich ab 1840 „Little Germany“ – das erste Nationalitätenviertel der USA – heraus (links).

Betrat man Kleindeutschland, so fühlte man sich rasch zurück in die alte Heimat versetzt. Hier wurde in den Straßen Deutsch gesprochen, es gab deutsche Restaurants, Theater und Geschäfte (rechts)

hunderts war Kleindeutschland eine gigantische Ansiedlung fremdsprachiger Zuwanderer in New York – und das erste Nationalitätenviertel dieser Art überhaupt. Auf gewisse Weise wurde es zum Prototyp vieler anderer derartiger Viertel, und auch die Straßenzüge und Häuser von Little Germany beherbergen heute verschiedene Einwanderergesellschaften. Nachdem die Deutschen es verlassen hatten, siedelten sich dort italienische Einwanderer an und gründeten Little Italy. Danach kamen die Chinesen und verwandelten den Rest des ehemaligen deutschen Zentrums in Chinatown.

Im 18. Jahrhundert war an ein deutsches Einwanderungsviertel allerdings noch nicht zu denken. In New York lebte zwar bereits seit der Auswanderungswelle der Jahre 1709 und 1710 eine kleine Anzahl Deutscher, im Alltag fielen diese jedoch kaum auf. Sie waren zum großen Teil in die Gesellschaft integriert. Ein erstes sichtbares Zeichen des deutsch-amerikanischen Lebens in New York war die Gründung der deutsch-lutheranischen Kirche im Jahr 1748 und bald darauf auch die der German Reformed Church of New York.

Zu Beginn des 19. Jahrhunderts wurde die Stadt zum Haupteinwanderungsort der USA. Die meisten Deutschen wollten nicht lange in New York bleiben und planten bereits die Weiterreise. Doch kaum hatten die Emigranten die Unfreiheit und die Not Europas überwunden, wurden sie erneut vor Probleme gestellt. Der Erwerb von Grund und Boden im verheißungsvollen amerikanischen Westen blieb für viele nur ein Traum. Es fehlte oft an Geld für den Kauf eines Grundstücks oder für Geräte und Vieh. Darüber hinaus musste die Familie

so lange ernährt werden, bis die erste Ernte eingefahren war. Viele Einwanderer verfügten nicht über die finanziellen Möglichkeiten hierfür. Anstatt weiter in die ländlicheren Gebiete des Mittleren Westens zu ziehen, blieben viele Deutsche in New York hängen, strandeten gewissermaßen in der Großstadt. Die Möglichkeit, Wohlstand zu erlangen und die soziale Leiter ein paar Sprossen nach oben zu steigen, erschien in der Großstadt auch wahrscheinlicher.
New York war im 19. Jahrhundert eine ständig wachsende Stadt mit großer kultureller und wirtschaftlicher Dynamik. Durch die Einwanderung verzeichneten die einzelnen Stadtteile bald eine hohe Anzahl von Deutschen. Zwischen 1855 und 1880 war New York nach Berlin und Wien gar die drittgrößte deutsche Ansiedlung weltweit. Little Germany allein war im 19. Jahrhundert etwa so groß wie Buffalo an der nördlichen Spitze des Eriesees oder die Städte Milwaukee und Detroit zusammen. Mit teilweise über 200 000 war die Bevölkerungsgruppe der Deutsch-Amerikaner in New York beinahe so stark vertreten wie die der Iren.
Obwohl sich schon zu Beginn des Jahrhunderts deutsche Straßenzüge herausbildeten, konnte ein Kleindeutschland erst entstehen, als mit den Einwanderungswellen ab den 1830er-Jahren auch Arbeiter und Handwerker aus Deutschland in die USA kamen. Ab 1840 kann somit von einem Little Germany als Wohnviertel der Deutschen gesprochen werden. Es umfasste den 10., 11., 13. und 17. Ward der Lower East Side, damals etwas außerhalb liegend, und war bis zum Ersten Weltkrieg das kulturelle und wirtschaftliche Zentrum der Deutschen in

Ein Vertreter der amerikanischen Zensusbehörde erfasst die Anzahl deutscher Einwanderer in New York (links). Zwischen 1855 und 1890 war die Metropole nach Berlin und Wien die drittgrößte deutsche Ansiedlung weltweit.

Insbesondere in Biergärten und Bierhallen fand das gesellschaftliche und soziale Leben der eingewanderten Deutschen statt. Hier eine deutsche Bierhalle in New York um 1864 (rechts)

Eine amerikanische Karikatur aus dem Jahr 1883: Bei ihrer Ankunft entdeckt die kinderreiche deutsche Einwandererfamilie, dass die Pensionen und Hotels keineswegs kinderfreundlich sind.

Die beiden Abbildungen (rechts) zeigen, dass die Deutschen das Leben in New York prägten und mit ihren Festen für ein buntes Leben in der Öffentlichkeit sorgten. Oben die Friedensfeier der Deutsch-Amerikaner 1871 nach Ende des Deutsch-Französischen Krieges, unten die Ankündigung für das erste Stiftungsfest des Schwabenvereins 1931 in einer New Yorker Turnhalle

New York. Es unterschied sich nicht nur rein optisch durch deutschsprachige Aushänge, Straßenschilder und die Architektur von den amerikanischen Wohnvierteln, auch kulturell war hier einiges anders. Unzählige Biergärten und Bierstuben entstanden entlang der Bowery Lane und sorgten für ein buntes Leben in der Öffentlichkeit, Bälle, Sänger- und Turnfeste wurden von den Deutschen mit Paraden auf den Straßen gefeiert.

Kleindeutschland war ein bürgerliches Viertel, hier lebte der Mittelstand. Die Mehrheit der Einwohner war zwischen 20 und 40 Jahre alt – 30 Prozent waren sogar jünger als zehn Jahre alt –, was dem Viertel eine eigene Dynamik verlieh. Die Deutsch-Amerikaner nahmen innerhalb des Viertels oftmals eine spezifische Identität an, um sich von anderen Gruppierungen abzugrenzen, und bezeichneten sich als Deutsche oder Amerikaner, als Bayern oder Mecklenburger,

als Frankfurter oder Berliner, als New Yorker, Deutsch-Amerikaner oder Kleindeutschländer. Diese unterschiedlichen Identitäten spiegeln nicht nur die politische Situation der zerstückelten Länder in der Heimat wider, sie verdeutlichen auch die Unsicherheit der Deutsch-Amerikaner, welchen Platz innerhalb der Gesellschaft sie nun einnehmen sollten. Zwei deutsch-amerikanische Persönlichkeiten, die in engem Bezug zur Stadt New York stehen, seien an dieser Stelle etwas ausführlicher dargestellt.

Thomas Nast, der Erfinder des Dollarzeichens

Es gibt grafische Ikonen der USA, die zu Beginn des 21. Jahrhunderts tatsächlich jeder kennt. Allen voran steht das Dollarzeichen, das weltweit Reichtum und Wohlstand symbolisiert. Santa Claus und Uncle Sam gehören ebenfalls zu diesen Ikonen. Und zumindest in den USA werden die Symbole für die Demokraten und die Republikaner, Esel und Elefant, tagtäglich für politische Karikaturen verwendet. Gezeichnet und erdacht wurden diese Ikonen von dem deutsch-amerikanischen Karikaturisten und Zeichner Thomas Nast, der am

Der in Landau in der Pfalz geborene Thomas Nast stieg während des amerikanischen Bürgerkrieges zum einflussreichsten Karikaturisten der USA auf (links oben).

In der *Harper's Weekly* veröffentlichte Nast seine Karikaturen, durch die hohe Auflage der Zeitschrift erreichte er ein Millionenpublikum (links unten).

Nasts zynische Karikatur über Uncle Sam und den Rassismus in den Südstaaten (rechts)

26. September 1840 in Landau in der Pfalz geboren wurde. Seine bedeutendsten und einflussreichsten Werke waren eben die Erfindung des Dollarzeichens, die Gestaltung des modernen amerikanischen Weihnachtsmannes, die Stilisierung der beiden großen amerikanischen Parteien als Elefant und Esel sowie die Gestaltung von Uncle Sam, der bedeutendsten amerikanischen Nationalallegorie.

Nast verließ schon als Kind 1846 mit seiner Mutter und Schwester die pfälzische Heimat und wanderte nach Nordamerika aus. Der Vater folgte ihnen drei Jahre später. Schon früh begann er, seine Zeichenfertigkeiten zu üben, bereits als 15-Jähriger arbeitete er für *Frank Leslie's Illustrated Newspaper* als Zeichner. Ab 1859 war er für die *New-York Illustrated News* tätig, 1862 gelangte er schließlich zu *Harper's Weekly*, wo er rasch berühmt wurde. Wöchentlich erreichte er eine breite Leserschaft, die vor allem seine allgemein gehaltenen politischen Karikaturen und seine bissigen Kommentare über die politische Situation während des amerikanischen Bürgerkrieges schätzte. Nast war ein überzeugter Vertreter der Politik der Nordstaaten und unterstützte Präsident Abraham Lincoln. Dieser bezog sich während des Wahlkampfes – Lincoln wurde inmitten des Krieges 1864 in seinem Amt bestätigt – häufig auf Karikaturen des Deutsch-Amerikaners.

In dieser Zeit schuf Nast auch den Weihnachtsmann, der zum ersten Mal im Winter 1862/63 in *Harper's Weekly* zu sehen war. Er stellte ihn in Tradition des heiligen Nikolaus, dessen Feiertag in Nasts Heimat am 6. Dezember begangen wurde, und kreierte so den amerikanischen Santa Claus. Der Charakter wurde vor allem vor dem Hintergrund des blutigen Bürgerkrieges schnell beliebt, sodass Nast im folgenden Jahr wieder auf ihn zurückgriff und Santa Claus schließlich national berühmt machte.

In den 1860er-Jahren erreichte Nast mit seinen politischen Zeichnungen den Höhepunkt seiner Popularität. Seine Karikaturen richteten sich nicht selten gegen die korrupte Geschäftsstelle der Demokraten in New York, Tammany Hall, und deren ebenso korrupten wie berüchtigten Vorsteher William „Boss" Tweed (der gleichzeitig Vorsitzender der Demokraten in New York war). Nasts Zeichnungen hatten einen großen Einfluss auf die Absetzung und Verurteilung von Tweed, der über den Karikaturisten Folgendes gesagt haben soll: „Es ist mir gleichgültig, was die Zeitungen über mich veröffentlichen, da meine Schäfchen ohnehin nicht lesen können. Aber sie verstehen diese Zeichnungen."

Zwei Jahrzehnte lang dominierten Nasts Zeichnungen den politischen Journalismus. Doch die sozialen Spannungen und Missstände der Zeit nach dem Sezessionskrieg und der Reconstruction-Phase, die von Mark Twain mit „Gilded Age" („Vergoldetes Zeitalter") betitelten Jahre (etwa 1876–1914), erforderten einen anderen medialen Umgang, als es in den Jahren zuvor der Fall war. Nasts Zeichnungen entsprachen von nun an nicht mehr dem Zeitgeist.

EDDIKASHUN
QUALIFUKASHUN.
THE BLAKMAN ORTER
BE EDDIKATED AFORE
HE KIN VOTE WITH
US WITES.
MR. SOLID SOUT

Johann August Röbling aus dem preußischen Mühlhausen entwarf die Brooklyn Bridge, deren Vollendung er allerdings nicht mehr erlebte – er starb tragisch während des Brückenbaus. An seinem Geburtshaus in der Röblingstraße 5 erinnert eine Gedenktafel an den Architekten.

Johann August Röbling, der Erbauer der Brooklyn Bridge

Eines der vielen architektonischen Wahrzeichen von New York ist die Brooklyn Bridge. Sie überspannt den East River von Manhattan nach Brooklyn und galt bei ihrer Erbauung als das achte Weltwunder – sie war zu diesem Zeitpunkt die längste Hängebrücke der Welt und übertraf alle zuvor gebauten Brücken in der Länge um 50 Prozent. Am Bau der Brücke waren 6000 Arbeiter beteiligt, von denen 27 ihr Leben verloren; der Bau verursachte Kosten in Höhe von 18 Millionen Dollar.
Architekt der Brücke war Johann August Röbling aus dem preußischen Mühlhausen. Er wurde am 12. Juni 1806 als jüngstes Kind eines Tabakwarenherstellers geboren. 1824 schrieb er sich in Berlin an der Königlichen Bauakademie ein und studierte dort Architektur, Schwerpunkt seines Studiums waren neue Bautechniken. Als er 20 Jahre alt war, beendete er sein Studium und ging nach Westfalen, wo er drei Jahre als Tiefbauingenieur arbeitete. Schnell war er jedoch frustriert vom preußischen Beamtentum, das immer wieder seine Baupläne ablehnte. Seine Unzufriedenheit und nicht zuletzt sein Glaube an den amerikanischen Liberalismus ließen ihn zusammen mit seinem Bruder Karl nach Nordamerika auswandern. Im Herbst 1831 erreichten beide Philadelphia. Dort ließen sie sich in der Gemeinde Germania nahe Pittsburgh nieder, dem späteren Saxonburg. Röbling heiratete die ebenfalls aus Mühlhausen stammende Johanna Herting und kaufte eine Farm, die er fortan selbst bestellte. 1837 wurde Washington Röbling, das älteste von neun Kindern des Paares, geboren. Im selben Jahr zog es Johann August Röbling zurück in seinen alten Beruf. Mehrere Jahre arbeitete er für die Kanalbauten in Philadelphia und vermaß Eisenbahntrassen über die Appalachen. 1845 baute er für das Kanalsystem ein Viadukt und 1846 seine erste Hängebrücke. Eine von Röblings Neuerungen war der Austausch der alten Hanfseile durch Stahlseile, die er selbst herstellte. Den nationalen Durchbruch als Brückenbauer schaffte Röbling 1851 mit einer Drahtseilhängebrücke über den Niagara oberhalb der berühmten Niagara-Fälle. Diese zweistöckige, 250 Meter lange Eisenbahnbrücke verband die kanadische Eisenbahn mit der New York Central Railroad. Weitere Großprojekte dieser Art folgten.
Sein eigentliches Meisterwerk konnte er jedoch nicht vollenden. Bereits 1857 dachte Röbling über den Bau einer Brücke über den East River nach, die Manhattan mit Brooklyn verbinden sollte. Der amerikanische Bürgerkrieg sorgte dafür, dass das Projekt zunächst auf Eis gelegt wurde. Doch nach Ende des Krieges begann Röbling mit dem Bau seiner Brücke. Tragischerweise verletzte er sich bei Vermessungsarbeiten am 6. Juli 1869, sein Fuß wurde von einer Fähre zerquetscht. Er widersetzte sich der Behandlung und wollte die Wunde selbst pflegen. Doch sein Zustand verschlechterte sich schnell und am 22. Juli erlag er seinen Verletzungen. In Cincinnati wurde ihm zu Ehren eine

seiner Brücken „John A. Roebling Suspension Bridge" genannt. Die Deutsche Post gab 2006 eine Gedenkbriefmarke heraus.
Die Leitung über den Bau der Brücke übernahm nun Röblings ältester Sohn Washington. Er führte einige Verbesserungen des Entwurfs durch und leitete das Bauvorhaben drei Jahre lang. Nachdem Washington Röbling die Dekompressionskrankheit ereilte – er war an einen Rollstuhl gefesselt und teilweise gelähmt –, übernahm Röblings Frau Emily Warren die Bauleitung und vollendete schließlich die Brooklyn Bridge. Sie überquerte am 24. Mai 1883 als erste Person den sagenhaften Bau.

Sprache und Religion in New York

Der bedeutendste Unterschied zwischen den beiden größten Einwanderergruppen im 19. Jahrhundert, den Iren und den Deutschen, bestand in der Sprache. Während die Iren durch andere Bräuche und vor allem dadurch auffielen, dass sie katholischen Glaubens waren, unterschieden sich die deutschen Einwanderer von den Amerikanern in erster Linie durch die Sprache. Englisch war einerseits der Schlüssel

Vierzehn Jahre, von 1869 bis 1883, dauerte der Bau der Brooklyn Bridge. Johann August Röbling war auf Hängebrücken spezialisiert und wandte diese Methode auch für sein „Meisterstück" über den East River an. Nachdem die riesigen Stützpfeiler gebaut waren, wurde zunächst ein Seil von einer Seite zur anderen gespannt. Holzstich, 1877

zu einer erfolgreichen Akkulturation, andererseits war die eigene Sprache für die Deutschen, die in ihrer Heimat in unterschiedlichen Grafschaften, Herzogtümern und Regionen gelebt hatten, das verbindende, identitätsstiftende Medium. Gerade in Nordamerika verband die deutsche Sprache Schwaben mit Mecklenburgern, Hamburger mit Münchnern und Elsässer mit Schweizern und stärkte so das Gemeinschaftsgefühl. An die Erlernung der englischen Sprache wurde erst an zweiter Stelle gedacht.

Im Jahr 1834 gründeten die Deutschen in New York die noch heute existierende *New Yorker Staats-Zeitung*, die in den folgenden Jahrzehnten zum größten Sprachrohr der Deutsch-Amerikaner in Nordamerika aufstieg. Die Zeitung erzielte durch die stärker werdenden Einwanderungsströme immer höhere Absatzzahlen. In New York war die Auflage der deutschen Tageszeitungen teilweise sogar höher als in Berlin oder Leipzig. Bis 1872 bezeichnete sich die *New Yorker Staats-Zeitung* mit einer Auflage von 55 000 Exemplaren zu Recht als die größte deutschsprachige Zeitung der Welt. Durch das Aufeinandertreffen von älteren Einwanderern und ihren Nachfahren erhielt das Pressewesen zusätzlich neue Impulse.

Die deutschsprachige Presse in New York sprach ab den 1850er-Jahren zum ersten Mal von „German-Americans“ und schuf damit eine neue ethnische Gruppe. Mit dem offiziellen Namen wurde die Gruppe „fassbar“ – und leider auch angreifbar. Auf der einen Seite ignorierten die intellektuell anspruchsvollen Kreise in Europa die Deutsch-Amerikaner oder versahen sie mit negativen Assoziationen, worauf der linksintellektuelle Antiamerikanismus unter deutschen Bildungsbürgern beruht. Auf der anderen Seite richtete sich die Fremdenfeindlichkeit in den USA nun direkt gegen die Gruppe der eingewanderten Deutschen.

Mit der Publikation *Große Männer & Frauen* sollte die Brücke zwischen der alten und neuen Welt geschlagen werden (oben). Auf der Liste der Berühmtheiten standen neben Franklin und Lincoln auch Händel und Mozart.

Für die Neuankömmlinge gab es vielerlei Ratgeber, welche die Neue Welt in der Muttersprache näherzubringen versuchten. Darunter fanden sich auch Kochbücher, die Rezepte von beiden Seiten des Atlantiks enthielten (unten).

Die New Yorker Staats-Zeitung

Die *New Yorker Staats-Zeitung* war im 19. Jahrhundert für einige Zeit die auflagenstärkste deutschsprachige Zeitung und galt gewissermaßen als Sprachrohr der Deutsch-Amerikaner in den Vereinigten Staaten von Amerika. Vielen war sie sogar unter ihrem Spitznamen „The Staats" geläufig. Gegründet wurde sie am 24. Dezember 1834 von deutschen Anhängern der demokratischen Partei, sie ist somit die älteste noch existierende deutsche Zeitung in den USA. 1845 wurde die Zeitung an Jakob Uhl aus Würzburg verkauft, der sie zum Blühen brachte. Uhl war im Jahr 1835 in die USA geflüchtet, da er zwei Jahre zuvor nach einer Demonstration zur Einführung demokratischer Werte in Deutschland verhaftet wurde. In der Phase der Revolution von 1848 unterstützte Uhl mit seiner Zeitung dann auch die Revolutionäre in Deutschland. Bis zu seinem Tod im Jahr 1852 machte er „The Staats" zur führenden deutschsprachigen Zeitung in Nordamerika. Dies gelang ihm vor allem, weil er später gemäßigtere, weniger radikale Töne anschlug als vergleichbare deutschsprachige Blätter.
Nachfolger war der Sudete Oswald Ottendörfer, er baute den Einfluss der Zeitung weiter aus und ließ sie ab 1854 täglich erscheinen. Ottendörfer, ein Mitglied der demokratischen Partei und strikter Gegner der Sklaverei, führte die Zeitung durch den amerikanischen Bürgerkrieg genauso wie durch die Krise in Deutschland im Jahr 1866 (der Deutsche Bund kämpfte unter der Führung Österreichs gegen Preußen um die Vorherrschaft in Deutschland), die auch die Deutsch-Amerikaner in New York spaltete. Im Jahr 1886 war die *New Yorker Staats-Zeitung* nach der *New York World* und der *New York Tribune* die drittgrößte Zeitung der Stadt.
Mit dem neuen Chef der Zeitung, Herman Ridder, hatte nun nicht mehr ein Einwanderer das Sagen, sondern ein Deutsch-Amerikaner, der bereits in New York geboren worden war. Ridder kaufte 1890 zehn Prozent der Anteile der Zeitung und übernahm diese vollständig im Jahr 1906. Er und seine Söhne, die der Zeitung ab 1915 vorstanden, mussten sich mit einigen Schwierigkeiten auseinandersetzen. Zunächst ebbten die Einwandererströme aus dem Deutschen Reich um die Jahrhundertwende ab. Lediglich aus Österreich kam noch eine nennenswerte Zahl an Zuwanderern nach Nordamerika. Das Interesse der mittlerweile dritten Einwanderergeneration an einer deutschsprachigen Zeitung ging stetig zurück. Zudem gab es Bemühungen der amerikanischen Mittelklasse gegen ein pluralistisches Amerika, sie forderte öffentlich das Verbot deutschsprachiger Zeitungen.
Während des Ersten Weltkrieges gerieten die Deutsch-Amerikaner verstärkt unter Druck von Politik und Öffentlichkeit und sie amerikanisierten sich zusehends. Mit dem Niedergang des deutsch-amerikanischen Lebens in den darauffolgenden Jahren und infolge eines weiteren Weltkrieges, in dem Deutschland und die USA gegeneinander kämpften, reduzierte die Staatszeitung ihr Erscheinen ab 1953 auf drei Ausgaben pro Woche. Als Wochenzeitung versucht die *New Yorker Staats-Zeitung* heute, das historische Bewusstsein ihrer Leser zu untermauern und eine kulturelle Kompetenz über Deutschland zu vermitteln. Sie informiert weiterhin über aktuelle Entwicklungen in Deutschland, das besondere Augenmerk liegt aber immer noch auf den deutsch-amerikanischen Beziehungen.

Verglichen mit anderen Städten in den Vereinigten Staaten war das Netz der öffentlichen Schulen in New York dicht und flächendeckend. Dennoch gab es eine Vielzahl von New Yorker Kindern, die nicht zur Schule gingen. Insbesondere Kinder der Immigranten aus Deutschland und Irland lebten in ärmlichen Verhältnissen; sie gingen als

Schuhputzer oder Zeitungsjunge arbeiten, um so einen Teil zum Familieneinkommen beizutragen, trieben sich auf der Straße herum und lebten von Gelegenheitsdiebstählen. Die Kinder deutscher Einwanderer bildeten da keine Ausnahme, für sie stellte sich darüber hinaus das Problem der fremden Sprache, das sie daran hinderte, mit den Amerikanern in Kontakt zu treten.

Die Stadt New York erkannte diese Problematik und wurde ihrerseits aktiv. 1838 richtete die Stadt zwei deutsche Schulen ein, an denen auch die englische Sprache unterrichtet wurde – mit dem Ziel, die deutschen Schüler nach einem Jahr auf die allgemeinen Schulen schicken zu können. Diese Maßnahme wirkte sich äußerst positiv auf den Anpassungsprozess der deutschen Kinder aus, die nun „sanft" an die amerikanischen Schulen herangeführt wurden. Dabei fürchteten die Deutschen in New York – ganz im Gegensatz zu ihren Landsleuten in Texas – nicht um den Verlust ihrer eigenständigen Kultur. In der Großstadtdichte schien den Deutschen die Zweisprachigkeit wichtiger als den Deutsch-Texanern, die oftmals weit entfernt von ihren amerikanischen Nachbarn siedelten. Sie wehrten sich auch selbstbewusst gegen die Bestrebungen von Nativisten, den Deutschunterricht an den Schulen zu verbieten. Sie waren bereit, Englisch zu lernen, ihre kulturellen Besonderheiten und Traditionen wollten sie aber nicht aufgeben. Zynisch kommentierte daher die *Deutsche Schnellpost* in einer Ausgabe vom 13. Februar 1851 die amerikanischen Forderungen: „Lernen erst alle Amerikaner Teutsch … so ist der Weg zu einer ganz anderen Bildung gebahnt."

In den großen Städten arbeiteten häufig auch die Kinder der Deutsch-Amerikaner, etwa als Schuhputzer, um etwas zum Unterhalt der Familie beizutragen (Fotografie, um 1910, links).

Frauen, die keine Anstellung hatten, arbeiteten oftmals im eigenen Haushalt und stellten dort Kleidung her (rechts). Auch in der Heimarbeit waren zahlreiche Kinder beschäftigt.

Im Vergleich zu anderen Bereichen des öffentlichen Lebens verschwand die deutsche Sprache allerdings schon sehr früh aus den Gottesdiensten. Die Kirchen waren recht unflexibel und ihnen gelang es nicht, sowohl den Neuankömmlingen eine Heimat zu bieten als auch die schon länger in New York lebenden Deutschen in ihren Reihen zu halten. Die Kirchen hielten die Gottesdienste in Englisch ab, während die Neuankömmlinge die deutsche Sprache bevorzugten. 1825 berichtete Herzog Bernhard zu Sachsen-Weimar-Eisenach entsetzt von seiner zweijährigen Rundreise: „Der Gottesdienst wurde in englischer Sprache gehalten, denn in New York verstehen nur wenige Nachkömmlinge von deutschen Colonisten die deutsche Sprache." Bald stritten sich die deutschen Lutheraner der Stadt offen über diese Angelegenheit. Die angepasste deutsche Oberschicht bildete eine

Vor allem in den jüdischen Nähereien, in den sogenannten „sweatshops", fanden deutsche Einwanderer eine Anstellung. Vielerorts kamen sie jedoch vom Regen in die Traufe und wurden ausgebeutet.

Fraktion, die den Gottesdienst weiterhin in englischer Sprache begehen wollte, die Fraktion der neu eingewanderten, überwiegend jungen deutschen Arbeiter und Handwerker beharrte auf einem Gottesdienst in deutscher Sprache. Als der Streit eskalierte, spaltete sich die Kirchengemeinde in zwei neue, voneinander unabhängige Parteien.

Deutsch-jüdisches Leben in New York

Unter den deutschen Einwanderern in den USA befanden sich auch zahlreiche Juden. Sie kamen vor allem Mitte und Ende des 19. Jahrhunderts nach Nordamerika, und die meisten von ihnen blieben in New York. Dort siedelten sie sich, ähnlich wie die restlichen Deutschen, in der Lower East Side an und tauschten ihr „Schtedtl-Leben" mit dem Alltag der Metropole. An der Lower East Side gab es gegen Ende des 19. Jahrhunderts koschere Lebensmittelläden und viele weitere jüdische Geschäfte. Den deutschen Juden sollten um die Jahrhundertwende die osteuropäischen Juden folgen und schließlich diejenigen, die dem Nazi-Terror entkommen konnten.

New York bot den in Europa vielerorts verhassten und verfolgten Juden einen Ort der Sicherheit. Die Stadt gab ihnen ihre individuelle Freiheit zurück und verlieh ihnen nicht zuletzt ein neues Selbstbewusstsein. Unter den jüdischen Einwanderern befanden sich spätere Berühmtheiten wie Levi Strauss, Carl Laemmle und der Arzt Abraham Jacobi, der 1860 das erste Kinderkrankenhaus der USA in New York eröffnete. Er gilt als Begründer der modernen Kinderheilkunde.

Die Juden aus Deutschland waren als arme Leute eingewandert, doch schafften sie es schnell, sich eine wirtschaftliche Existenz als Arbeiter oder Kaufmannsleute aufzubauen. Innerhalb weniger Jahrzehnte bildeten sie eine wohlhabende Mittelschicht mit hohem Bildungsniveau. Bis zur Jahrhundertwende gelang es ihnen, in den Kongress gewählt zu werden, sie bekleideten ein Richteramt oder wurden Hochschulprofessoren. Das Judentum wandelte und öffnete sich. Es kam zu einem lockereren Umgang mit den religiösen Regeln, vergleichbar mit den christlichen Religionen zur selben Zeit.

Als die osteuropäischen Juden gegen Ende des 19. Jahrhunderts auf diese bereits bestehende jüdische Mittelschicht trafen, entbrannte in New York gewissermaßen ein Klassenkampf. Letztere fürchteten um ihr Ansehen und distanzierten sich von den verarmten Juden aus Osteuropa, deren andersartige Lebensweise wurde gnadenlos ausgenutzt. Unter erbärmlichen Bedingungen ließen die deutschen Juden die osteuropäischen in ihren „sweatshops" arbeiten. 97 Prozent der Bekleidungsfabriken waren um 1885 in ihrer Hand. Da der Einwandererstrom der osteuropäischen Juden nicht abzureißen schien, führte dies zur weiteren Ausbeutung der jüdischen Arbeiterschaft. Billiglöhne waren an der Tagesordnung, oftmals schufteten in einem „sweatshop" gleich mehrere Generationen einer Familie – 14 Stunden am Tag, sechs Tage die Woche. Viele der osteuropäischen Juden hatten keine andere Wahl, sie mussten Geld für ihren Lebensunterhalt verdienen, und eine Anstellung in einem „sweatshop" war nicht selten die einzige Möglichkeit.

Um 1900 waren 29 Prozent der New Yorker Bevölkerung jüdisch – zu Beginn des 21. Jahrhunderts sind es weitaus weniger. Und die jüdische Kultur hinterließ ihre Spuren in New York. Heute isst man in der Metropole Bagels mit Creamcheese, lässt sich ein Sandwich in einem jüdischen Deli (Kurzform für Delicatessen Store) zubereiten, lacht über jüdischen Humor und kennt alle wichtigen jüdischen Feiertage. An der New Yorker Börse werden an jüdischen Feiertagen übrigens weitaus weniger Wertpapiere gehandelt als an einem normalen Arbeitstag.

Gegen Ende des 19. Jahrhunderts kamen zur deutschen und irischen Einwanderung die Einwanderer aus Ost- und Südeuropa hinzu. Links russische Juden auf einem Auswandererschiff, 1882

Ab 1881 flohen zahlreiche Juden aus Osteuropa vor Pogromen über Hamburg nach Nordamerika. Zeitgenössische Darstellung, erschienen in der *Jüdischen Wochenzeitung* (rechts oben)

Die Emanu-El Synagoge in der New Yorker Upper East Side (rechts unten)

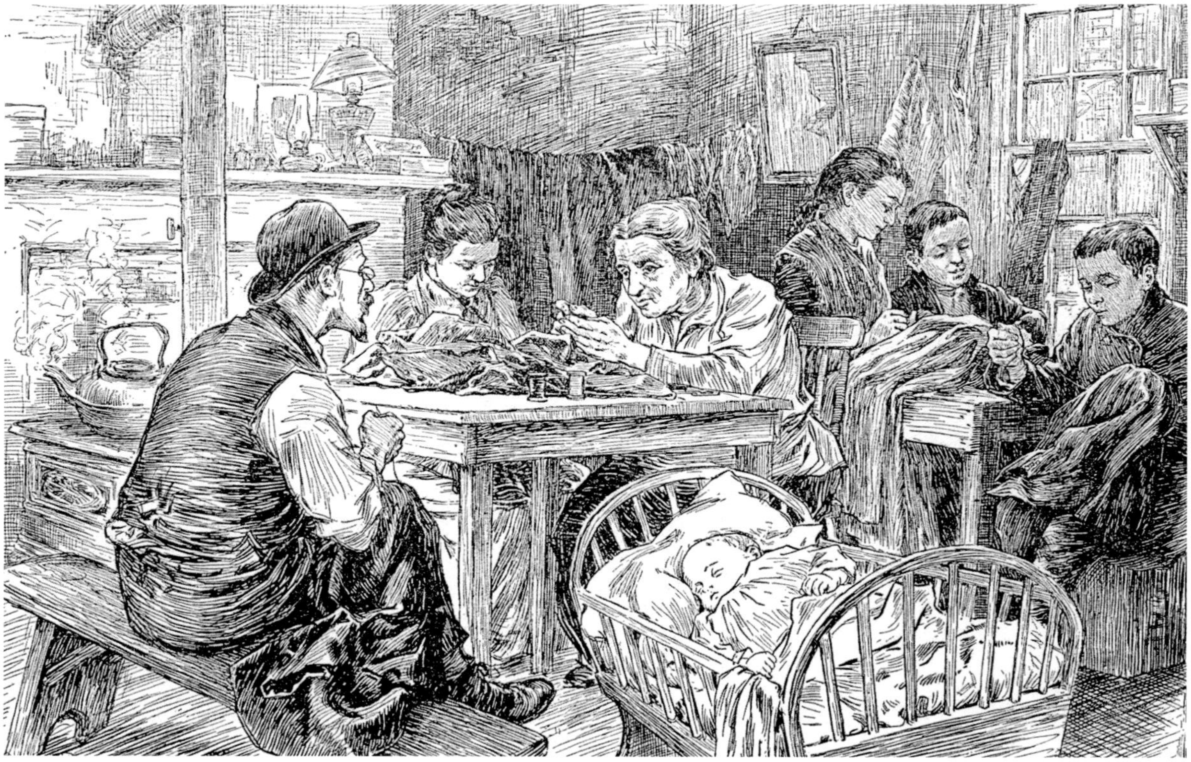

Viele Deutsche hatten in der alten Heimat in der Landwirtschaft gearbeitet. In Nordamerikas Städten waren vor allem Handwerker gefragt, und so arbeiteten die meisten Einwanderer als Schuster, Schreiner oder Instrumentenbauer – oder wie hier als Näher.

Arbeit und Handwerk

Die Deutschen wurden mit ihrer Ankunft in New York gewissermaßen in eine schnell expandierende Metropole geworfen, die sich auf dem industriellen Sektor auf der Überholspur befand. Verglichen mit dem wirtschaftlichen Stillstand in der alten Heimat war dieses rege wirtschaftliche Treiben eine neue Herausforderung. Viele Deutsche hatten in der alten Welt in der Landwirtschaft gearbeitet, nun mussten sie sich den neuen Umständen anpassen.

Im New York der 1850er-Jahre waren vor allem Handwerker gefragt. Und so betätigten sich auch die Deutschen als solche. Die meisten Deutsch-Amerikaner arbeiteten als Schneider, gefolgt von Schustern, Schreinern und Instrumentenmachern, Bäckern, Braumeistern und Zimmerleuten. Sie verkauften ihre Waren oder bedienten ihre Kunden in kleinen Geschäften. Die deutsch-amerikanischen Schneider New Yorks sahen sich bald mit der amerikanischen Konkurrenz aus Neu-England konfrontiert. Diesen Wettbewerb konnten sie nicht für sich entscheiden, da die amerikanischen Firmen in Neu-England Schuhe und Kleidung in Manufakturen herstellen ließen und so den Markt mit niedrigeren Preisen beherrschten. Hinzu kam die Massenproduktion an Kleidungsstücken und Uniformen während des amerikanischen Bürgerkrieges. Die meisten Aufträge wurden an billige, unausgebildete amerikanische Arbeitskräfte vergeben – und die Deutschen profitierten davon nicht.

Ab 1857 arbeiteten viele deutsche Gärtner, Maurer und Tagelöhner an der Errichtung des Central Park, der grünen Lunge von New York. Gemeinsam mit den Iren stellten die Deutschen die Mehrheit unter den etwa 20 000 Arbeitern, die für dieses Mammutprojekt verpflichtet wurden. Daher ist es nicht verwunderlich, dass die erste Statue, die im Central Park errichtet wurde, Friedrich Schiller gewidmet war. 1869 wurde eine Skulptur, die Alexander von Humboldt zeigt, im Park aufgestellt.

Deutsche Arbeiter waren es auch, die gemeinsam mit den Iren und Mexikanern die Schienen für die östliche Hälfte der transkontinentalen Eisenbahn verlegten. Sie bauten für die Union Pacific Railroad Company von Omaha, Nebraska, aus ab 1862 in Richtung Westen, bis die Schienen im Mai 1869 auf die Central Pacific Railroad Company am Promontory Point in Utah trafen, die von Kalifornien aus in Richtung Osten baute. Für die Central Pacific Railroad Company arbeiteten hauptsächlich chinesische Einwanderer.

Bekannt waren die Deutschen auch für ihre professionellen und hochwertigen Instrumente, die sie in Handarbeit erstellten. Hier gelang es den deutschen Instrumentenmachern, auch nach den produktiven Neuerungen der Industrialisierung die Oberhand auf dem Markt zu behalten. Unter ihnen sind zwei Firmen hervorzuheben: die 1851 gegründete Weber Piano Company von Alfred Weber und zwei Angestellten sowie Steinway & Sons, gegründet im Jahr 1853. Durch effizienten Maschineneinsatz, neue Techniken und modernes Marketing zählte Steinways Fabrik 1860 bereits 350 Arbeiter und Angestellte. Bis in die 1880er-Jahre hinein spürte auch Little Germany die Veränderungen der Industrialisierung in den USA. War die Mehrheit der

Viele deutsche Arbeiter verlegten Schienen für die Union Pacific Railroad Company. Hier eine Momentaufnahme aus der Pacificbahn, die aus dem Auswanderertagebuch von Christian Adolf David Klöpfer aus Hamburg stammt (oben)

Vor allem deutsche und irische Einwanderer arbeiteten an der Errichtung des Central Parks. Die erste Statue, die dort aufgestellt wurde, war das Schillerdenkmal (unten).

Deutschen wenige Jahrzehnte zuvor noch im Handwerk tätig, verdienten jetzt mehr und mehr ihren Lebensunterhalt in Fabriken. Nach und nach änderten sich so die Berufsfelder der Deutschen. Überraschend hoch war bald auch die Anzahl der Hausdiener und Dienstmädchen in der deutsch-amerikanischen Bevölkerung.

Heinrich Engelhard Steinweg wurde im niedersächsischen Wolfshagen geboren und begründete das bekannteste Klavierbauunternehmen. Er amerikanisierte seinen Namen in „Henry E. Steinway“ (links).

Schnell fanden die Klaviere der Familie Steinway rasenden Absatz, und die Produktionsstätten mussten immer weiter vergrößert werden (rechts oben). Auf der kleinen Abbildung in der Mitte ist das Herrenhaus der Steinways zu sehen.

Der ältere Firmensitz der Steinways. Er nahm vier Häuser entlang der New Yorker Walker Street ein (rechts unten).

Heinrich Engelhard Steinweg, der Klavierbauer

Noch heute gelten Klaviere der Marke Steinway überall auf der Welt als die besten. Sie vereinen perfekte Technik mit wunderschönem Klang. Das Unternehmen Steinway & Sons ist eine börsennotierte Aktiengesellschaft mit Firmensitzen in New York und Hamburg. Gegründet wurde das Unternehmen 1853 von dem gebürtigen Deutschen Heinrich Engelhard Steinweg, der in den USA unter seinem anglisierten Namen Henry E. Steinway zum weltbekannten Klavierbauer aufstieg. Steinweg wurde am 15. Februar 1797 im niedersächsischen Wolfshagen im Harz geboren. Als Jugendlicher erlitt er mehrere schwere Schicksalsschläge. Sein Vater starb früh, ebenso mehrere Brüder, schließlich brannte das elterliche Haus ab. Als er 1818 von den napoleonischen Kriegen zurückkehrte, lernte er das Tischlerhandwerk, entdeckte aber bald seine Liebe zur Musik. Aufgrund der strengen Zunftordnung fertigte er sein erstes Klavier heimlich in der häuslichen Küche. Später wurde er dann Orgelbauer und Kirchenorganist in Goslar. Um die eigene wirtschaftliche Situation zu verbessern, wanderte er 1851 mit seiner Frau Juliane, seinen drei Töchtern und vier seiner Söhne in die Vereinigten Staaten aus und ließ sich in New York nieder. Zurück blieb ein Sohn, Theodor, der den Braunschweiger Instrumentenbau weiter leiten sollte. Um in den USA möglichst schnell zu Erfolg zu kommen, passte sich die Familie der neuen Kultur an. Nur kurze Zeit nach der Einwanderung änderten alle Familienmitglieder ihren Namen in Steinway, auch die Vornamen wurden anglisiert.

Die Deutschen waren in New York dafür bekannt, ganz ausgezeichnete Musikinstrumente herzustellen. Schnell fanden Steinway und seine Söhne daher Anstellungen in verschiedenen Klavierfabriken. Nach zwei Jahren entschlossen sie sich jedoch zur Selbstständigkeit und gründeten das Familienunternehmen Steinway & Sons. Einer der Söhne, Henry Steinway jr., entwickelte darüber hinaus das kreuzsaitige Pianoforte, wofür Steinways Unternehmen auf der New Yorker Industrieausstellung 1855 den ersten Preis erhielt. Der gute Ruf der Steinway-Klaviere verbreitete sich in Windeseile durch das Land, die Firma expandierte schnell. Steinway bezog als Firmensitz vier Häuser entlang der Walker Street, doch bereits wenige Jahre später, 1860, belegte das Unternehmen einen ganzen Häuserblock zwischen der 52. und 53. Straße entlang der Park Avenue.

Die Söhne Henry und Charles verstarben im März 1865 unerwartet. Steinway zitierte daher seinen in Deutschland zurückgebliebenen Sohn Theodor nach New York, der anstelle der verstorbenen Brüder in die Firma eingebunden werden sollte. Theodor Steinweg gab die Braunschweiger Firma auf und verkaufte sie an drei seiner Angestellten. Er traf 1865 in New York ein und übernahm nach dem Tod seines Vaters Henry E. Steinway am 7. Februar 1871 zusammen mit seinem jüngeren Bruder William die Leitung der Firma. Letzterer trieb das Marketing der Firma voran und beschritt für das 19. Jahrhundert erstaunlich moderne Wege. 1866 ließ er einen eigenen Konzertsaal in New York bauen, die Steinway Hall, in der die Brüder die modernsten Klaviere in bester Akustik präsentierten. Auch Konzerte wurden in dem Saal gegeben, der damals zu einem der größten Konzertsäle Nordamerikas zählte. Theodor war damit beschäftigt, immer neue Techniken und Patente zu entwickeln, sodass das Unternehmen seinen erstklassigen Ruf bis in die Gegenwart halten konnte.

Theodor Steinway kam als letztes der Kinder von Henry Steinway in die Neue Welt (oben). Er entwickelte mehrere neue Techniken und Patente für Klaviere.

William Steinway übernahm zusammen mit seinem Bruder Theodor die Geschäftsführung von seinem Vater (unten). Er kümmerte sich vor allem um die Vermarktung der Instrumente und schuf die Steinway Hall, eine der ersten Konzerthallen New Yorks.

Bettelarm verließ der 1763 geborene Metzgerjunge Johann Jacob Astor sein Heimatdorf Walldorf bei Heidelberg (oben). In New York stieg er zum ersten Millionär der Neuzeit auf.

Auf der Überfahrt soll Astor erfahren haben, dass mit dem risikoreichen Pelzhandel viel Geld in Nordamerika zu verdienen ist (unten).

John Jacob Astor betrieb zu Lebzeiten zwei Hotels. Das weltberühmte Waldorf Astoria wurde allerdings erst von zweien seiner Urenkel entworfen und gebaut (rechts). Heute ist es im Besitz der Hilton-Familie.

John Jacob Astor, der erste Millionär

New York war zur Zeit der großen Einwanderungswellen die Haupthandelsmetropole der USA. Deutsche Kaufleute kamen oft als Beauftragte einer deutschen Firma nach New York und hatten zunächst nicht die Absicht, sich längerfristig in der Stadt niederzulassen. So auch August Belmot, der im Auftrag der Firma Rothschild aus Frankfurt am Main nach New York gesandt wurde und dort zu Wohlstand gelangte. Auch der reichste Mann der Stadt und somit ganz Amerikas kam aus Deutschland: John Jacob Astor vollzog den märchenhaften Aufstieg vom Sohn eines bettelarmen Metzgers aus Walldorf bei Heidelberg zum Multimillionär mittels Instrumenten- und Pelzhandel sowie Bodenspekulationen. Astor lieferte mit seiner Karriere den Prototypen einer erfolgreichen Einwanderung, seine überaus rasche Amerikanisierung war auf der anderen Seite aber eher untypisch für einen Einwanderer. Im Allgemeinen stellten die Deutschen in New York viele recht wohlhabende Kaufleute. Je reicher sie waren, umso mehr distanzierten sie sich von den restlichen Deutschen, die ihnen weder bei ihrem Aufstieg noch bei ihrer Anpassung an die amerikanische Lebensweise weiterhelfen konnten.

Der soziale und wirtschaftliche Aufstieg war auf das deutsche Viertel, auf Kleindeutschland, beziehungsweise auf die Gruppe der Einwanderer beschränkt, die es mit den gleichen Herausforderungen des Anpassungsprozesses zu tun hatten. Die Deutschen trugen mit ihrem Dienstleistungsangebot viel zu einem lebendigen Little Germany bei, außerhalb dieser Gemeinschaft blieben sie jedoch meist erfolglos. „Die Unkenntnis der englischen Sprache ist für den deutschen ... Handwerker ... das Haupthindernis, um gleich einen ihren Fähigkeiten entsprechende Stelle zu erhalten", beschrieb die Deutsche Gesellschaft der Stadt New York 1850 die Situation. Der in der Heimat erlernte Beruf war also keine Sicherheit für die Einwanderer, auch in New York eine passende Anstellung zu bekommen. Die Arbeiter und Handwerker durften bei der Annahme der Arbeit demnach nicht wählerisch sein.

Das berühmteste Hotel der Welt ist das New Yorker Waldorf-Astoria an der Park Avenue. Erbaut wurde das Hotel von den Astors, deren Stammvater, John Jacob Astor, ein Handelsimperium begründete und der erste Millionär der Vereinigten Staaten war, ehe sich das Wort „millionaire" überhaupt in der englischen Sprache verbreitete. Er war zugleich Vorbild für Charles Dickens Figur Ebeneezer Scrooge aus *Eine Weihnachtsgeschichte* und somit auch das reale Vorbild für Walt Disneys Dagobert Duck. Heute gilt er als einer der reichsten Amerikaner aller Zeiten.

John Jacob Astor wurde am 17. Juli 1763 in Walldorf bei Heidelberg geboren und wuchs in großer Armut auf. Nachdem er 1777 konfirmiert worden war und die Schule beendet hatte, regte sich in ihm der Wunsch, die Armut seiner Heimat hinter sich zu lassen und auszuwandern. Bis 1783 lebte er bei seinem Bruder Georg in London, von dem er eine Ausbildung als Instrumentenbauer erhielt. In dieser Zeit machte er nicht nur erste kaufmännische Erfahrungen, er lernte auch die englische Sprache. Unmittelbar nach Ende des amerikanischen Unabhängigkeitskrieges brach er schließlich nach New York auf, im Frühjahr 1784 erreichte er amerikanischen Boden. In New York begann er, Instrumente aus London zu importieren und der reichen Oberschicht zu verkaufen. Zusätzlich interessierte er sich für den Pelzhandel und baute diesen Geschäftsbereich sukzessive auf. Noch 1785 heiratete er die Amerikanerin Sarah Todd, mit der er fünf Kinder hatte. Sarahs Familie bestand aus Kaufleuten, Seefahrern und Reedern. Diese Kontakte nutzte Astor geschickt für seine Unternehmungen. Ab 1800 begann er einen lukrativen Handel mit China. Er kaufte mehrere Segelschiffe und schickte sie mit Pelzen nach Asien. Die Schiffe brachten Seide, Tee und Gewürze zurück nach New York. Zur gleichen Zeit investierte er seine

Handelsgewinne in unbebautes Weideland auf Manhattan, das er Jahrzehnte später, nachdem die großen Einwanderungswellen die Stadt hatten wachsen lassen, für ein Vielfaches verkaufen konnte. Im Jahr 1808 gründete er mit Unterstützung von Präsident Thomas Jefferson die American Fur Company, um den Pelzhandel im 1803 erworbenen Louisiana-Gebiet unter amerikanische Kontrolle zu bringen. Zu diesem Zweck ließ er 1810 auch die erste amerikanische Siedlung am Pazifik im späteren Bundesstaat Oregon errichten: Astoria. Im Krieg von 1812 verlor er jedoch diesen Außenposten an die Briten. In den Jahren von 1837 bis 1841 war er Präsident der Deutschen Gesellschaft von New York.

Gegründet im Jahr 1784 nach dem Vorbild der German Society of Philadelphia unter anderem durch den für die Amerikaner im Unabhängigkeitskrieg kämpfenden Preußen General Friedrich Wilhelm von Steuben, unterstützte die Gesellschaft zunächst die deutsch-amerikanischen Kirchen in New York und wirkte als Dachorganisation der Deutschen in der Metropole. Mit dem Einsetzen der großen Einwanderungswellen ab den 1830er-Jahren kümmerte sich die Gesellschaft auch um den reibungslosen Ablauf der Immigration, für die es Mitte des 19. Jahrhunderts keinerlei Regelungen durch Behörden gab. Sie machte es sich daher zur Aufgabe, bereits in Deutschland über das Wesen und die Gefahren der Auswanderung sowie über das Leben in New York aufzuklären. Zudem informierte sie die Deutsch-Amerikaner in New York über wichtige bürokratische Eigenheiten der Neuen Welt. Während seiner Präsidentschaft verhalf Astor der Gesellschaft zum finanziellen Aufschwung. Er spendete jährlich 5000 Dollar und hinterließ kraft seines Testaments weitere 20 000 Dollar – für die damalige Zeit eine unvorstellbar hohe Summe. Das Geld sollte angelegt und verwendet werden, um das Büro in New York weiter auszubauen. Ab 1855 wurde Castle Garden, die ehemalige Festung an der Südspitze Manhattans, als erste Einwanderungsbehörde aufgebaut, ehe Ellis Island diese Aufgabe übernahm. Das Büro der Deutschen Gesellschaft wurde ebenfalls nach Castle Garden verlegt. Noch heute gibt es die Germany Society of the City of New York mit einem Büro an der Upper East Side, das sich um die Belange der Deutschen in New York kümmert.

Astor war der Erste, dem der märchenhafte Aufstieg vom Tellerwäscher zum Millionär gelang. Als er am 29. März 1848 starb, hinterließ er 20 Millionen Dollar, zwei Hotels, ein Theater, Aktien sowie unzählige Immobilien und Grundstücke. In seinem Testament stiftete er die Astor Library, die erste öffentliche Bibliothek New Yorks, die später zur New York Public Library wurde, und das Astorhaus, ein Armenhaus, seiner Heimatstadt Walldorf.

Noch heute gilt John Jacob Astor als viertreichster Amerikaner aller Zeiten.

Das große rote „A“ war das Siegel des Kaufmanns Astor. Es war über seine Handelsschreiben über die ganze Welt verbreitet.

Eine Tabakdose der ehemaligen Zigarettenfabrik Waldorf-Astoria in Stuttgart (rechts). 1919 ging aus der Niederlassung die erste Waldorfschule hervor.

DER UNTERGANG DER BINDESTRICH-KULTUR

Gegen Ende des 19. Jahrhunderts mehrte sich in der amerikanischen Bevölkerung die Überfremdungsangst, und die Sorge um die amerikanische Identität wuchs. Grund hierfür war eine neuerliche Flut an Einwanderern, die aus Süd-, Südost- und Osteuropa in die USA immigrierten. Die amerikanische Öffentlichkeit sah sich verstärkt mit fremder Kleidung, fremden Verhaltensmustern, Sprachen und Lebensgewohnheiten konfrontiert. Schnell wurden die neuen Einwanderer für die sozialen Probleme der Industrialisierung und der Urbanisierung – Massenunruhen, Streiks und wachsende Armutsviertel – verantwortlich gemacht. Das alte Vertrauen in eine passive Eingliederung der neuen Einwanderer schwand. Stattdessen forderten gleichermaßen Gewerkschaften wie Nativisten eine Beschränkung der Einwanderung. Zudem entstanden Programme zur aktiven Amerikanisierung, was in den Jahren zuvor zu keinem Zeitpunkt als notwendig betrachtet wurde.

Die neuerliche Zuwanderung zeigte auch Auswirkungen für die älteren Einwanderer. In der öffentlichen Meinung stachen diese vor dem Hintergrund sozialer, gesellschaftlicher und wirtschaftlicher Problematik nun deutlich positiv hervor – die Nativisten richteten ihre Ausländerfeindlichkeit gegen Chinesen und Südeuropäer, und breite Schichten der amerikanischen Öffentlichkeit betonten jetzt den Fleiß, die Zuverlässigkeit und Ehrlichkeit der Deutsch-Amerikaner. Die amerikanische Oberschicht idealisierte gar die deutsche Bildungstradition, welche die Einwanderer glücklicherweise mit in die Vereinigten Staaten gebracht hätten.

Oben die Darstellung von Ausschreitungen in Philadelphia 1844, die eine aufkeimende fremdenfeindliche Haltung der Amerikaner gegenüber den Deutschen illustriert.

Karikatur zum gebrochenen Verhältnis von Uncle Sam und deutschem Michel (unten)

Lernt Englisch!
Von
E. F. Stahlschmidt.
Schnellste Methode zum Englisch-Lernen ohne Lehrer mit genauer Angabe der Aussprache.
Kronprinzessin „Cäcilie“ Nordd. Lloyd.

Das Ansehen der Deutschen in den USA stieg also deutlich an, wohingegen das Ansehen des neu gegründeten Deutschen Reiches weit hinter der Popularität seiner Auswanderer zurückblieb. Wie ein Damoklesschwert schwebte das angespannte Verhältnis zwischen der USA und dem Deutschen Reich über den Deutsch-Amerikanern, den Griff zur Weltmacht seitens des Deutschen Reiches führte zu internationalen Spannungen, in welche die Deutsch-Amerikaner hineingezogen wurden, ohne etwas dagegen unternehmen zu können. Unter großem öffentlichem Druck wurden sie letztlich in die Situation gebracht, sich entweder für die alte oder die neue Heimat entscheiden zu müssen. Für viele Deutsch-Amerikaner brachte der Kriegseintritt der USA 1917 schließlich die Antwort auf die Frage nach Identität und Vaterland.

Deutsch-Amerika verschwindet

Während des 19. Jahrhunderts waren über fünf Millionen Deutsche in die USA gekommen, sodass um 1900 etwa acht Millionen Deutsch-Amerikaner in den Vereinigten Staaten lebten. Davon waren 2,5 Millionen Angehörige der ersten Einwanderungsgeneration. Insgesamt machte der deutsche Anteil zehn Prozent an der Gesamtbevölkerung der USA aus. Trotz dieses hohen Anteils war der Zenit des deutsch-amerikanischen Lebens längst überschritten. Der große Strom deutscher Einwanderer verebbte ab 1893 zusehends, da die Gründung des Deutschen Reichs im Frühjahr 1871 für eine Verbesserung der wirtschaftlichen Situation sorgte. Endlich durchlebte auch Deutschland die Industrielle Revolution, und die Wirtschaft – gestützt durch die französischen Reparationszahlungen – boomte. Hinzu kam die Heterogenität der Deutschen in den USA bezüglich Herkunft – Hessen, Österreicher, Pfälzer, Friesen und viele mehr – und Beruf – Dienstboten, Handwerker, Farmer, Journalisten, Ärzte –, es gab keine einheitliche Identität und nur in wenigen Fällen schlossen sie sich als explizit deutsche Gruppe zusammen. Zudem waren sie spätestens in der dritten Generation wirtschaftlich integriert und sprachen Englisch. Darüber hinaus identifizierten sich viele Einwanderer der zweiten und dritten Generation mehr mit den USA als mit der deutschen Heimat, die sie ohnehin nie gesehen hatten. Ohne neue Impulse durch weitere Einwandererströme versandete die deutsch-amerikanische Kultur allmählich. Bereits bestehende deutschsprachige Publikationen verzeichneten geringere Absatzzahlen, darüber hinaus wurden keine weiteren neuen Zeitungen und Zeitschriften gegründet; die gedruckte deutsche Sprache verschwand aus dem öffentlichen Leben, ebenso die gesprochene. Das „deutsche Element“ in den USA verlor sich schließlich ab der Jahrhundertwende beinahe vollständig in der amerikanischen Öffentlichkeit.

Die Sprache war der Schlüssel zu einer gelungenen Akkulturation in den USA. Daher erschienen die unterschiedlichsten Ratgeber, mit denen die Deutschen die neue Sprache erlernen sollten.

Die General Slocum war stark renovierungsbedürftig, als sie am 15. Juni 1904 mit fast 1400 Menschen an Bord zu einer Vergnügungsfahrt auf dem East River aufbrach. Die Ursache für den Ausbruch des Feuers ist bis heute ungeklärt, der Brand des Schiffes forderte über tausend Menschenleben.

Der Untergang der General Slocum auf dem East River

Im Sommer 1904 ereignete sich eine Tragödie auf dem New Yorker East River, die das bunte Treiben in Little Germany überschattete und die Gemeinschaft in eine tiefe Depression stürzte. Einige Historiker werten dieses Ereignis als das eigentliche Ende von Kleindeutschland. Bis zu den Terroranschlägen vom 11. September 2001 stellte der Untergang der General Slocum das größte Unglück in der Geschichte der Stadt dar, bis heute gilt er als die größte Katastrophe der zivilen Schifffahrt in den USA. Über tausend Menschen fanden an diesem 15. Juni den Tod.

Wie jedes Jahr hatte die lutherische St.-Markus-Gemeinde der Deutsch-Amerikaner in der East 6th Street einen Ausflug für die Frauen und Kinder geplant. Wie jedes Jahr sollte bei herrlichem Frühsommerwetter mit einem Bootsausflug der Ferienbeginn der Sonntagsschule gefeiert werden. Für viele war dies der Höhepunkt des Jahres, vor allem die Kinder freuten sich seit Wochen auf den Ausflug. Daher charterte die Gemeinde den Raddampfer General Slocum, um für den Besuch von Locust Grove, einem Erholungspark, nach Long Island zu schippern. Doch das Schiff war eine tickende Zeitbombe. Korrupte Ingenieure und rücksichtslose Reeder hatten seit Jahren über die Sicherheitsmängel hinweggesehen, und das Personal war nicht für Notfälle ausgebildet. Auf halber Strecke drang plötzlich Rauch aus einem der Laderäume. Die Ursache ist bis heute unklar, vermutlich hatte sich Stroh in den Laderäumen durch ein weggeworfenes Streichholz entzündet. Einige Matrosen versuchten, das Feuer schnell zu löschen, doch ihre Bemühungen scheiterten an den miserablen Sicherheitsbedingungen an Bord. Die porösen, völlig veralteten Wasserschläuche platzten bei den Löschversuchen, das Feuer geriet schnell außer Kontrolle. Wenige Wochen zuvor hatte das Schiff einen neuen Anstrich erhalten, nun stellte sich heraus, dass die Farbe hoch entzündlich war. Bald loderten überall an Bord die Flammen. Der Kapitän des Schiffs namens Van Schaick wurde erst zehn Minuten nach Ausbruch des Brandes über das Feuer informiert. Und er traf eine folgenschwere Entscheidung: Da das Schiff sich gerade an einer schwer befahrbaren Stelle befand, konnte er nicht in Richtung des nahegelegenen Ufers fahren. Auf der anderen Flussseite befanden sich mehrere Öltanks, die das Anlegen eines brennenden Schiffs ebenfalls unmöglich machten. Van Schaick ließ nun mit Volldampf voraus eine kleine Insel ansteuern, doch die erhöhte Geschwindigkeit der Slocum ließ die Flammen verstärkt lodern. Derweil brach unter den Passagieren Panik aus. Das Feuer wehte förmlich über die Passagiere hinweg, die Kleider fingen Feuer. Die Rettungsboote der Slocum waren durch die neue Farbe verklebt und konnten nicht ins Wasser gelassen werden. Verzweifelt sprangen einige Mütter mit ihren Kindern über Bord. Andere packten ihre Kinder in Schwimmwesten und mussten dann von Bord aus zusehen, wie der poröse Kork das Gewicht der Kinder im Wasser nicht halten konnte. Viele konnten nicht schwimmen und ertranken im East River. Einigen Booten, die der Slocum folgten, gelang es, ein paar der Kinder rechtzeitig aus dem Wasser zu ziehen. Schließlich erreichte das brennende Schiff das rettende Ufer. Auf North Brother Island befand sich ein Krankenhaus, aus dem nun Schwestern, Ärzte und Patienten stürmten, um den Notleidenden zu helfen. Die meisten Passagiere starben jedoch in den Flammen. Von den fast 1400 Personen an Bord überlebten über tausend Menschen die Katastrophe nicht. Die *New York Times* berichtete am nächsten Tag betroffen unter der Überschrift „Tales of Horror".

Die Empörung über das Unglück war groß und zog internationale Reaktionen nach sich. Zahlreiche Staatsoberhäupter schickten Mitleidsbekundungen nach New York, Wohlfahrtsvereine, Privatleute und der deutsche Kaiser Wilhelm II. spendeten Geld für die Hinterbliebenen der Opfer. Die Öffentlichkeit verlangte die Aufklärung der Umstände des Unglücks. Doch

vor Gericht wurde lediglich Kapitän Van Schaick verurteilt. Die Manager der Schiffsgesellschaft und ein Inspektor, der die General Slocum kurz zuvor als sicher eingestuft hatte, wurden freigesprochen. Die Gerichtsurteile hinterließen in der Öffentlichkeit einen faden Beigeschmack. Für das New Yorker Little Germany war der Untergang des Schiffs ein Trauma, von dem sich das deutsche Viertel nicht wieder erholte. Die St.-Markus-Gemeinde verlor zwei Drittel ihrer Mitglieder, in den Straßen herrschte Stille, fast jeder kannte jemanden, der bei dem Unglück ums Leben gekommen war. Viele Väter hatten Frau und Kinder verloren, einige begingen in der Folge Selbstmord. Die Katastrophe kam einem Katalysator gleich. Niemand wollte mehr in einer Straße wohnen, in der man täglich an das Unglück erinnert wurde. Die Deutschen verließen Little Germany und überließen es den Einwanderern aus China und Italien, welche die Gebäude und Straßenzüge rasch einnahmen. Dort, wo vor wenigen Jahren noch das Herz des deutsch-amerikanischen Lebens in New York geschlagen hatte, entstanden nun Little Italy und Chinatown.
Doch nicht nur das deutsch-amerikanische Leben verschwand, auch die Erinnerung an das Unglück selbst ging nur zehn Jahre nach der Katastrophe verloren. Vor dem Hintergrund des Ersten Weltkrieges wurden die Gedenkfeiern und Gottesdienste eingestellt. Nur selten, etwa anlässlich des Untergangs der Titanic oder der Anschläge vom 11. September, wurde auf den Untergang der General Slocum zurückgegriffen, um die Ereignisse einzuordnen und zu bewerten.

Bis zu den Terroranschlägen vom 11. September 2001 war der Untergang der General Slocum das größte Unglück in der Geschichte der Vereinigten Staaten. Das Massenbegräbnis und die Verbrennung unidentifizierbarer Leichen wurde zum Trauma für viele Bewohner Kleindeutschlands.

Gegen Ende des 19. Jahrhunderts kam der Ausdruck „hyphenated Americans" auf. Er verlieh dem Phänomen der multiethnischen Gesellschaft in den USA Ausdruck und machte deutlich, dass es viele unterschiedliche Identitäten in den USA gab. Zu dieser Kategorisierung zählten die Deutsch-Amerikaner genauso wie die Irish-Americans oder die African-Americans. In den Krisenzeiten zu Beginn des 20. Jahrhunderts fürchtete die amerikanische Politik, dass diese besondere Gesellschaft auseinanderbrechen würde, und Theodore Roosevelt, der von 1901 bis 1909 Präsident der Vereinigten Staaten von Amerika war, forderte die Deutsch-Amerikaner mehrfach dazu auf, sich zu ihrer neuen Heimat zu bekennen. Die *New York Times* zitierte ihn am 13. Oktober 1915 wie folgt: „There is no room in this country for hyphenated Americanism. When I refer to hyphenated Americans, I do not refer to naturalized Americans. Some of the very best Americans I have ever known were naturalized Americans, Americans born abroad. But a hyphenated American is not an American at all ... There is no such thing as a hyphenated American who is a good American." („Es gibt keinen Platz in diesem Land für Bindestrich-Amerikaner. Wenn ich mich auf Bindestrich-Amerikaner beziehe, dann meine ich damit keine eingebürgerten Amerikaner. Einige der allerbesten Amerikaner, die ich kenne, sind eingebürgerte Amerikaner, im Ausland geboren. Aber ein Bindestrich-Amerikaner ist kein Amerikaner ... So etwas wie einen Bindestrich-Amerikaner, der ein guter Amerikaner sein soll, gibt es nicht.") Sein Amtsnachfolger Woodrow Wilson schloss sich ihm an: „Any man who carries a hyphen about with him carries a dagger that he is ready to plunge into the vitals of this Republic whenever he gets ready."

„Jeder Mann, der einen Bindestrich mit sich trägt, trägt auch einen Dolch und ist bereit, ihn in die lebenswichtigen Organe dieser Republik zu stoßen."

Zunächst unterstützten die Deutsch-Amerikaner unbedacht die alte Heimat. Im Herbst 1914 kam es zu Menschenaufläufen vor den deutschen und österreichischen Konsulaten. Unzählige Freiwillige wollten für ihre Heimatländer in den Krieg ziehen. Dem Leitartikel der *New Yorker Staats-Zeitung* vom 4. August 1914 ist unter der Überschrift „Lieb Vaterland magst ruhig sein" Folgendes zu entnehmen: „Je dräuender das Gewitter, das sich in Europa zusammenzieht, umso höher schlagen auch hier in der Neuen Welt die Herzen aller Deutschen und Österreicher im heiligen Opferdrang, mit ihrem Blut den Sieg ihrer Länder erkämpfen zu helfen." Die Solidarität mit der alten Heimat zeigte sich in vielen öffentlichen Kundgebungen und Spendenaufrufen für humanitäre Hilfeleistungen. Zahlreiche deutsch-amerikanische Organisationen schickten Spenden nach Deutschland. In dieser

„Weg mit dem Bindestrich!", forderten viele Amerikaner. Sie bezogen sich vor allem auf die Deutsch-Amerikaner, im Spannungsfeld des Ersten Weltkrieges sollten sie sich für eine Seite bekennen.

REMOVING THE HYPHEN

Now It Must Be Either One or the Other.

Situation rückten die Deutsch-Amerikaner enger zusammen, und dieses neue Gemeinschaftsgefühl äußerte sich tatsächlich darin, dass vor zahlreichen Wohnhäusern die deutsche Flagge gehisst wurde und es zu einem letzten explosiven Anstieg deutscher Vereinsgründungen kam, in denen bewusst deutsche Sitten und Bräuche gepflegt wurden.
Im Gesamten lässt sich konstatieren: So unterschiedlich die Deutsch-Amerikaner in Herkunft und sozialer Schicht waren, so verschieden war auch ihre Haltung zum Ersten Weltkrieg. Viele hatten, wie bereits erwähnt, sofort der alten Heimat Beistand bekundet und waren in die Armee des Deutschen Reiches eingetreten; andere betrachteten die Kämpfe in Europa mit Gleichgültigkeit, zahlreiche Deutsche zogen aber auch für die amerikanische Armee in den Krieg. Um ihre Loyalität zu unterstreichen, ereiferten sich viele Deutsch-Amerikaner im ganzen Land in Treuebekenntnissen zur amerikanischen Union.
Das Spannungsverhältnis, in dem sich die Deutsch-Amerikaner befanden, wird in dem Artikel „German-Americans Plan a Regiment" der *New York Times* vom 21. Juni 1916 klar ersichtlich: Nachdem Gerüchte über ein mögliches Bündnis zwischen dem Deutschen Reich und Mexiko gegen die USA auftauchten, zögerten viele Deutsche aus St. Louis nicht, sich freiwillig zu den Waffen zu melden, um gegen Mexiko zu kämpfen. Die *New York Times* kritisierte die Deutschen scharf, da es sich aus ihrer Sicht um kein deutsches Regiment handeln könne, sondern lediglich um ein amerikanisches: „[They] should not call these forces a German company. I think the company should be called America first!", warfen sie dem gut gemeinten Plan der Deutsch-Amerikaner entgegen, die mit dem raschen Griff nach den Waffen im Grunde genommen ihre Loyalität bekunden wollten.
Auch als sich die 1901 gegründete National German-American Alliance mit ihren über zwei Millionen Mitgliedern kurz vor Kriegsbeginn zu den Vereinigten Staaten bekannte, kehrte keine Ruhe ein. Zwar

Aus den Frankfurter Sausages wurden im Zuge des Verschwindens von Deutsch-Amerika die Hot Dogs, die auf den Straßen Manhattans verkauft wurden.

titelte die *New York Times* am 9. Februar 1917 „German-Americans Affirm Their Loyalty“, doch der Großteil der amerikanischen Öffentlichkeit nahm die Deutsch-Amerikaner weiterhin als Gefahr wahr. Einige Historiker sprachen im Nachhinein sogar von einer „Zeit der Verfolgung“, die sich in gewalttätigen Übergriffen und Inhaftierungen niederschlug. Antiamerikanische Äußerungen wurden vereinzelt gar mit Selbstjustiz und Lynchmord beantwortet. Deutsche, die sich öffentlich zu ihren Wurzeln bekannten und für das Deutsche Reich Partei ergriffen, wurden in einigen Städten geteert und gefedert und anschließend aus der Gemeinde verbannt. Den Höhepunkt der Feindseligkeiten erlebten die Deutsch-Amerikaner nach der Versenkung des Passagierschiffs Lusitania im Mai 1915 durch deutsche U-Boote, bei der zahlreiche amerikanische Zivilisten ums Leben kamen.

Das Misstrauen der amerikanischen Öffentlichkeit gegenüber den Deutsch-Amerikanern führte zur Umbenennung vieler Straßen, Plätze, Parkanlagen und Ortschaften, die zuvor einen deutschen Namen getragen hatten. Schilder verschwanden, Festlichkeiten wurden unterlassen, selbst Lebensmittel wurden umgetauft. Sauerkraut hieß fortan „Liberty Cabbage“ und aus den Frankfurter Sausages wurde der Hot Dog. Beinahe alle Deutsch-Amerikaner amerikanisierten unter dem öffentlichen Druck ihre Namen. Grundsätzlich wurde alles Deutsche verweigert und verteufelt. Die deutschsprachigen Zei-

Der Beschuss der Lusitania durch die deutsche Marine am 7. Mai 1915 führte zum Untergang des Schiffes und kostete viele zivile Passagiere das Leben. Durch die USA ging ein Aufschrei der Empörung über diesen barbarischen Vorfall, der die Vereinigten Staaten in den Ersten Weltkrieg zog.

Der Eingang zum „Camp Siegfried" in Yaphank, New York, wurde anlässlich der Eröffnung des Lagers des Amerikadeutschen Volksbundes, einer nationalsozialistischen Organisation in den USA, im Mai 1938 von der Polizei bewacht (oben).

Eine Parade in Los Angeles rief 1938 zum Boykott deutscher Waren auf (unten).

tungen sahen sich nicht nur einer strengeren Kontrolle unterzogen, auch ihr Absatz schwand, da die Deutsch-Amerikaner vermehrt zu amerikanischen Tageszeitungen griffen, um ihre Loyalität mit einer Alltagshandlung zu bekunden. Die Deutschen trauten sich nicht mehr, deutsche Komponisten zu spielen und die Kinder in den Deutschunterricht zu schicken – und die Amerikaner nötigten die Deutsch-Amerikaner zu patriotischen Äußerungen. Sie forderten sie auf, die amerikanische Flagge zu küssen, Kriegsanleihen zu zeichnen oder öffentlich die amerikanische Nationalhymne zu singen. Einen traurigen Höhepunkt, der überregional von sich reden machte, stellte der Lynchmord an dem Deutsch-Amerikaner Robert Prager in Illinois dar. Ihm wurde von einer aufgehetzten Meute vor der eigenen Haustür aufgelauert. Sodann wurde er gezwungen, die amerikanische Flagge zu hissen und die Nationalhymne zu singen. Danach wurde er gehängt.

Der Sauerkraut Boulevard

Nach dem Ende des amerikanischen Bürgerkrieges entwickelte sich die Upper East Side zu einer besseren Wohngegend. Die ansässigen Amerikaner benötigten für ihren Haushalt viele Angestellte, die meist deutschen Ursprungs waren und ursprünglich in Little Germany lebten. Sie arbeiteten nun als Köche, Haushaltshilfen und Dienstboten. Nach und nach verließen sie das weit entfernte Little Germany an der Lower East Side und zogen Richtung Norden, um näher an ihrem Arbeitsplatz zu wohnen. Als sich im Jahr 1904 das Unglück auf dem East River, der Untergang der General Slocum, ereignete und über tausend Bewohner von Little Germany starben, war dies eine zusätzliche Motivation für die Deutschen, ihr Wohnviertel zu verlassen. In der Hoffnung auf einen Neuanfang zogen sie in den Bereich zwischen der 70th Street und der 90th Street entlang den 1st, 2nd und 3rd Avenues. Dort bildete sich ein neues deutsches Siedlungsviertel heraus, dessen lebhaftes Zentrum die 86th Street bildete. Schnell wurde diese unter dem Namen Sauerkraut Boulevard bekannt.

Die Deutschen brachten das Sauerkraut mit in die USA, rasch wurde es zu einem Nationalsymbol für die Deutschen. Zu Beginn des 20. Jahrhunderts wurde es allerdings in „Liberty Cabbage“ umbenannt.

189
MARKS
CUT
RATE
TICKET
OFFICE,
TEDESCHI & PARD
OLD KENTUCKY WHISKE
A WIENERWURST
WITH EACH DR
T-RATE
ET OFFICE
EACH DRINK
CUT
RATE

QUEEN CITY SIGN CO.
SIGNS
AND
SHOW 191 CARDS
OF
EVERY DESCRIPTION.
Oil Cloth & Muslin
ADVERTISING SIGNS.
A SPECIALTY.
BANNER'S CHOICE
LAGER BEER
THE BEST
K. OF L.
CIGARS & TOBACCO.
A WIENERWURST FREE
WITH EACH DRINK.
A HOT
WEINERWURST GIVEN
WITH EACH DRINK.
193
EXTRA
JOE'S
PLACE
FINE OLD
HOT
WEINERWURST
WITH EACH
DRINK

Die Deutschen verstärkten den Weinanbau in den USA, für den sich vor allem das sonnige Kalifornien eignete. Bei der Lese halfen nicht selten chinesische Arbeiter aus.

DEUTSCH-AMERIKANISCHES LEBEN

DEUTSCHES VEREINSLEBEN JENSEITS DES ATLANTIKS

Auch für die Vereinigten Staaten galt das augenzwinkernde Sprichwort „Drei Deutsche – ein Verein". In der Blütezeit des deutsch-amerikanischen Lebens im 19. Jahrhundert kam es zu zahlreichen Vereinsgründungen überall in den deutschen Siedlungsgebieten. Die Vereine bildeten den Mittelpunkt des sozialen und kulturellen Lebens für die deutschen Einwanderer. Es gab politische, kulturelle, karitative und gesellige Vereine jeglicher Art. Vereinsgründungen wie der Männergesangsverein Prärieblume Texas mögen zunächst verwunderlich klingen, doch bei genauerer Betrachtung erscheinen sie als konsequenter Schritt.

Die Bedeutung des Vereinswesens hatte in Deutschland im Lauf des 19. Jahrhunderts stark zugenommen. Mit dem sukzessiven Wegfall des Ständewesens ab dem 18. Jahrhundert entstanden in städtischen Kreisen erste standesübergreifende Zusammenkünfte. Zunächst hatten diese Vereine den Zweck, Kultur, Tradition und Bildung zu pflegen. Im Zuge der Industrialisierung brach dann das alte Ständewesen vollkommen zusammen. Weitere Vereine, Gesellschaften und Bünde entstanden, die Gründungen waren soziales Netzwerk, Freizeitvertreib, Ehrenamt und nicht zuletzt die einzige Möglichkeit, sich gesellschaftlich und sozial zu engagieren. Vor dem Hintergrund, dass den Menschen in Deutschland eine politische Mitbestimmung verwehrt blieb, muss den Vereinen im Allgemeinen eine überaus hohe gesellschaftliche und soziale Bedeutung zugesprochen werden. Dies wird auch dadurch deutlich, dass viele Vereine als Gruppe auswanderten, sich geschlossen in Nordamerika niederließen und dort eine eigene

An erster Stelle der deutschen Vereinsgründungen standen die Gesangsvereine. Hier die *Heimathsklänge*, ein *Illustrirtes Volksliederbuch* (oben) und die Gründer des Indianapolis-Männerchors, 1854 (unten)

Gemeinde bildeten. Nicht zuletzt fanden die Deutschen nach Feierabend und am Wochenende in den zahllosen Vereinen Abwechslung von ihrem Alltag und dem harten Pionierleben.

In den Vereinen konnten sich die Deutschen engagieren, andere Deutsche kennenlernen und ein effektives soziales Netzwerk in der Fremde aufbauen. Die Deutschen waren in den Vereinen nicht dem Druck ausgesetzt, sich anpassen und eine neue Sprache lernen zu müssen. Im Grunde genommen führten die Vereine zu einer Abgrenzung der deutschen von der amerikanischen Lebensweise.

Am stärksten verbreitet waren die Gesangsvereine, die sich jedoch negativ auf die Akkulturation der deutschen Einwanderer auswirkten, denn in der Chorgemeinschaft wurden beinahe ausschließlich Bräuche und Liedgut aus der alten Heimat gepflegt. Wegen der großen Anzahl an Gesangsvereinen schufen die Deutschen in San Antonio, Texas, im Jahr 1854 einen Dachverband, den Deutsch-Texanischen Staats-Sängerbund (auch bekannt als Texas State Sängerbund). Die Hauptaufgabe des Dachverbands war die Organisation von Sängerfesten; deren Ausrichtung wurde zwar kurzzeitig durch den amerikanischen Bürgerkrieg unterbrochen, die große Beliebtheit und der Status als großes gesellschaftliches Ereignis hielten sich aber bis in 20. Jahrhundert hinein, und die Sängerfeste entwickelten sich zu deutschen Volksfesten weiter.

An zweiter Stelle stehen die deutschen Turnvereine, die nicht ganz so stark verbreitet waren. Dennoch wurden gerade in den Städten zahlreiche Turnvereine gegründet, gemeinsam mit den Gesangsvereinen bildeten sie den Mittelpunkt des deutschen Kulturlebens. Die Tradition des Turnens wurde von dem Gelehrten Karl Follen, Bruder vom Gründer der Gießener Auswanderungsgesellschaft Paul Follen, in die USA gebracht. Karl Follen war in Deutschland ein glühender Anhänger von Friedrich Ludwig Jahns Turnerbewegung. Als er 1825 an die berühmte Harvard Universität berufen wurde, führte er dort ein Jahr später in Anlehnung an die Lehren Jahns Turnen als universitäres Fach ein und begeisterte damit seine Studenten. Die Idee der körperlichen Fitness, bedingt durch das Turnen in Universitätsseminaren, verbreitete sich rasch unter den amerikanischen Studenten. Noch heute hat der Universitätssport eine ungebrochene Popularität in den Vereinigten Staaten, was nicht nur zahlreiche Hollywood-Filme deutlich machen.

Nachdem mehr und mehr Deutsche in die USA gekommen waren, wurde am 21. November 1848 in Cincinnati der erste deutsche Turnverein auf amerikanischem Boden gegründet. Einer der bedeutendsten Turnvereine des ausgehenden 19. Jahrhunderts war der Aurora Turnverein in Chicago. Er wurde am 22. Februar 1864 (dem Geburtstag George Washingtons) ins Leben gerufen und fand großen Zuspruch. Die Wahl dieses Tages war ein Zugeständnis an die amerikanische Kultur, dennoch waren die Mitglieder des Vereins noch nicht willens, mit den Traditionen der Heimat vollständig zu brechen. In den folgenden Jahren nahm der Verein immer mehr Mitglieder auf, sodass am 10. Oktober 1867 unter großen Feierlichkeiten und in der Anwesenheit mehrerer befreundeter Vereine der Grundstein für eine eigene große Turnhalle gelegt wurde.

Der Aurora Turnverein demonstriert nur allzu deutlich die Bedeutung eines Vereins für sein soziales Umfeld. Ursprünglich als ein Turnverein gegründet, übernahm er allmählich auch gesellschaftliche, schulische und politische Aufgaben. Als amerikanische Nativisten versuchten, den deutschen Unterricht aus den öffentlichen Schulen zu verdrängen, initiierte der Turnverein Protestaktionen und machte durch Petitionen mit 70 000 Unterschriften Front gegen dieses Unterfangen. Ebenso engagierte sich der Turnverein, welcher der Arbeiterbewegung sehr nahestand, bei Streiks zur Durchsetzung des Achtstundentages für die Arbeiter. Der Chicagoer Turnverein veranstaltete beispielsweise auch Schauturnen, deren Erlöse dem Reichstagsabgeordneten Wilhelm Liebknecht, einem der Gründerväter der SPD, übergeben wurden, um Flutgeschädigten an Rhein und Donau zu helfen. Des Weiteren sammelten die Reichstagsabgeordneten der SPD im Jahr 1881 unter der Schirmherrschaft des Aurora Turnvereins Spenden für den Wahlkampf in der deutschen Heimat.

Die Deutschen nahmen das Turnen sehr ernst, betrachteten es gar als Philosophie. Getreu dem Leitmotiv Turnvater Jahns – „Frisch, fromm,

Mit den zahlreichen Turnvereinen brachten die Deutschen den heute vor allem an den Universitäten so populären „Fitness-Gedanken“ mit nach Nordamerika. Der Blecheimer stammt aus dem Jahr 1866.

Deutsche Turner in einer staubigen Main Street im amerikanischen Mittelwesten (oben) und der Turner Biergarten in New Ulm (unten). Die deutschen Turnvereine boten nicht nur Möglichkeiten, Sport zu treiben, sondern lieferten auch einen sozialen Rahmen, in dem die Deutschen ihre Bräuche pflegen konnten.

fröhlich, frei" – sollten die Turnvereine nicht nur zu einem gesunden Körper, sondern auch zu einem gesunden Geist führen, ein „Bollwerk" politischer, religiöser und sozialer Freiheit werden und nicht zuletzt der Jugend den rechten Weg in die Zukunft weisen. Aus diesem Grund begann der Nordamerikanische Turnerbund, der sich im Oktober 1850 herausgebildet hatte, um eine bessere Vernetzung zu schaffen, und zu dessen Gründung überall im Land Festveranstaltungen abgehalten wurden, auch mit der Herausgabe einer Turnzeitung. Die Vereine veranstalteten Diskussionsrunden, Vortragsabende und sammelten für Bibliotheken, um den Turnern die Möglichkeit zu bieten, sich weiterzubilden. Die Turnvereine nahmen Stellung zu allen großen Fragen der Zeit und sprachen sich vor allem gegen die Sklaverei der Südstaaten aus. Sie erklärten Abraham Lincoln ihre uneingeschränkte Solidarität, als die Südstaaten aus der amerikanischen Union austraten.

Natürlich führten die zahlreichen Vereine zu einem bunten kulturellen Leben der Deutsch-Amerikaner und zum Erhalt alter Traditionen, Bräuche und einfacherer Gepflogenheiten. Doch es gab auch Vereinsgründungen, die den ausschließlichen Zweck hatten, die deutsche Sprache und Kultur in den USA zu erhalten. Einer dieser Vereine war der Teutonia-Orden, der 1841 in Texas gegründet worden war und sich die Erhaltung der „Deutschen National-Eigentümlichkeiten", die Beförderung der deutschen Einwanderung und die Erleichterung der Korrespondenz zwischen Texas und Deutschland zur Aufgabe machte. Der Verein war Vorbild für zahlreiche weitere derartige Vereinsgründungen. Die großen Volksfeste boten die Möglichkeit der Geselligkeit unter

dem Deckmantel des Vereinslebens. Der Schwabenverein Chicago veranstaltete alljährlich das Cannstatter Volksfest, das für alle Bewohner Chicagos offen war und entsprechenden Zuspruch fand. Das Gesicht des Festes sollte sich im Lauf der Zeit jedoch auf markante Art und Weise ändern. Während die Einwanderer der ersten Generation an ihren traditionellen Ritualen und Formen des Festes hingen und sich gegen zu viele amerikanische Formen kommerzieller Massenunterhaltung wehrten, stand die zweite in Amerika geborene Generation der Deutschen den Neuerungen der amerikanischen Populärkultur aufgeschlossen gegenüber.
Die Vereine litten jedoch bald unter Nachwuchsschwierigkeiten. Diejenigen, die erst im letzten Viertel des 19. Jahrhunderts gegründet wurden, lösten sich aufgrund mangelnden Nachwuchses und Interesses bald nach der Jahrhundertwende wieder auf – die zweite und dritte Generation der deutschen Einwanderer waren grundsätzlich recht wenig an der Heimatkultur ihrer Eltern interessiert, die Lebensweise der Amerikaner stand ihnen näher und wurde als wesentlich attraktiver empfunden. Für die nachfolgende Generation war der Erhalt der deutschen Bräuche von geringerer Bedeutung, und sie nahm am Vereinsleben hauptsächlich der Geselligkeit wegen teil. Es war gleichgültig, ob Deutsch oder Englisch gesprochen wurde, und die Vereine waren für sie letztlich nicht mehr Zentrum des sozialen Lebens.

Auch der aus katholischen Regionen stammende Karneval hielt durch die deutschen Einwanderer Einzug in das protestantisch geprägte Amerika. Hier ein Plakat aus dem Jahr 1905 (links) und das Jubiläums-Komitee des Mainzer Carneval-Vereins 1909

Viele Vereine hatten karitative Zwecke, etwa der Krankenunterstützungsverein Sheboygan, Wisconsin (oben links). Das deutsch-amerikanische Vereinsleben dauerte über mehrere Generationen an, wie die Einladung in die Schwaben Hall 1953 zeigt (unten).

Während die Männer sich in Gesangsvereinen trafen, brachten die deutschen Frauen ein weiteres Gut aus der Heimat mit in die USA: den Kaffeeklatsch, der sogar seinen Weg in die amerikanische Sprache fand (oben rechts).

„Gesundheit", „Reinheitsgebot" und „caffee-klatsch"

Das Erlernen der neuen Sprache fiel nicht allen leicht, wie eine Deutsch-Amerikanerin 1882 in einem Brief in die Heimat feststellte: „Denn wenn man die Sprache nicht kennt, niemand versteht, dies ist das härteste, was man durch zu machen hat, die Kinder lernen sie sehr leicht, aber den Alten fällt sie auch so schwer." Die fortschreitende Anpassung brachte gar Ängste und Sorgen mit sich, wie Franz Löher in seinem Buch *Geschichte und Zustände der Deutschen in Nordamerika* beschreibt: „[Die Deutschen] werden Amerikaner werden, tüchtige Republikaner und tüchtige Geschäftsleute, sie werden sich auch mit Nichtdeutschen vermischen und verheirathen und viel von deren Wesen annehmen. Aber Gehalt und Ausdruck werden deutsch bleiben ..." Ebenso wie die Deutschen sich den Amerikanern anpassten, fand ein umgekehrter Anpassungsprozess statt, der deutsche Elemente mit in die amerikanische Kultur, Lebensweise und auch in die Sprache aufnahm. Heute findet sich eine ganze Reihe von deutschen Begriffen im amerikanischen Englisch, für die es zuvor keine Bezeichnung gab und die von den Deutschen nach Amerika gebracht wurden. Nach dem Niesen wünscht man sich in den USA noch heute vielerorts „Gesundheit", und auch andere Wörter sind fester Bestandteil des Amerikanischen. Einige Beispiele: alpenglow, **gemuetlich**, Oktoberfest, Ostpolitik, **autobahn**, pils, **glockenspiel**, **bildungsroman**, hamburger, **plattenbau**, beergarden, pretzel (von Brezel), blitz, **hausfrau**, polka, Blitzkrieg, **bratwurst**, hinterland, **caffee-klatsch**, **reinheitsgebot**, **concertmeister**, kaputt, **kindergarten**, **rollmops**, rucksack, delicatessen, sauerkraut oder sourkraut, schnapps, dirndl, schnitzel, leberwurst oder liverwurst, **strudel**, dummkopf, lebkuchen, umlaut, edelweiss, **lederhosen**, waldmeister, **fahrvergnuegen**, leitmotiv, **waldsterben**, weltschmerz, **muesli**, wunderkind, fraulein, zeitgeist – und zigzag von „zickzack".

DEUTSCH-AMERIKANISCHE ARBEITSWELT

Viele große amerikanische Unternehmen gehen auf die Gründungsleistung deutscher Einwanderer zurück. Die Deutsch-Amerikaner Steinway, Heinz und Boeing begründeten Firmen, die heute weltweit führend in ihren Bereichen sind, Astor und Rockefeller waren die größten und vermögendsten Unternehmer ihrer Zeit. Und nicht zuletzt sind alle großen Brauereien der USA von den Deutschen gegründet worden. All diese herausragenden Personen und Unternehmen zeigen einen außergewöhnlichen Werdegang. Doch in welchen Wirtschaftsbereichen arbeiteten die „normalen" Deutsch-Amerikaner? Mit welchen Tätigkeiten verdienten sie ihr Geld?

Zunächst einmal versuchte die Mehrheit der Deutschen, in dem Beruf zu bleiben, den sie auch in Deutschland ausgeübt hatten. In der zweiten Generation änderte sich dies, die Kinder der ersten Einwanderer arbeiteten zwar zum Großteil in dem Berufsfeld, in dem auch die Eltern tätig waren, doch waren sie auch neuen Betätigungsfeldern gegenüber offen. Dieser Trend verstärkte sich in den nächsten Generationen. Hinzu kommt, dass die Deutschen nun mehrheitlich in den Städten lebten, in denen es gänzlich andere Berufe gab. In den ländlichen Gebieten des Mittleren Westens arbeiteten die Deutschen meist als Farmer. Hinzu kamen Berufsfelder, die im Grunde genommen einen Bezug zur Landwirtschaft haben, etwa Maurer, Zimmermann, Küfer oder Schmied. Dieses Bild zeigte sich auch in ländlichen Gebieten, die in einer anderen Klimazone liegen, Texas beispielsweise. Dort hatten die Deutschen die noch aus der spanisch-mexikanischen Zeit stammende Rinderzucht übernommen. Die Einwanderer versuchten sich ebenso als Handwerker, etwa als Zimmerleute, Schreiner, Wagenlenker oder Sattler.

Ein besonderes landwirtschaftliches Gut, das nicht allein die Deutschen mit in die Neue Welt gebracht hatten, war der Wein. Zunächst begannen deutsche Siedler aus Württemberg im Ohio-Tal mit dem Weinanbau. Sie importierten Pflanzen aus der schwäbischen Heimat sowie von Mosel und Rhein und ließen zudem Weinbauern aus Deutschland einreisen, um den Deutschen den Start in das Winzerleben zu erleichtern. Als Kalifornien am 9. September 1850 in die amerikanische Union aufgenommen wurde, interessierten sich nicht nur Glücksritter und Goldsucher für den neuen Bundesstaat, auch das Interesse der Weinbauern war geweckt. Bereits im 17. und 18. Jahrhundert hatten spanische Missionare dort Wein kultiviert, den Weinbauern boten sich hier hervorragende klimatische Bedingungen für ihr Produkt. Im 18. Jahrhundert hatten sich die Deutschen in Pennsylvania einen guten Ruf als tüchtige Farmer erworben. Fleiß, Stetigkeit und Sparsamkeit zeichneten den deutschen Landwirt aus und bestimmten das Bild der deutsch-amerikanischen Farmer bis weit ins 20. Jahrhundert hinein. Ein herausragendes Beispiel für eine bemerkenswerte Karriere

Das deutsch-amerikanische Leben ist ohne Bier nicht zu denken. Alle großen amerikanischen Brauereien der Gegenwart gehen auf den deutschen Unternehmergeist des 19. Jahrhunderts zurück (rechts).

Der „Quaker Man" ziert noch heute die Verpackungen der Müslis aus dem Hause Quaker Oats Company, die auf die Gründung von Ferdinand Schumacher aus Hannover zurückging (links).

Ferdinand Schumacher erfand eine Maschine, mit der aus Hafer kleine Haferflocken hergestellt werden konnten. Seine Firma (Seite 159 unten) fusionierte mit anderen zur Quaker Oats Company (oben), ein noch heute existierender Hersteller von Müslisorten, die in jedem US-Supermarkt zu finden sind.

im landwirtschaftlichen Bereich lieferte Ferdinand Schumacher. Er wurde 1822 in Hannover geboren und kam 1851 nach Akron, Ohio. Dort gründete er seinen eigenen Lebensmittelladen und konzentrierte sich fortan vor allem darauf, natürliche und günstige Produkte zu verkaufen. Eines dieser Produkte war Hafer. Zunächst hatte er damit keinen Erfolg, da Hafer in den USA lediglich als Pferdefutter galt – in seiner deutschen Heimat aßen viele Menschen den nährstoffreichen Haferschleim, um nicht zu verhungern. Doch dann revolutionierte Schumacher die amerikanischen Essgewohnheiten. Er ließ den Hafer in kleine Flocken schneiden und verkaufte ihn in seinem Laden. Schnell wurde er damit bekannt und reich. 1854 erfand er eine Maschine, welche die Haferflocken automatisch produzierte, und bereits zwei Jahre später eröffnete er eine eigene Fabrik, die German Mills American Oatmeal Company. 1901 schloss er sich mit drei anderen Mühlen zur Quakers Oats Company zusammen, noch heute eine der größten amerikanischen Müsli-Hersteller.

Für die Frauen boten sich weniger Erwerbsmöglichkeiten als für die Männer. Verdienten die Männer ihren Lebensunterhalt als Köche, Butler oder als Bedienstete bei reichen amerikanischen Familien, so gelang es ihnen häufig, ihre Frauen als Dienstmädchen oder Küchengehilfinnen im selben Haushalt unterzubringen. Im Jahr 1880 arbeitete sogar beinahe die Hälfte aller berufstätigen Frauen als Dienstmädchen. Die Sprache bildete dabei aber oftmals ein Hindernis für einen reibungslosen Berufsalltag. Der Aufgabenbereich der Dienstmädchen unterschied sich in einem Punkt deutlich von den Anforderungen in Deutschland – in Amerika mussten sie sich nicht mehr um die Schweinezucht und das Melken der Kühe kümmern.

Im Lauf der Zeit emanzipierten sich die Dienstmädchen zumindest so weit, dass sie ihr in Deutschland übliches devotes Verhalten ablegten.

10852. Mills of The Quaker Oats Co., Akron, Ohio.
Quaker Oats
The Quaker Oats Company
Quaker
The Quaker Oats Company

Der Großteil der berufstätigen deutschen Frauen arbeitete als Dienstmädchen bei wohlhabenden Familien oder wie hier in Wisconsin als Näherinnen in Schneidereien (um 1898).

Doch trotz der Anpassung wurden sie von ihren Herren stets als Fremde betrachtet. Gleichgestellt mit den amerikanischen Dienstmädchen waren sie nicht. Selten schlossen sie sich der amerikanischen Emanzipationsbewegung an, die fortschrittlichen Frauenvereine mieden sie. In den meisten Fällen waren die deutschen Paare mit hohen Erwartungen in die USA gekommen und hatten sich ein besseres Leben ohne Abhängigkeit von Fürsten und Landesherren ersehnt. Doch nach der Ankunft mussten sie feststellen, dass ihre Träume auch in Amerika nicht so einfach zu verwirklichen waren. Sie lebten oftmals in engen Quartieren in Little Germany oder gar in den Slums vor den Toren New Yorks und dienten jeden Tag einer Familie aus dem bürgerlichen New Yorker Geldadel.

Die große Mehrheit der Deutschen in den Städten gehörte allerdings zum Mittelstand. Sie waren als Händler, Handwerker oder Angestellte tätig und vergrößerten das Angebot der Dienstleistungen. Vor allem in der Bierproduktion nahmen die Deutschen eine führende Stellung ein. Das Getränk war bereits in kleinem Maße von den Holländern und Engländern nach Nordamerika gebracht worden. Im Jahr 1810 gab es bereits 147 Brauereien in den USA, die zusammen rund 180 000 Fässer im Jahr brauten. Im Jahr 1850 wurden schon 740 000 Fässer produziert. Als die Deutschen dann den Markt beherrschten, explodierten die Absatzzahlen. Im Jahr 1880 wurden über 12 800 000 Fässer produziert, 1890 über 26 800 000 und im Jahr 1907 sogar über 57 Millionen.

Hinsichtlich der erfolgreichen Geschäftsleute ist auch die zweite Generation der eingewanderten Deutschen zu beachten, aus der herausragende Kaufleute und Unternehmer stammen, deren Gründungen bis in die Gegenwart von großer und zu Teilen globaler Bedeutung sind. Zu diesen Persönlichkeiten zählten unter anderem William E. Boeing und Henry John Heinz. Ihre Firmen und die entsprechenden Markennamen gelten für uns als „typisch amerikanisch", sodass ihre deutsche Vergangenheit überaus verwundert. Zur populären amerikanischen Alltagskultur gehört auch das seit Jahrzehnten bekannte Werbelied „I wish I were an Oscar Mayer Wiener". Es bezieht sich auf das Unternehmen „Oscar Mayer", seit den 1880er-Jahren einer der größten Wursthersteller der USA. Gegründet wurde es von Oscar Ferdinand Mayer aus dem schwäbischen Kösingen. Nach seiner Einwanderung gründete er 1883 einen Fleischereibetrieb im Norden Chicagos. Sein Angebot aus Wiener Würstchen, Leberwurst, Weißwurst und Bockwurst fand bei den Deutsch-Amerikanern reißenden Absatz. Ab 1900 bot Oscar Mayer sogar einen Lieferdienst mit Pferdekutsche an, seine Kunden konnten sich die Würste fortan nach Hause liefern lassen – lange bevor der „Lieferservice" erfunden wurde.

Die Wiener Würstchen aus dem Hause Oscar Mayer aus dem schwäbischen Kösingen erfreuen sich seit jeher großer Beliebtheit (links). Ab 1900 bot das Unternehmen gar einen Lieferservice mit der Pferdekutsche an. Zu den gefragten deutschen Produkten zählten auch die auf einem Werbeplakat angepriesenen Industrietraktoren (um 1930, rechts).

Die berühmte Ray-Ban-Sonnenbrille geht auf die Gründung von Johann Jakob Bausch im Jahr 1853 zurück, der gemeinsam mit seinem Partner Henry C. Lomb eine Firma zur Herstellung von optischen Instrumenten aufbaute. Zu Beginn des 20. Jahrhunderts wurde die Produktpalette für militärische Zwecke erweitert. In dieser Zeit entstand auch die legendäre Sonnenbrille bei einer Tochterfirma des Unternehmens. Eine Erfindung, welche die Welt nachhaltig verändern sollte, machte der Sohn einer jüdischen Kaufmannsfamilie aus Hannover, Emil Berliner. Er war 1870 in die USA geflüchtet, um so dem preußischen Militärdienst zu entgehen. Berliner erfand die Schallplatte und ihr dazugehöriges Abspielgerät, aus dem sich das Grammophon entwickelte. Die Liste der erfolgreichen deutschen Unternehmer in den USA im 19. Jahrhundert ist lang, und im Folgenden seien drei Persönlichkeiten etwas ausführlicher vorgestellt:

Henry John Heinz, der Ketchuphersteller

Henry John Heinz war ein Deutsch-Amerikaner der zweiten Einwanderergeneration. Sein Vater stammte aus dem pfälzischen Kallstadt, seine Mutter aus Hessen. Heute ist seine Firma der bekannteste Hersteller von Ketchup weltweit.

Das Unternehmen Heinz begann als Konservenfabrik. Das Produkt wurde nicht in Dosen verpackt, sondern gut sichtbar in Gläsern auf den Markt gebracht.

Henry John Heinz' Produktionsstätten vergrößerten sich rasch, das Unternehmen belieferte bald den gesamten amerikanischen Markt. Die „57" verschiedenen Soßen (rechts unten) sind eine Erfindung von Henry John Heinz, so viele verschiedene Sorten wurden nie hergestellt.

In Pittsburgh, Pennsylvania, ist der Name Heinz allgegenwärtig. Das Stadion heißt „Heinz Field", die Konzerthalle trägt den Namen „Heinz Hall" und an der Universität gibt es das „Heinz College". Für den Rest der Welt ist der Name mit Tomatenketchup und dem Werbeslogan „Wenn es nicht Heinz ist, ist es auch nicht Ketchup" verbunden. Zu Beginn des 21. Jahrhunderts ist Heinz einer der größten amerikanischen Lebensmittelhersteller und eine international bekannte Marke.

Gegründet wurde das Unternehmen 1876 von Henry John Heinz, einem Angehörigen der zweiten Einwanderergeneration. Sein Vater Johann Heinrich Heinz stammte aus dem pfälzischen Kallstadt, seine Mutter aus Hessen. Sie waren gemeinsam in die USA ausgewandert, in Pittsburgh, Pennsylvania, wurde ihr Sohn Henry John am 11. Oktober 1844 geboren. Er begann bereits als Kind, das Gemüse aus dem Garten seiner Eltern zu verkaufen und die Wünsche seiner Kunden zu bedienen. Innerhalb kurzer Zeit gelang es ihm, eine Stammkundschaft zu gewinnen. Im Jahr 1869 gründete Henry John Heinz zusammen mit L. Clarence Noble sein erstes Unternehmen: die Heinz Noble & Company. Er verkaufte weiterhin Gemüse, wobei Meerrettich seit Kindestagen sein Hauptprodukt war. Heinz überlegte sich sodann, wie er sein Produkt markant von der Konkurrenz absetzen könnte. Er entschloss sich, den Meerrettich in durchsichtige Gläser zu verpacken und mit einem großen Logo zu versehen. Im Gegensatz zur Konkurrenz machte er so das Produkt für seine Kunden transparent und übermittelte gleichzeitig die Botschaft: In den Gläsern der Firma Heinz befinden sich reine Produkte, in den Dosen der Konkurrenz gestreckte.

Doch die Firma ging aufgrund der seit 1873 um sich greifenden Wirtschaftskrise zwei Jahre später pleite. Heinz hatte ein großes Kämpferherz und gründete zusammen mit einem Cousin ein neues Unternehmen: die F. & J. Heinz Company. Er erweiterte das Sortiment und nahm in sein Angebot auch Tomatenketchup auf, das aus England kam und von mehreren Herstellern angeboten wurde. Schließlich übernahm er 1888 die Anteile seines Partners und benannte die Firma in H. J. Heinz Company um. Er bemühte sich stets, einen hohen Qualitätsstandard seiner Produkte zu gewährleisten, und hatte damit riesigen Erfolg. Als Henry John Heinz 1919 starb, hinterließ er seinen Erben ein Millionenvermögen. Sein Sohn Howard Heinz und später der Enkel Henry John II. führten das Familienunternehmen weiter. Mit seiner Karriere reihte sich Heinz in die Reihe der deutsch-amerikanischen Geschäftsleute ein, die es zu einem Millionenvermögen gebracht hatten. Dieses positive Beispiel motivierte viele Menschen der – teilweise verarmten – Bevölkerung in Deutschland, in die USA auszuwandern, um wie diese Unternehmer zu Wohlstand zu gelangen.

HEINZ
57

HEINZ
57
VARIETIES
EXHIBITED
HEINZ PIER
ATLANTIC CITY

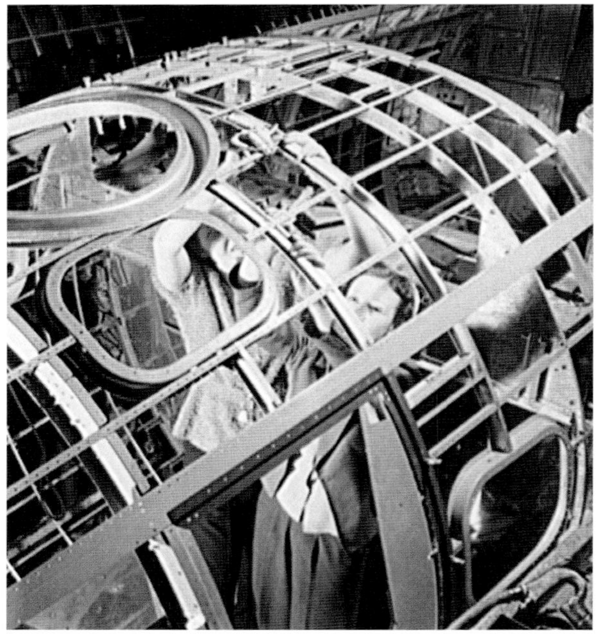

Wilhelm Böing, der Selfmademan, und William Edward Boeing, der Flugzeugbauer

Die Boeing Aeroplane Company, das globale Unternehmen, das William Edward Boeing gründete, steht stellvertretend für amerikanische Flugzeugtechnik, Moderne und technischen Fortschritt. Neben Airbus ist es das bedeutendste Flugzeugbauunternehmen weltweit. Und: Der Flugzeugbauer trug entscheidend dazu bei, dass der Weg über den Atlantik heute nicht mehr ganz so weit ist wie noch vor 150 Jahren. William Edward Boeing gehörte der zweiten Generation der Einwanderer an. Er wurde am 1. Oktober 1881 in Detroit geboren; sein Vater, der Bergbau-Ingenieur Wilhelm Böing, und seine Mutter Marie Böing, geborene Ortmann, verließen ihre Heimatstadt Hohenlimburg und wanderten 1868 bettelarm aus Deutschland aus. In den USA nahm Wilhelm Böing jeden Job an, den er kriegen konnte, um die Familie ernähren zu können. Zunächst schien es so, als würde die Auswanderung den Alltag der Familie in keiner Weise verbessern. Doch alles änderte sich, als der Vater schließlich bei einem Eisenwarenhändler Arbeit fand. Von nun an ging seine Karriere steil bergauf. Er machte sich selbstständig und erwarb mithilfe des Erbteils seiner Mutter Ländereien und Wälder. Er profitierte davon, dass immer mehr Einwanderer in die USA kamen und Holz das bevorzugte Baumaterial war. Als er am 10. Januar 1890 im Alter von nur 48 Jahren starb, hinterließ er seiner Frau und seinen Söhnen ein Vermögen von eineinhalb Millionen Dollar. William Edward Boeing war noch ein Kind, als sein Vater starb. Als seine Mutter ein zweites Mal heiratete, kam es zu Streitereien mit dem Stiefvater. Schließlich wurde William zurück in ein Schweizer Inter-

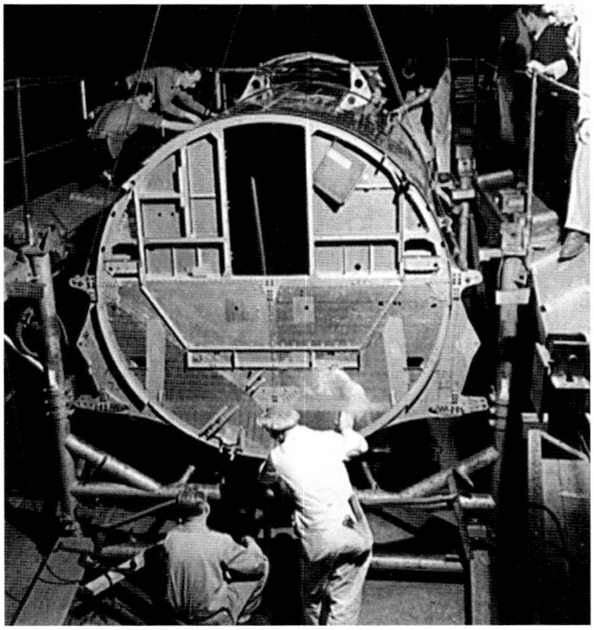

nat geschickt. Er musste lernen, auf eigenen Beinen zu stehen. Danach studierte er an der berühmten Yale Universität, graduierte 1903 und arbeitete dann eine Zeit lang im Familienunternehmen. Auf einer Reise nach Seattle besuchte er 1909 die Alaska-Yukon-Pacific Exposition, wo er zum ersten Mal ein Flugzeug sah. An diesem Tag sollte sich sein ganzes Leben ändern, er war fortan nahezu besessen von der Fliegerei. 1914 machte er den Flugschein, zwei Jahre später schloss er sich mit George Conrad Westervelt zusammen und gründete die Pacific Aero Products Company, benannte das Unternehmen aber bald in Boeing Aeroplane Company um. Das Unternehmen profitierte hauptsächlich vom Ersten Weltkrieg, da die USA nach Kriegseintritt verstärkt Flugzeuge für den Krieg gegen Deutschland bestellten. Skrupel hatte Boeing dabei nicht, zu sehr fühlte er sich den Vereinigten Staaten zugehörig.

Ohne die Kriegswirtschaft stagnierte das Unternehmen zunächst. Boeing begann daher, sich auf den Verkehr von Fracht- und Luftpost zu konzentrieren, und er konnte sich rühmen, 1919 die erste Luftpost von den USA nach Kanada zu transportieren. 1926 erhielt er das Angebot, mit seinem Unternehmen die Luftpoststrecke von San Francisco nach Chicago zu bedienen, was er äußerst erfolgreich in die Tat umsetzte. Unter seiner Führung entstanden daraufhin weitere Luftpostlinien. Im Jahr 1934, während der Weltwirtschaftskrise, sah er sich gezwungen, sein Unternehmen in drei kleinere Firmen zu unterteilen. Noch im selben Jahr setzte er sich verbittert zur Ruhe und beschäftigte sich von nun an überwiegend mit der Pferdezucht. Am 27. September 1956 starb Boeing im Alter von 74 Jahren an einer Herzattacke an Bord seiner Yacht.

Fotografien aus der Produktionsanlage zum Flugzeugbau von William E. Boeing. Der Sohn eines deutschen Einwanderers aus Bremen sah 1909 zum ersten Mal ein Flugzeug, von diesem Tag an war er von der Fliegerei besessen.

Geburtshaus von Löb „Levi" Strauss im fränkischen Buttenheim. Seit 2000 ist hier das „Geburtshaus Levi Strauss Museum Jeans & Kult" untergebracht.

Löb „Levi" Strauss, der Erfinder der Bluejeans

Die Jeans symbolisiert wie kein anderes Kleidungsstück Individualismus, Freiheit und die amerikanische Lebensweise. Sie ist die Bekleidung der Jugend, der Popstars und der Cowboys. Der Vater der Jeans, Löb „Levi" Strauss, wurde am 26. Februar 1829 im fränkischen Buttenheim als jüngster Sohn des jüdischen Uhrmachers Hirsch Strauss und dessen Frau Rebecca geboren. Strauss' Vater starb früh, sodass die Familie bald in wirtschaftliche Not geriet. Als Löb 18 Jahre alt war, entschloss sich seine Mutter, mit ihm und seinen zwei Schwestern nach Amerika auszuwandern. Sie folgten den beiden älteren Brüdern nach New York, die in der Stadt am Hudson River einen florierenden Bekleidungs- und Textilgroßhandel aufgezogen hatten. Für einige Zeit arbeitete Löb dort. Doch als er von den Goldfunden in Kalifornien hörte, zog es ihn an die amerikanische Westküste. Gemeinsam mit einem Schwager und seinem Bruder Louis gründete er in San Francisco ein Waren- und Stoffgeschäft. Zunächst beabsichtigte er, Zeltplanen für Wagen und Zelte unter den Goldsuchern zu verkaufen, er erhoffte sich davon großen Absatz. Doch dann wurde er auf die Arbeitskleidung der Goldgräber aufmerksam, die für die Schürf- und Stollentätigkeiten strapazierfähige Hosen benötigten. Strauss sah in diesem Bedürfnis eine geniale Geschäftsidee. Er würde Hosen herstellen, die den Ansprüchen der Goldschürfer, die zu Tausenden nach Kalifornien strömten, genügten. Dass Strauss die ersten Jeanshosen aus einer Zeltplane herstellte und diese zudem braun waren, ist ein moderner Mythos. Levi's Jeans bestanden von Anfang an aus dem Baumwollstoff Denim, der mit Indigoblau gefärbt wurde. Im Volksmund entstand daraufhin der Name Jeans, denn Denim wurde häufig aus Genua importiert und „Jeans" ist die amerikanische Bezeichnung der italienischen Hafenstadt.

Der Goldrausch brachte zahlreiche Glücksritter nach Kalifornien. Die wenigsten von ihnen wurden durch Goldfunde reich. Fotografie um 1889

Die Jeans von Levi Strauss (den Spitznamen trug er seit Kindesbeinen an) fanden sofort reißenden Absatz. Noch im selben Jahr gründete er Levi Strauss & Company in San Francisco. Das Einzige, was die Arbeiter an den Hosen zu bemängeln hatten, waren die Hosentaschen. Ständig riss die Naht. Doch Strauss traf glücklicherweise auf Jacob Davis aus Riga, der ihm vorschlug, die Hosentaschen und das untere Ende des Latzes mit Kupfernieten zu versehen. Gemeinsam erhielten sie für diese Neuerung am 20. Mai 1873 das Patent. Die Nachfrage nach den mit Kupfernieten ausgestatteten Jeans stieg weiter an. Durch das Geschäft mit den Jeans kam Levi Strauss rasch zu Reichtum. Da er sich seiner armen Herkunft Zeit seines Lebens erinnerte, war es für ihn selbstverständlich, wohltätig zu werden. Er unterstützte Studenten, die an der Universität in Berkeley studierten und armen Elternhäusern entstammten, mit Stipendien, er spendete Geld für Menschen, die durch Umweltkatastrophen in Not geraten waren, und er übernahm den Vorsitz der Gesellschaft zur Verhütung von Gewalt an Kindern.
Am 26. September 1902 starb Levi Strauss in San Francisco. Die Firma blieb in Familienbesitz und entwickelte sich in den nächsten Jahrzehnten zu einem internationalen Konzern, der heute Jeans in über hundert Länder verkauft. Noch vor wenigen Jahrzehnten allerdings wurde die Jeans in Deutschland nicht akzeptiert.

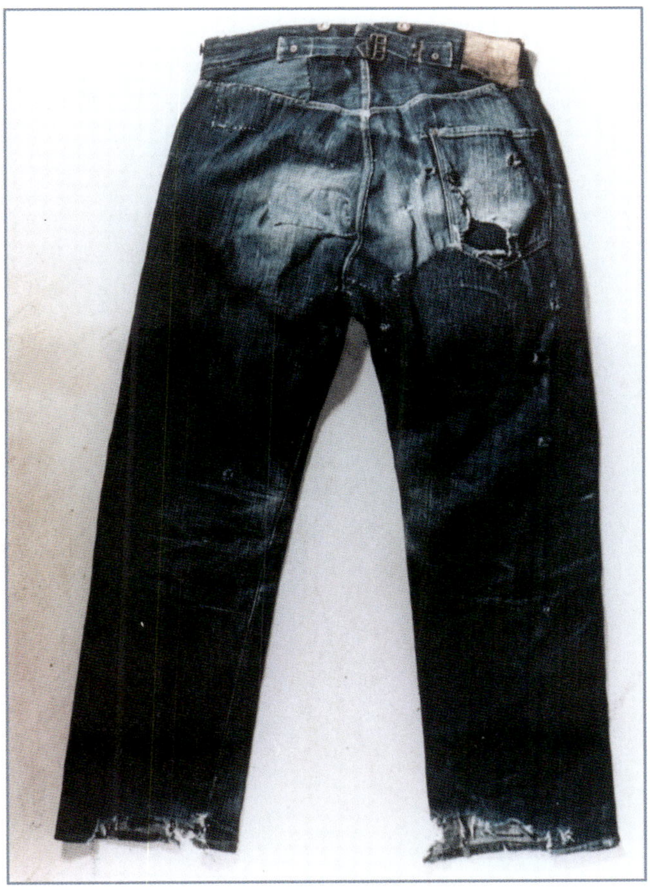

Levi Strauss profitierte von den Goldsuchern. Er bescherte ihnen mit seinen „Jeans-Hosen" stabile Arbeitskleidung und machte damit ein Vermögen. Hier eine originale Levi's Jeans aus dem Jahr 1890

Die Vorfahren des reichsten Mannes der Welt, John D. Rockefeller, stammen aus dem Stadtteil Rockenfeld von Neuwied am Rhein. Hier eine Aufnahme von John D. Rockefeller zusammen mit seinem Sohn John D. jr. aus dem Jahr 1915

Die Rockefellers

Auch die weltbekannten Rockefellers sind deutschstämmig. Sie gelten als die reichste Dynastie der USA und – ebenso wie die Astors – als Inbegriff der New Yorker Reichen. Der Stammbaum der Rockefellers lässt sich bis ins 16. Jahrhundert zurückverfolgen, der älteste belegbare Vorfahre ist der im Jahr 1590 geborene Goddard Rockenfeller aus dem Stadtteil Rockenfeld von Neuwied am Rhein. Sein Enkel Johann Peter Rockenfeller wanderte zu Beginn des 18. Jahrhunderts nach Nordamerika aus und ließ sich in der Region von New York nieder. Aufgrund der leichteren Aussprache im Englischen änderte er den Nachnamen in „Rockefeller".

John D. Rockefeller wurde am 8. Juli 1839 geboren. Er arbeitete einige Zeit als Buchhalter, bis er in den 1860er-Jahren an das Ölgeschäft geriet, das zu dieser Zeit in den Vereinigten Staaten florierte. Zusammen mit einem Partner fand er einen Weg, das Erdöl besser zu verarbeiten. Er stellte seine eigenen Fässer her und fuhr das Öl persönlich aus. Durch den Kontakt mit den Kunden und die verbesserte Verarbeitung war er seinen Konkurrenten schnell überlegen. 1870 schlossen sich mehrere Teilhaber und Ölmagnate unter seiner Führung zur Standard Oil Company zusammen. Die Anti-Trust-Gesetze des späten 19. Jahrhunderts richteten sich vor allem gegen ihn und seine Wirtschaftspraktiken. So geriet er mehrfach in Kritik, da er Absprachen mit der Eisenbahn getroffen hatte, um günstigere Frachtkosten zu bekommen als die Konkurrenz. 1897 schließlich zog sich John D. Rockefeller aus dem aktiven Geschäft zurück; er war zum reichsten Amerikaner seiner Zeit aufgestiegen. 1890 gründete er die Universität von Chicago, 1901 das Rockefeller Institute for Medical Research in New York (seit 1965 Rockefeller Universität) und 1913 die Rockefeller Foundation. Sein Sohn, John D. Rockefeller Jr., führte diese Arbeit am Gemeinwohl weiter. Er ließ Colonial Williamsburg, ein Freiluftmuseum der Kolonialzeit, restaurieren, stiftete der UNO ein Grundstück in New York für die Errichtung des Hauptquartiers und unterstützte mehrere Nationalparks sowie einige kirchliche Institutionen. Obwohl noch heute einige Rockenfellers in Neuwied am Rhein leben, gibt es keinerlei Bande der amerikanischen Dynastie zur Heimat ihrer Ahnen. Zu lange sind die Einwanderung und der Anpassungsprozess abgeschlossen.

Opulente Innenausstattung: Das Musikzimmer mit Orgel im Haus von John D. Rockefeller

John D. Rockefeller wollte aus dem Haus in Forest Hill, Cleveland, Ohio, eigentlich ein Kurbad machen. Da dies aber fehlschlug, baute er das Haus zur Sommerresidenz für seine Familie um (Seite 169).

WAS DIE DEUTSCHEN MIT IN DIE NEUE WELT BRACHTEN

Zu Beginn des 21. Jahrhunderts, viele Jahrzehnte nach dem erschütternden Ereignis des Ersten Weltkrieges, sind die kulturellen Überreste und Traditionen der Deutsch-Amerikaner wieder „salonfähig" und von der breiten Masse akzeptiert, zumal die Deutschen heute die größte ethnische Gruppe sind und daher einen starken gesellschaftlichen Einfluss ausüben.

Deutsch-amerikanische Stilblüten, wie sie auf der Steuben-Parade oder auf den unzähligen Volksfesten zu finden sind (oben). Stolz tragen die Nachfahren der Einwanderer Symbole aus beiden Kulturen.

Das Hofbräuhaus in Las Vegas serviert den internationalen Touristen inmitten der Wüste von Nevada Wiener Schnitzel, Sauerbraten und Leberkäs.

Wisconsin beispielsweise ist noch heute bekannt dafür, dass vielerorts deutsche Volksfeste gefeiert werden, welche die deutschen Einwanderer mit in die neue Welt brachten. In den deutschen Siedlungsgründungen in Texas ist dies ebenso der Fall. Hin und wieder findet man deutsch-amerikanische Restaurants, einige sind traditionellen Ursprungs, andere entstammen den Marketingkonzepten großer Unternehmen, wie etwa das Hofbräuhaus Las Vegas. Dennoch sind die meisten kulturellen Elemente und Bräuche der Deutschen heute so sehr in der amerikanischen Kultur aufgegangen, dass ihr Ursprung nicht mehr sichtbar ist.

Neben den bereits erwähnten Vereinsgründungen brachten die Deutschen vor allem Feste und die entsprechenden Rituale beziehungsweise Kulinarik mit in die USA. Nach dem Ende des Bürgerkriegs veranstalteten deutsche Einwanderer am 27. August 1865 die erste Allgemeine Darmstädter Kerb mit deutschen Spezialitäten wie Bratwurst, Sauerkraut und dem Tanz bei einem ortsansässigen Wirt. 1874 wurde erstmals ein pfälzisches Volksfest veranstaltet, das als Edesheimer Kerwe angepriesen wurde. Durch den Erfolg der Feste wurden in den Folgejahren immer weitere Feste mit immer größerem Aufwand betrieben. Unter allen Festen, welche die Deutschen mit in die USA brachten, war jedoch das Münchner Oktoberfest das einflussreichste. Noch heute werden in unzähligen amerikanischen Städten Oktoberfeste gefeiert. Das größte davon mit nahezu 500 000 Besuchern pro Jahr findet seit 1976 in Cincinnati, Ohio, statt.

Deutsches Picknick der Familie Lungkwitz in Austin, Texas, 1887 (oben). Nichts zeichnete die Deutschen so sehr aus wie ihr Bedürfnis nach „Gemuetlichkeit". Da dieses Wort nur im Deutschen existiert, fand es auch seinen direkten Weg ins Englische (unten).

Viele Weihnachtsbräuche wurden von den Deutschen mit nach Nordamerika gebracht – zum Beispiel auch der Weihnachtsbaum.

Deutsche Soldaten, die in der Nordstaatenarmee dienen, feiern das Weihnachtsfest am Potomac River (rechts).

Die Deutschen brachten neben den typischen Wein- und Volksfesten auch viele weihnachtliche Traditionen mit in die USA, die heute von der ganzen Nation im Schnee wie in der Hitze gepflegt werden. Von besonderer Bedeutung für das amerikanische Weihnachtsfest ist der Weihnachtsmann, Santa Claus, der alljährlich in seinem roten Anzug mit Schlitten und Rentieren vom Nordpol zu den Kindern reist, durch den Schornstein steigt und dort am 25. Dezember die Geschenke hinterlässt. Wie bereits erwähnt, wurde die Figur von dem Karikaturisten Thomas Nast aus Landau in der Pfalz entworfen. Er griff dabei auf bestehende Traditionen in den USA zurück, wie beispielsweise das niederländische „Sinterklaasfeest", das bereits zu Zeiten der Neu Niederlande in Nordamerika gefeiert wurde, oder das 1823 anonym veröffentlichte und mehreren Autoren zugeschriebene Gedicht „The Night Before Christmas". Bis in die 1920er-Jahre setzte sich ein standardisiertes Bild von Santa Claus überall in den USA durch: ein älterer, dicklicher Mann mit rundem Gesicht, roten Wangen, einem roten Anzug und einem langen weißen Bart.

Eine weitere Weihnachtstradition ist ebenfalls mit den Deutschen in die USA gekommen: der Weihnachtsbaum. Wahrscheinlich wurde er von den frühen Einwanderern des 18. Jahrhunderts bereits mit nach Pennsylvania gebracht. Mehrere amerikanische Städte, die eine deutsch-amerikanische Vergangenheit haben – unter anderem Windsor Locks in Connecticut sowie Easton und Lancaster in Pennsylvania –, beanspruchen heute, den ersten Christbaum auf amerikanischem Boden besessen zu haben. In einigen Darstellungen sind es die hessischen Söldner, in anderen die Pennsylvania-Deutschen; auch Karl Follen, Professor in Harvard, wird die Verbreitung dieses Brauchs zugeschrieben, er soll im Jahr 1832 in seinem Haus in Cambridge angeblich den ersten Weihnachtsbaum Neu-Englands aufgestellt haben. Es dauerte noch bis ins Jahr 1891, ehe Benjamin Harrison als erster amerikanischer Präsident einen Weihnachtsbaum im Weißen Haus aufstellte und der Brauch somit allgemein anerkannt wurde.

Auch im kulinarischen Bereich hinterließen die Deutschen ihre Spuren. Frankfurter sind landesweit bekannte Würstchen und bilden wie bereits erwähnt den Ursprung des Hot Dog. Das „Hamburger Steak" ist Grundlage der Fast-Food-Kultur und überall kann man „Pretzels" oder „Pretzel Sticks" kaufen. Der Ursprung des Wortes „Hamburger" ist allerdings umstritten. Eine Theorie besagt, dass der Imbiss tatsächlich dem Hamburger „Rundstück warm" (der Begriff „Rundstück" steht für Semmel, Brötchen) entstamme, das für die Zeit um 1900 zum ersten Mal belegbar ist. Dagegen spricht, dass in einem amerikanischen Kochbuch aus den 1840er-Jahren ein Hacksteak aufgeführt ist, das als „Hamburger Steak" bezeichnet wurde. Der erste Hamburger schließlich wurde im Jahr 1900 in Louis' Lunch in New Haven verkauft. Die Brezeln wurde von Schweizer und süddeutschen Einwanderern im frühen 18. Jahrhundert mit nach Pennsylvania gebracht, bereits 1850 betrieb Julius Sturgis in seiner Bäckerei in Lititz, Pennsylvania, die erste kommerziell erfolgreiche Brezelbäckerei. Schnell wurde dieses besondere Laugengebäck populär, sodass es sich bis heute fest in den Bäckereien der USA verankerte. Einige Jahre gab es in Philadelphia sogar ein „Pretzel Museum".

Auch viele Literaturschaffende sind unter den Deutsch-Amerikanern zu finden. Der weltberühmte Schriftsteller John Steinbeck etwa, Verfasser unter anderem von *Früchte des Zorns* oder *Jenseits von Eden*, ist der Sohn des deutschen Einwanderers Johann Adolf Großsteinbeck aus dem nordrhein-westfälischen Heiligenhaus. Auch der im Jahr 2000 verstorbene Charles M. Schulz, Erfinder der Peanuts um Snoopy und Charlie Brown, war der Sohn eingewanderter Deutscher. Sein Vater Carl Schulz stammte aus der Hansestadt Stendal im heutigen Sachsen-Anhalt. Die Comic-Figuren „Cat in the Hat" und der „Grinch" entstammen ebenfalls der Feder eines Deutsch-Amerikaners. Der 1904 geborene Theodor Seuss Geisel, genannt Dr. Seuss, war ein Einwanderer in dritter Generation und erlangte mit seinen Kinderbüchern Weltbekanntheit. Schließlich geht auch der Pulitzer-Preis auf einen Deutsch-Amerikaner zurück. Der aus Ungarn stammende Jude Joseph Pulitzer wanderte mit 17 Jahren nach Nordamerika aus, um 1864 die US-Armee im Bürgerkrieg zu unterstützen. Später stieg er – teilweise unter den Pseudonymen „Joey the German" und „Joey the Jew" – zu einem landesweit geachteten Journalisten auf. In seinem Testament verfügte er zwei Millionen Dollar zur Gründung einer Journalistenschule, seit 1917 wird alljährlich der Pulitzer-Preis für herausragende Leistungen im Bereich Journalismus und Literatur vergeben.

Im Folgenden seien drei weitere Persönlichkeiten, die Besonderes mit in die USA brachten, ausführlicher vorgestellt:

Auch August Irmgard aus Wetzlar könnte den ersten Weihnachtsbaum in seinem Haus in Wooster, Ohio, errichtet haben, wie es der Porzellanteller aus dem Jahr 1947 darstellt. Es ist sogar von einer „Weihnachtsbaum-Legende von Wooster" die Rede; wahr daran ist, dass deutsche Auswanderer den Brauch mit nach Nordamerika brachten.

Ein Porträt der Hamburgerin Margarethe Meyer-Schurz (oben) und die Nachbildung des von ihr gegründeten ersten Kindergartens in den USA (unten)

Margarethe Meyer-Schurz und der erste amerikanische Kindergarten

Das amerikanische Wort für Kindergarten ist noch heute identisch mit dem deutschen. Das liegt daran, dass der erste Kindergarten in den Vereinigten Staaten von einer Deutschen gegründet wurde. Margarethe Schurz, die Frau des Politikers Carl Schurz, errichtete diesen 1856, und da in der englischen Sprache hierfür keine Bezeichnung existierte, fand das deutsche Wort seinen Weg in den amerikanischen Sprachgebrauch.

Agatha Margarethe wurde am 27. August 1833 in Hamburg als jüngste Tochter von Heinrich Christian Meyer geboren. Kurz nach der Geburt verstarb ihre Mutter. Margarethe entwickelte daher eine besondere Beziehung zu ihren älteren Schwestern. Ihr Vater hatte sich aus ärmlichen Verhältnissen zu einem wohlhabenden Hamburger Kaufmann emporgearbeitet. Er war liberaler Gesinnung und brachte sich auch in die politischen Belange der Hansestadt aktiv ein. Der Wohlstand des Vaters ermöglichte es Margarethe, in Hamburg die Hochschule für das weibliche Geschlecht zu besuchen, wo sie eine für

In diesem Haus eröffnete Margarethe Meyer-Schurz, die Frau des späteren US-Politikers Carl Schurz, 1856 den ersten Kindergarten in den USA auf den Grundlagen der pädagogischen Lehren von Friedrich Fröbel, den sie aus Hamburg kannte.

junge Frauen in dieser Zeit ungewöhnlich gute Bildung erhielt. Im Winter 1849/50 weilte der deutsche Pädagoge Friedrich Fröbel in Hamburg und gründete dort den ersten „Volkskindergarten" Deutschlands. Im Zuge dessen unterrichtete er einige junge Frauen in Pädagogik, unter ihnen befand sich auch Margarethe. 1851 ging sie nach London, um sich um ihre erkrankte Schwester Bertha zu kümmern. Dort lernte Margarethe auch ihren späteren Mann Carl Schurz kennen, der aus Deutschland geflüchtet war. 1852 gingen beide getreu ihrer Überzeugung eine Zivilehe ein und entschlossen sich, in den USA ein neues Leben zu beginnen. Nach einiger Zeit in Philadelphia ließ sich Margarethe 1855 zusammen mit ihrem Mann in Watertown, Wisconsin, nieder, wo beide gemeinsam eine Ranch kauften. Während ihr Mann Carl Karriere als Politiker und Journalist machte, ließ sich die gebildete Margarethe Schurz nicht in die Rolle einer gewöhnlichen Hausfrau drängen. Im Herbst 1856 eröffnete sie gemäß den Lehren von Fröbel in ihrem Haus den ersten Kindergarten auf amerikanischem Boden. Die ersten Kinder waren ihre Tochter Agathe sowie vier Cousinen und Cousins, denen sie Lieder und Spiele beibrachte. Bald wurde ihr Kindergarten populär, sodass sie ihn in größere Räumlichkeiten in der Innenstadt verlegen musste. Als Margarethe und Carl 1858 nach Milwaukee zogen, blieb der Kindergarten weiter geöffnet; erst unter dem Druck der Öffentlichkeit im Vorfeld des Ersten Weltkrieges wurde er geschlossen. 1859 reiste das Ehepaar Schurz nach Boston, wo Margarethe auf Elizabeth Peabody traf, der sie von den Lehren Fröbels erzählte und so zum ersten englischsprachigen Kindergarten inspirierte. Am 15. März 1876 starb Margarethe Schurz im Alter von 43 Jahren, zwei Tage nach der Geburt ihres zweiten Sohnes Herbert. Zu ihren Ehren errichtete die Gemeinde Watertown am 2. Mai 1929 ein Denkmal in der Stadt, das an ihre Persönlichkeit und ihr pädagogisches Wirken erinnert.

Johann August Sutter, der Kaiser von Kalifornien

Der „Kaiser von Kalifornien“: Johann August Sutter wurde im badischen Kandern geboren und gründete in Kalifornien seine eigene Kolonie „Neu-Helvetien“.

Zwei Ansichten von Sutters Mühle am American River. Hier fand der Hilfsarbeiter James W. Marshall 1848 das erste Goldnugget, das den kalifornischen Goldrausch auslöste.

Zu Lebzeiten wurde Johann August Sutter „General Sutter“ oder „Kaiser von Kalifornien“ genannt. Seine Spitznamen spielten auf seine riesigen Ländereien in den Bergen von Nordkalifornien an, die Sutter „Neu-Helvetien“ nannte. Als Sutter seine Kolonie gründete, gehörte das Landstück noch zu Mexiko. Nach Ende des Mexikanisch-Amerikanischen Krieges wurde 1848 auf Sutters Land das erste Gold entdeckt, was den weltbekannten Goldrausch („The Goldrush“) von Kalifornien auslöste und unzählige Glücksritter in den „Golden State“ lockte.

Johann August Sutter wurde am 28. Februar 1803 im badischen Kandern geboren und wuchs in Rünenberg in der Schweiz auf. Nach mehreren Anstellungen in Basel und Bern machte er sich schließlich als Tuchwarenhändler selbstständig; am 24. Oktober 1826 heiratete er Annette Dübold, mit der er insgesamt fünf Kinder hatte. Doch bald geriet Sutter in finanzielle Schwierigkeiten und seiner Firma drohte die Pleite. Aufgrund eines Konkursverfahrens wurde er gar polizeilich gesucht. 1834 flüchtete er über Frankreich in die Vereinigten Staaten. Seine Frau und seine Kinder ließ er in der Schweiz zurück. In Nordamerika unternahm Sutter zunächst viele Reisen und schloss sich mehreren Expeditionen an. Mit anderen Deutschen handelte er auf dem berühmten Santa Fe Trail und kam so das erste Mal mit Mexikanern in Kontakt. Danach überquerte er mit einigen Missionaren die Rocky Mountains und segelte von der Pazifikküste bis nach Hawaii. Erst 1839 ließ er sich in Kalifornien nieder. Zu diesem Zeitpunkt leb-

Das Geburtshaus von Johann August Sutter in Kandern, Baden. Er wuchs im schweizerischen Rünenberg auf und gelangte von Basel über Bern schließlich nach Kalifornien.

ten in Kalifornien 30 000 Indianer und lediglich etwa tausend europäischstämmige Bewohner. Nun begann Sutter mit der Kolonisation des etwa 20 000 Hektar großen Gebietes im Sacramento-Tal. Er hatte das Gebiet von der mexikanischen Regierung erhalten – mit der Erlaubnis, die Indianer von diesem Land zu verdrängen. Danach, so plante Sutter, würde er es landwirtschaftlich im großen Stil nutzen. Das Jahr 1848 jedoch änderte Sutters Vorhaben nachhaltig. Im Mexikanisch-Amerikanischen Krieg von 1845 bis 1847 besetzten die Amerikaner Kalifornien, im daraufhin geschlossenen Friedensvertrag von Guadalupe Hidalgo bestätigten die Mexikaner den Verlust. Somit ging auch Sutters Neu-Helvetien in amerikanischen Besitz über. Im selben Jahr entdeckte James W. Marshall, einer von Sutters Hilfsarbeitern, im American River nahe Sutters Mühle Gold. Sutter ahnte, was auf ihn zukommen würde. Er fürchtete sich vor Goldsuchern und Glücksrittern, die über seinen Besitz herfallen würden, und versuchte, den Fund zunächst geheim zu halten. Doch die Gerüchte erreichten bald San Francisco und rasch brach eine Hysterie aus, die 1849 landesweit um sich griff; sie wurde von der US-Regierung regelrecht geschürt, um weitere amerikanische Siedler in die neuen Gebiete zu locken. Geschäfte und Schulen schlossen, unzählige Menschen legten ihre Arbeit nieder und machten sich auf in die kalifornischen Berge, um in Sutters Kolonie nach Gold zu suchen. Die Glücksritter kümmerten sich wenig um Sutters Besitz, sie missachteten seine Ansprüche und steckten überall eigene Claims ab. Sutter versuchte, sich dagegen zu wehren, und zog vor Gericht. Doch der Rechtsstreit ruinierte ihn, er hatte Neu-Helvetien definitiv verloren. Johann August Sutter starb schließlich 1880 vollkommen verarmt in Washington, D.C.

Durch den Goldrausch entwickelte sich auch das kleine Städtchen Sacramento am Zusammenfluss von American River und Sacramento River zu einer amerikanischen Metropole. Seit 1854 ist Sacramento die Hauptstadt von Kalifornien.

Albert Bierstadt – Gemälde aus dem Wilden Westen

Mit seinen Gemälden, die von der atemberaubend schönen Natur des Wilden Westens kundtaten, verzauberte Albert Bierstadt Amerikaner wie Europäer gleichermaßen. Seine Bilder wildromantischer Landschaften fern der Industrialisierung beeinflussten nachhaltig die Sichtweise über die Beschaffenheit des nordamerikanischen Kontinents und weckten zugleich die Sehnsucht nach der unberührten Ferne.

Albert Bierstadt wurde am 7. Januar 1830 in Solingen geboren, wanderte aber bereits im Alter von zwei Jahren mit seinen Eltern und seinen beiden Brüdern nach Nordamerika aus, wo sich die Familie in New Bedford, Massachusetts, niederließ. Im Alter von 20 Jahren begann er, sich für Gemälde und Zeichnungen zu interessieren, und entschloss sich bald, an der Kunstakademie Düsseldorf, in der Heimat seiner Eltern, zu studieren. Von 1853 bis 1857 studierte er in der rheinischen Metropole Malerei und lernte dort auch den Deutsch-Amerikaner Emanuel Leutze kennen, der wie er in den USA aufgewachsen war. Nach dem Ende seines Studiums kehrte er in die USA zurück und 1859 schloss er sich einer Forschungsexpedition in den Westen an, die von General Frederick W. Landers geleitet wurde, um eine neue Route nach Westen auszukundschaften. Entlang dem Oregon Trail wurde Albert Bierstadt von der Schönheit der Rocky Mountains so sehr inspiriert, dass er seine künstlerische Bestimmung entdeckte: die Landschaftsmalerei an der Siedlungsgrenze. In Hunderten Skizzen, Zeichnungen und Gemälden hielt er nicht nur das große Felsengebirge fest, sondern auch die Dynamik und den Pioniergeist der Siedlungsbewegung. Bierstadt nahm während dieser und drei weiteren Reisen alles auf, was sein Auge erfassen konnte. Später, im New Yorker Atelier, komponierte er aus seinen Skizzen große Landschaftsgemälde, die, ganz seiner Ausbildung an der Düsseldorfer Kunstakademie entsprechend, die Natur in ihrer vollen Schönheit zeigten. Sie wird dabei allerdings nie realistisch abgebildet, sondern stets romantisch verklärt. In den Jahrzehnten nach dem Bürgerkrieg, als die amerikanische Nation verstärkt nach Westen schaute, stieg er zum berühmtesten und höchstbezahlten Maler der USA auf. Als ab den 1890er-Jahren jedoch die Impressionisten in Mode kamen, geriet er zunehmend in Vergessenheit. Auch die amerikanische Gesellschaft entwickelte sich, die Begeisterung für die Natur des Westens wich dem Interesse für Fortschritt und Moderne. Bezeichnend hierfür war, dass Albert Bierstadts Gemälde „The Last of the Buffalo“ nicht auf der Weltausstellung von Paris 1888 gezeigt, sondern bereits von der amerikanischen Delegation abgelehnt wurde. Nach dem Tod seiner Frau im Jahr 1895 vereinsamte und verarmte der Maler zusehends, im Jahr 1902 starb Bierstadt in New York.

Mit der amerikanischen Umweltbewegung der 1960er-Jahre erhielten auch seine Landschaftsgemälde wieder große Bedeutung.

Die Gemälde von Albert Bierstadt aus Solingen werden bis heute in den großen Galerien Amerikas und Europas präsentiert. Abdrucke seiner Bilder finden sich auf Postkarten, Postern und in Magazinen. Bierstadt zeichnete nicht nur die großen Gebirge, sondern hielt vielmehr die Dynamik und den Pioniergeist der Siedlungsbewegung fest. Oben „Ein Siedlertreck durchzieht die Prärie“ aus dem Jahr 1867, unten „Merced River, Yosemite Valley“ aus dem Jahr 1866

DIE DEUTSCHEN EINWANDERER UND DIE AMERIKANISCHE POLITIK

Der Großteil der Deutsch-Amerikaner hatte vor der Einwanderung in die USA in der alten Heimat keinerlei Möglichkeit gehabt, politisch aktiv zu sein. Sie lebten unter einem fürstlichen Souverän und zeigten politische Willensbildung allenfalls im Untergrund. Viele von ihnen mussten aufgrund ihrer politischen Überzeugung fliehen oder traten freiwillig die Übersiedlung in die Vereinigten Staaten an. Auch nach ihrer Ansiedlung in den USA interessierten sich die Deutsch-Amerikaner kaum für die Politik der neuen Heimat. Die Möglichkeiten der persönlichen Freiheit („freedom“)nahmen die Einwanderer gern an, die der politischen Freiheit („liberty“) allerdings nicht. Nur zögernd stellten sie sich für regionale Ämter zur Verfügung, in die hohe Politik verirrten sie sich nur selten. Auch interessierten sich nur die wenigsten für die politischen Parteien in den USA, denn aus Deutschland kannten sie weder das Parteiwesen noch die Möglichkeit, sich selbst für eine Wahl aufstellen zu lassen. Sich in einer Partei zu organisieren war ihnen fremd. Wenn die Deutschen sich zusammenschlossen, dann immer auf Wegen, die ihnen von Haus aus vertraut waren, etwa innerhalb eines Vereins. Zudem fehlte es den Deutschen an der ausreichenden Kenntnis der englischen Sprache, um sich in parlamentarischen Debatten und bei Wahlveranstaltungen mit dem politischen Gegner auseinandersetzen zu können.

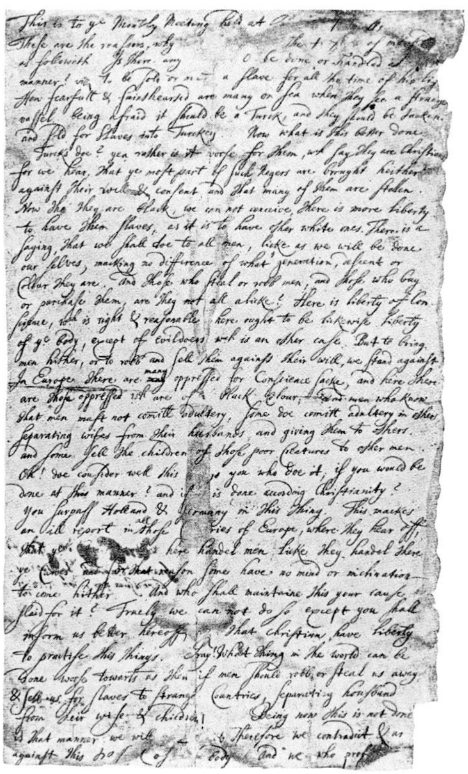

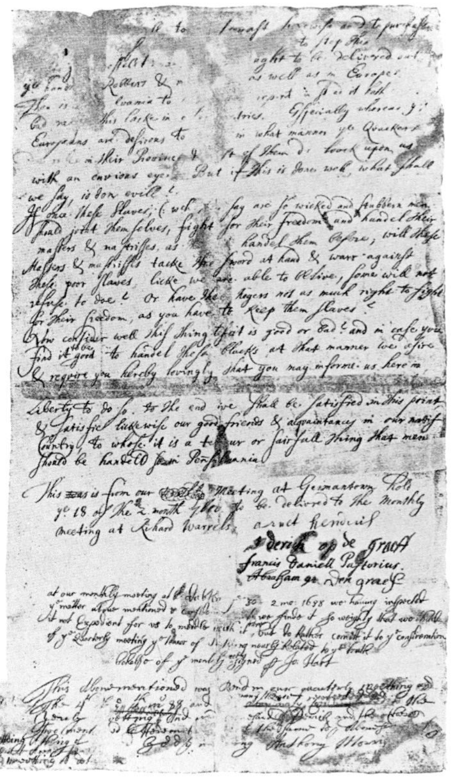

Der Protest der Deutschen von Germantown gegen die Sklaverei vom 18. April 1688 begründet die Haltung eines Großteils der deutschen Einwanderer, ja er kann sogar als Ausgangspunkt einer politischen Willensbildung unter den Immigranten betrachtet werden.

Die Deutsch-Amerikaner zeigten dann Interesse am politischen Geschehen, wenn sie sich direkt mit Entscheidungen konfrontiert sahen. Beispielsweise engagierten sie sich in der Phase der Aufnahme von Wisconsin als US-Bundesstaat in den Jahren 1847 und 1848 und nahmen aktiv an der Diskussion um die Verfassung des künftigen Bundesstaates teil. Als der Bundesstaat schließlich über 60 000 Einwohner zählte, wurden die Delegierten für die verfassungsgebende Versammlung gewählt. Die Deutschen, die beinahe die Hälfte der Einwohner ausmachten, wollten an dieser Wahl beteiligt sein und das Schicksal ihrer neuen Heimat nicht nur den Amerikanern überlassen. Es kam zu heftigen Diskussionen, ob die Deutschen als Einwanderer überhaupt im Parlament vertreten sein dürften. Einige konservative Amerikaner sprachen sich deutlich dagegen aus, was die Deutschen empörte und zugleich zur weiteren politischen Partizipation motivierte, jedoch ohne Erfolg. Nach der Staatsgründung schwand das politische Interesse der Deutschen schnell. Sie spielten fortan lediglich in der lokalen und regionalen Politik eine Rolle, auf bundesstaatlicher oder nationaler Ebene waren sie nur schwach vertreten.
Wenn die Deutschen sich politisch aktiv und interessiert zeigten, dann hing das also zumeist von politischen Inhalten ab. So kam es vereinzelt zu Gründungen von Vereinen, die sich einem politischen Zweck verschrieben hatten. Einer dieser Vereine war der von deutschen Farmern im Frühjahr 1845 ins Leben gerufene Deutsche Demokratische Verein (DDV) von Washington County, Wisconsin. Der Verein hatte zwei Hauptziele: Er förderte zum einen die „politische Bildung seiner Bewohner, von denen die meisten sich ohne nähere Kenntniß der hiesigen republikanischen Institution gleich bei ihrer Ankunft in den dichtesten Wäldern angesiedelt" hatten. Das zweite Ziel bestand darin, die Deutschen fest an die demokratische Partei zu binden. Entschieden forderte der DDV von den Einwanderern, baldmöglichst das amerikanische Bürgerrecht zu erwerben.
Die große Ausnahme, was die politische Willensbildung betrifft, bildeten die Revolutionäre von 1848. Nach dem Scheitern von Revolution und Parlament mussten viele Demokraten aus ihrer deutschen Heimat flüchten. Voller Hoffnung, ihre politischen Ideale an einem anderen Ort verwirklichen zu können, wählten sie die Vereinigten Staaten als Zufluchtsort. Mit dem Neubeginn in Amerika verband sich für die meisten Immigranten auch ein neues politisches Leben. Die 1848er brachten ein auffallend großes Potenzial an Energie und Talent sowie einen starken Drang zum Journalismus mit in die USA, sie übten so einen großen Einfluss auf das deutsch-amerikanische Pressewesen aus. Zwischen 1848 und 1852 verdoppelte sich die Zahl der deutschsprachigen Zeitungen. Ihre Forderungen aus der Revolution von 1848 – etwa Versammlungsfreiheit, Demokratie und Pressefreiheit – sahen sie in den USA zwar größtenteils verwirklicht, dennoch blieben sie kritische Beobachter von Staat und Politik.

Der Zeitungsverleger William Lloyd Garrison war ein engagierter Abolitionist, ein entschiedener Gegner der Sklaverei. Um gegen deren Abschaffung aktiv zu werden, gründete er die American Anti-Slavery Society, der auch viele Deutsche beitraten.

Unter den Flüchtlingen war auch Gustav Struve. Nur kurz nach seiner Ankunft in New York im Jahr 1851 begann er, den *Deutschen Zuschauer* zu publizieren. In dieser Wochenzeitschrift setzte er sich mit den europäischen Bewegungen auseinander und prangerte die Rückständigkeit Europas an. Doch nach nicht einmal einem Jahr wurde die Zeitung eingestellt. Die Deutsch-Amerikaner waren nicht an einem Blatt interessiert, das zurück in die Heimat blickte. Sie beschäftigten sich vielmehr mit den Themen ihrer neuen Heimat, allen voran der aufkommende Konflikt um die Sklaverei zwischen den Nord- und den Südstaaten. Struve musste erkennen, dass seine Bemühungen, ein Sprachrohr der deutschen Einwanderer und zugleich der Arbeiterbewegung in den USA zu sein, zum Scheitern verurteilt waren, und er verließ die USA wieder. Am 21. August 1870 verstarb er in Wien.

Unter den 1848ern befand sich des Weiteren Mathilde Anneke aus Westfalen, die bereits in Deutschland publizistisch tätig war. Aufgrund der politischen Ansichten ihres Mannes musste das Paar nach dem Scheitern der Revolution fliehen. In den USA war sie als Schriftstellerin tätig und belebte ihre alte Idee der Frauenzeitung, die sie schon in Deutschland herausgegeben hatte. Sie stieg zu einer Wegbereiterin im Kampf für das Frauenwahlrecht in den USA auf und gründete in Milwaukee eine Schule für junge Frauen, um auch ihnen eine Chance auf Bildung zukommen zu lassen.

Standen die Deutschen bislang den Demokraten nahe, so schlossen sich die 1848er der neuen republikanischen Partei an, die Mitte der 1850er-Jahre aus Überresten der Whigs und abtrünnigen Demokraten entstand. Im Präsidentschaftswahlkampf von 1856 unterstützten die berühmten 1848er Carl Schurz, Gustav Struve und Friedrich Hecker den ersten Präsidentschaftskandidaten der Republikaner, John Charles Frémont. Dadurch konnten sie viele Deutsche dazu bewegen, die Demokraten zu verlassen und sich ebenfalls hinter die Republikaner zu stellen. Frémont verlor die Wahl, doch der Aufstieg der Republikaner ging weiter und gipfelte in der Wahl Abraham Lincolns zum amerikanischen Präsidenten im November 1860. Ohne die Stimmen der Deutsch-Amerikaner wäre ihm dies nicht gelungen. Während die demokratische Partei an der Sklavenfrage zerbrach, konnten die Republikaner im Norden immer größere Beliebtheit erringen. Vor allem durch die Tätigkeit von Carl Schurz, der zum Beraterstab Lincolns gehörte, fanden immer mehr Deutsche zu deren Partei. Durch Lincolns Wahl zerbrach schließlich die amerikanische Union, South Carolina erklärte an Weihnachten 1860 seinen Austritt aus den Vereinigten Staaten. Weitere Bundesstaaten folgten der Abspaltung und der amerikanische Bürgerkrieg brach aus. Wenn die Zuschreibung eines positiven Aspektes dieses Krieges erlaubt ist, so förderte er die politische Integration der Deutschen in die amerikanische Gesellschaft.

Bereits vor dem Krieg hatten Vertreter der intellektuellen Flüchtlinge flammende Reden gegen die Sklaverei gehalten. Zahlreiche Deutsch-

Amerikaner traten den Abolitionisten bei und unterstrichen so ihren Kampfeswillen zur Beendigung der Sklaverei in Nordamerika. Der Abolitionismus war eine Bewegung, die sich in den 1830er-Jahren in den nördlichen Staaten formiert hatte und in der sich die unterschiedlichen Gruppierungen, die gegen die Sklaverei kämpften, vereinten. Dazu zählten Philanthropen, religiös inspirierte Gegner der Sklaverei und afroamerikanische Agitatoren. Einer der Anführer war William Lloyd Garrison, der ab 1831 in Boston die Zeitschrift *The Liberator* herausgab und großen Einfluss auf die Bewegung ausübte. Durch seine Initiative entstand 1833 in Philadelphia die American Anti-Slavery Society, die den politischen Widerstand gegen die Sklaverei forcierte.

Viele 1848er wie hier Gustav Struve (links) und Friedrich Hecker (rechts) flüchteten nach der gescheiterten Revolution in die USA. Dort arbeiteten sie als Journalisten oder engagierten sich politisch. Unter ihnen befand sich auch Mathilde Anneke aus Westfalen (oben), die in den USA als Wegbereiterin im Kampf für das Frauenwahlrecht und für eine gleichberechtigte Bildung gilt.

Die Karikatur „Abreise Friedrich Heckers nach USA" aus dem *Struwwelpeter* von Henry Ritter macht deutlich, dass viele den 1848ern vorwarfen, sich aus der Verantwortung zu stehlen. Nach der gescheiterten Revolution überließen sie Deutschland seinem Schicksal.

Der Gedenkstein für Friedrich Hecker an seinem Geburtshaus in Eichtersheim: „Gestorben 24. März 1881 in St. Louis USA"

Friedrich Hecker

Die 1848er spielten eine prominente Rolle unter den Deutsch-Amerikanern. Zahlenmäßig waren sie, verglichen mit den anderen Deutschen, eine kleine Gruppe. Durch ihre politische Arbeit, ihr journalistisches Schaffen und nicht zuletzt durch ihren Intellekt konnten die 1848er jedoch nicht übersehen werden. Unter den 1848ern war auch Friedrich Hecker, der am 20. September den Hafen von New York erreichte.

20 000 Menschen hatten sich versammelt, um den aus Deutschland vertriebenen überzeugten Demokraten zu feiern. Sie begrüßten ihn mit demokratischen Liedern und schwarz-rot-goldenen Flaggen, die ein geeintes und demokratisches Deutschland bekunden sollten. Hecker reiste von New York aus weiter und kaufte sich schließlich eine Farm in Belleville, Illinois. Hier hatten mehrere Deutsche eine kleine Gemeinde gegründet.

Wie viele andere 1848er begann er in den USA, politisch aktiv zu werden. 1856 schloss er sich der republikanischen Partei an und kämpfte für sie noch im selben Jahr im Präsidentschaftswahlkampf. Neben dem späteren Präsidenten Abraham Lincoln war Hecker einer der beiden Wahlmänner des Staates Illinois. Die Republikaner erzielten bei dieser Wahl einen Achtungserfolg, bei der nächsten Wahl im November 1860 kandidierte Abraham Lincoln direkt für das Amt des Präsidenten und gewann. Hecker, Struve, Schurz und viele andere 1848er standen hinter dem politischen Kurs der neuen Partei. So war es für sie auch selbstverständlich, im amerikanischen Bürgerkrieg zu kämpfen. Häufig kommandierten sie die Freiwilligen-Regimenter der Deutsch-Amerikaner. Ihre Kampferfahrung machte sich hierbei deutlich bemerkbar.

Friedrich Hecker fand seinen Platz in den USA. Er erhielt 1868 die Ehrendoktorwürde und war eine landesweit bekannte Persönlichkeit. Seinen Geburtsort in Deutschland, Angelbachtal, besuchte er 1873 ein letztes Mal, ansonsten lebte er in den USA. 1881 starb er in Illinois, begraben wurde er auf dem Friedhof der Gemeinde Summerfield bei Belleville. Sein Begräbnis lockte über tausend Menschen an sein Grab, die dem Freiheitskämpfer und Kriegshelden die letzte Ehre erwiesen.

Bei dem Begräbnis von Friedrich Hecker sollen rund tausend Menschen anwesend gewesen sein und dem Revolutionär und Deutsch-Amerikaner die letzte Ehre erwiesen haben. Hier der Grabstein auf dem Friedhof der Gemeinde Summerfield bei Belleville

Das Geburtshaus des badischen Revolutionärs und Freiheitskämpfers Friedrich Hecker in Eichtersheim, heute Gemeinde Angelbachtal

Herbert C. Hoover war der erste deutschstämmige Präsident der Vereinigten Staaten von Amerika. Er wurde im November 1928 gewählt und trat sein Amt im Frühjahr 1929 an. Da er der Weltwirtschaftskrise nicht Herr werden konnte, verlor er die folgende Wahl an Franklin D. Roosevelt, der ab 1933 als US-Präsident amtierte.

Vor allem in der dritten und vierten Generation bemühten sich die deutschen Einwanderer um höhere politische Ämter – sie fühlten sich zu diesem Zeitpunkt allerdings den Amerikanern zugehörig. So engagierten sich die Nachfahren der eingewanderten Deutschen in Pennsylvania in der Politik des Bundesstaates und stellten von 1808 bis 1839 – mit einer Ausnahme – den jeweiligen Gouverneur des Staates. Herbert C. Hoover wurde 1929 der erste Präsident aus dem Kreis der Deutsch-Amerikaner, ihm folgte in den 1950er-Jahren General Dwight D. Eisenhower ins Amt, dessen Vorfahre Hans Nicholas Eisenhauer 1741 aus dem kleinen Dorf Eiterbach im Odenwald nach Nordamerika auswanderte.

Ein weiterer Nachfahre der Deutsch-Amerikaner ist übrigens der ehemalige Verteidigungsminister Donald Rumsfeld, der im Vorfeld des Irakkrieges seine Zugehörigkeit zur Neuen Welt deutlich machte und insbesondere Frankreich und Deutschland als das „Alte Europa" denunzierte. Rumsfelds Ururgroßvater Hermann wanderte mit sechs Kindern aus Sudweyhe bei Bremen 1866 in die USA aus und begründete einen weit verzweigten Rumsfeld-Clan.

Zwei politische Karrieren, die auf die deutsche Einwanderung zurückzuführen sind, seien im Folgenden ausführlicher vorgestellt.

Herbert C. Hoover, der erste deutschstämmige Präsident der USA

Herbert Clark Hoover ist nicht in erster Linie als deutschstämmiger Präsident der Vereinigten Staaten bekannt geworden. In seiner Amtszeit (1929–1933) hatte er hauptsächlich mit den Folgen der Weltwirtschaftskrise zu kämpfen. Sein Versuch, für eine zweite Amtsperiode wiedergewählt zu werden, scheiterte an dem überzeugenden Wahlkampf seines demokratischen Konkurrenten Franklin D. Roosevelt, der mit seinem „New Deal" 1933 ins Weiße Haus einzog. Die Präsidentschaft Hoovers ist aber insofern ein Meilenstein in der Geschichte der USA, zeigte sie doch, dass die Deutsch-Amerikaner nun endgültig in der amerikanischen Gesellschaft angekommen waren und auch das höchste politische Amt belegen konnten.

Herbert C. Hoover, dessen Vorfahren aus Deutschland und der deutschen Schweiz stammten, wurde am 10. August 1874 in Iowa geboren und wuchs in Oregon auf. Später studierte er an der Stanford Universität Bergbauingenieurwesen und verfolgte eine äußerst erfolgreiche Karriere. Diese offenbarte keine offensichtlichen Spuren seiner Deutschstämmigkeit, zumal sie sich in einer Zeit vollzog, in der das Deutsch-Amerikanische aus der Öffentlichkeit verschwand und die Anpassung an die amerikanische Kultur für einen erfolgreichen Aufstieg von besonderem Vorteil war. Nach unterschiedlichen beruflichen Stationen, etwa als leitender Ingenieur einer Bergbaufirma im Kaiserreich China, wurde er schließlich zum Wirtschaftsminister unter den

Präsidenten Warren G. Harding und Calvin Coolidge berufen. 1928 kandidierte er für die Republikaner und gewann die Präsidentschaftswahl klar gegen den demokratischen Kandidaten Alfred E. Smith, der ebenfalls deutsche Vorfahren hatte. Doch seine vier Jahre währende Amtszeit wurde von dem New Yorker Börsenkrach im Oktober 1929 und der daraus resultierenden Weltwirtschaftskrise bestimmt. Er unterschätzte die Situation und wurde bis zum Ende seiner Amtszeit nicht Herr der Lage. Herbert C. Hoover starb 1964 in New York im Alter von 90 Jahren. An ihn erinnert vor allem der Hoover-Staudamm, eines der bedeutendsten und fortschrittlichsten Bauwerke der 1930er-Jahre.

Die Wall Street während des Börsenkrachs: Am 24. Oktober 1929 brachen an der New Yorker Börse die Aktienkurse zusammen („Schwarzer Donnerstag", in Europa „Schwarzer Freitag" aufgrund der Zeitverschiebung), was die Weltwirtschaftskrise zur Folge hatte.

Carl Schurz, der Kämpfer für Freiheit

Carl Schurz gehörte zweifelsfrei zu den populärsten und bekanntesten Deutsch-Amerikanern. Sein politischer Aufstieg kann gleichermaßen als äußerst gelungene Akkulturation und als Paradebeispiel des erfolgreichen Umgangs mit zwei Identitäten betrachtet werden. So lobte ihn beispielsweise der deutsche Außenminister Gustav Stresemann im Jahr 1929:

„Carl Schurz hat die Liebe zu Deutschland und die Treue zu seinem amerikanischen Vaterland zur wundervollen Geschlossenheit einer großen Persönlichkeit verschmolzen."

Das Sprachrohr der Deutsch-Amerikaner im 19. Jahrhundert, Carl Schurz. Von den Einwanderern des 19. Jahrhunderts konnte er mit der Position des Innenministers das höchste Staatsamt erreichen.

So ist es nicht verwunderlich, dass sich auf beiden Seiten des Atlantiks Gedenkstätten und andere Erinnerungsorte finden, die Carl Schurz gewidmet sind.

Carl Schurz wurde am 2. März 1829 in Liblar bei Köln geboren, später studierte er im benachbarten Bonn Philologie und Geschichte. Bereits während seines Studiums schloss er sich revolutionären Kreisen wie der Burschenschaft Frankonia an und nahm an den Aufständen im Rheinland, in der Pfalz und in Baden teil. Nach der Niederschlagung der badischen Revolution von 1848 musste Schurz jedoch ins Elsass fliehen. Im Sommer 1850 kehrte er nach Berlin zurück, um seinen früheren Professor und Mentor Gottfried Kinkel aus dem Spandauer Gefängnis zu befreien. Danach verließ er Deutschland wieder. Über Paris kam er nach London, wo er am 6. Juli 1852 seine Frau Margarethe Meyer heiratete. Im Herbst desselben Jahres wanderten beide in die USA aus, lebten zunächst in Philadelphia und ließen sich 1855 in Watertown, Wisconsin, nieder. Hier begann Carl Schurz sofort, sich politisch zu engagieren. Er trat der Anti-Sklaverei-Bewegung bei und wurde Mitglied der sich neu formierenden Republikaner. Bereits ab 1858 trat er öffentlich als Sprecher und Wahlkämpfer für den späteren Präsidenten Abraham Lincoln auf, und es gelang ihm, große Teile der Deutsch-Amerikaner für die Sache der Republikaner zu mobilisieren. Als Dank für die Unterstützung im Wahlkampf erhielt Schurz von Lincoln die Stellung als Botschafter der USA in Spanien. Doch bereits 1862 kehrte Schurz wieder in die Vereinigten Staaten zurück, um für die Nordstaaten in den amerikanischen Bürgerkrieg zu ziehen. Nach dem Krieg arbeitete Schurz als Journalist. Er schrieb zunächst für die *New York Tribune*, dann für die *Detroit Post* und schließlich für die deutschsprachige *Westliche Post* aus St. Louis, deren Mitherausgeber und Mitinhaber er war. In St. Louis führte er auch seine politische Laufbahn fort. 1869 wurde er zum Senator von Missouri gewählt – er war somit der erste gebürtige Deutsche, der einen Senatorenposten bekleidete – und kämpfte fortan vor allem gegen die Korruption unter Präsident Ulysses Grant. 1877 ernannte ihn der neue US-Präsident Rutherford B. Hayes zum Innenminister der USA. Dieses Amt hatte er für vier Jahre inne. In dieser Funktion reformierte er den öffentlichen Dienst und propagierte auch eine andere Indianerpolitik, denn gerade unter Präsident Grant war der Vernichtungskrieg gegen die Indianer vorangetrieben worden. Außerdem war er bemüht, in der Bevölkerung ein Bewusstsein für die Erhaltung der Wälder zu schaffen. Bis zu seinem Tod im Jahr 1906 blieb er politisch und journalistisch aktiv. Er hatte mehrere Ämter inne, etwa den Vorsitz der National Civil Service Reform League, und trat vehement gegen die neue imperialistische Orientierung der Vereinigten Staaten unter Präsident Theodore Roosevelt ein.

Anlässlich der Weltausstellung von Chicago im Jahr 1893 legte er seine Einstellung zur Übersiedlung in die USA dar: „Ich bin immer für eine vernünftige Amerikanisierung gewesen, aber das bedeutet nicht die völlige Aufgabe alles dessen, was deutsch ist. Es bedeutet, dass wir die besten Züge des amerikanischen Charakters annehmen und mit den besten Zügen des deutschen Charakters verbinden sollten. Tun wir das, so dienen wir dem amerikanischen Volk und seiner Zivilisation am besten."

Carl Schurz als Senator bei einer Massenversammlung liberaler Republikaner in Cincinnati, Ohio. Holzstich aus dem Jahr 1872

DIE DEUTSCHEN IN DEN AMERIKANISCHEN KRIEGEN

Als Siedler waren die Deutschen im 18. Jahrhundert in vielerlei Konflikte mit den Franzosen und den Indianern involviert. Dabei lernten sie, sich und ihr Land mit aller Gewalt zu verteidigen. Für die größtenteils aus der Pfalz stammenden Siedler war die Situation nicht neu, kannten sie doch Auseinandersetzungen mit den Franzosen aus ihrer Heimat nur allzu gut. Viele waren sogar aus Angst vor den Franzosen in die USA geflüchtet, wo sie ironischerweise erneut auf ihre Feinde trafen. Im Siebenjährigen Krieg, der in Nordamerika auch als „French-and-Indian-War" bezeichnet wird und von 1754 bis 1763 andauerte, kämpften die Deutschen an der Seite der englischen Kolonisten gegen Frankreich. Sie waren durch ihre Ansiedlung in Nordamerika zu Untertanen der britischen Krone geworden.

Als es in der Folge des Siebenjährigen Krieges zu Spannungen zwischen den nordamerikanischen Kolonien und England kam, verstanden sich auch die Deutschen als Kolonisten. Für die Unabhängigkeit der Kolonien, in denen sie heimisch geworden waren, zogen sie in den Krieg und trafen dabei in den Gefechten gegen England oftmals auf Landsleute, die als Söldner für die Gegenseite kämpften.

Das Söldnerwesen war in dieser Zeit nichts Ungewöhnliches. So ließ auch der englische König George III. von anderen Staaten Söldner anwerben, um die 10 000 englischen Soldaten gegen die aufständischen amerikanischen Kolonisten zu unterstützen. Georg III. wandte sich vor allem an die deutschen Kleinstaaten. Die ersten Söldner schickte Herzog Karl I. von Braunschweig über den Ozean, das größte Kontingent stellte letztlich Landgraf Friedrich II. von Hessen-Kassel zur Verfügung. Von 300 000 Einwohnern zogen 12 000 sogenannte hessische Söldner für das britische Imperium in den Unabhängigkeitskrieg. Hinzu kamen die Soldaten aus Hessen-Hanau und Hessen-Darmstadt, sodass 17 000 Hessen die Hälfte des Söldnerheeres ausmachten. Daher bürgerte sich auch der Ausdruck „Hessians" für alle insgesamt 30 000 deutschen Soldaten ein, die im Unabhängigkeitskrieg aufseiten der Briten kämpften.

Rekrutierung von Soldaten, die als hessische Söldner für Großbritannien in den amerikanischen Unabhängigkeitskrieg zogen (oben).

Dort kämpften sie oftmals gegen ihre Landsleute, die auf Seiten der amerikanischen Siedler standen. Die Abbildung unten zeigt einen sogenannten Abschied vom Bürger-Militär aus dem Jahr 1868, der in diesem Fall den Hamburger Christian Adolf David Klöpfer zur Auswanderung befähigte.

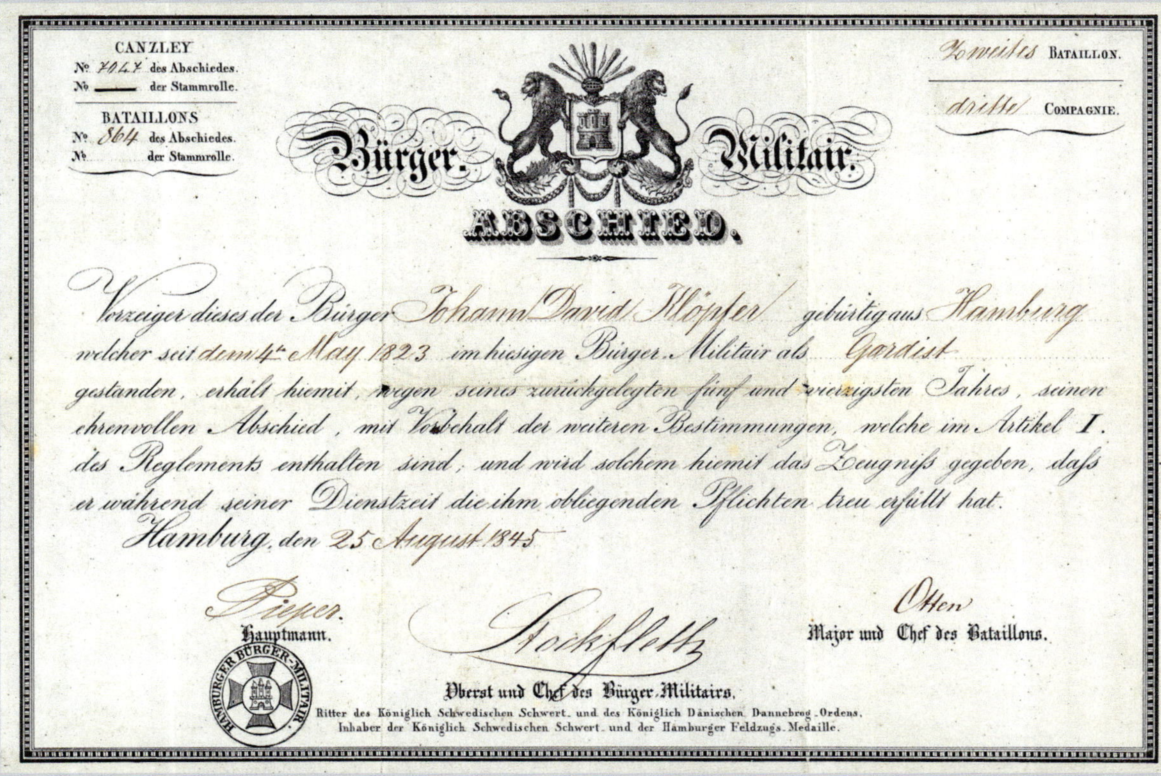

CANZLEY
№ 7047 des Abschiedes.
№ —— der Stammrolle.

BATAILLONS
№ 864 des Abschiedes.
№ der Stammrolle.

Zweites Bataillon.

dritte Compagnie.

Bürger. Militair.

ABSCHIED.

Vorzeiger dieses der Bürger Johann David Klöpfer gebürtig aus Hamburg welcher seit dem 4. May 1823 im hiesigen Bürger-Militair als Gardist gestanden, erhält hiemit, wegen seines zurückgelegten fünf und vierzigsten Jahres, seinen ehrenvollen Abschied, mit Vorbehalt der weiteren Bestimmungen, welche im Artikel I. des Reglements enthalten sind, und wird solchem hiemit das Zeugniß gegeben, daß er während seiner Dienstzeit die ihm obliegenden Pflichten treu erfüllt hat.

Hamburg, den 25 August 1845

Pieper.
Hauptmann.

Stockfleth
Oberst und Chef des Bürger-Militairs,
Ritter des Königlich Schwedischen Schwert- und des Königlich Dänischen Dannebrog-Ordens,
Inhaber der Königlich Schwedischen Schwert- und der Hamburger Feldzugs-Medaille.

Otten
Major und Chef des Bataillons.

HAMBURGER BÜRGER-MILITAIR

Kolorierte zeitgenössische Federzeichnungen von brandenburgischen Soldaten, die von Herzog Karl I. von Braunschweig über den Atlantik geschickt wurden, um die englischen Soldaten gegen die Kolonisten zu unterstützen.

Franz Sigel, der Nordstaatengeneral
Franz Sigel wurde am 18. November 1824 im badischen Sinsheim geboren und wuchs in einer liberalen Familie auf. Nach dem Gymnasium in Bruchsal trat er in die Armee ein. Doch nach einem Duell musste er 1847 seinen Militärdienst beenden, woraufhin er sich entschloss, in Heidelberg Jura zu studieren. In dieser Zeit kam er auch mit den Köpfen des späteren badischen Aufstandes, Gustav Struve und Friedrich Hecker, in Kontakt. 1848 schloss er sich den revolutionären Freiheitskämpfern an, die von Südwestdeutschland aus die Republik in Deutschland durchsetzen wollten. Nach der Niederschlagung der Revolutionsbewegungen wurde Sigel vom badischen Großherzog wegen Hochverrat verurteilt. Doch dem Freiheitskämpfer gelang die Flucht über die Schweiz nach England. Von dort reiste er 1852 in die USA. In New York verdiente er seinen Lebensunterhalt zunächst als Klavierspieler und als Hilfslehrer. Später zog er nach St. Louis, Missouri, wo er schnell zu einem Wortführer der Deutschen wurde. Noch bevor der Bürgerkrieg richtig begonnen hatten, erhielt Colonel Sigel das Kommando über die 3. Missouri Infanterie – unter seinen Männern waren ehemalige badische Revolutionäre und Mitglieder der Paulskirche. Im Mai 1861 gelang es ihm in seiner neuen Heimatstadt St. Louis, die Sezessionisten davon abzuhalten, ein Waffenarsenal in Besitz zu nehmen. Damit vereitelte er die feindliche Übernahme der Stadt und verhinderte letztlich den Verlust des Staates. Im Juli 1861 entzog er seine knapp tausend Soldaten einer mehr als vierfachen Übermacht, noch im August 1861 wurde er zum Brigadegeneral und bereits im März 1862 zum Generalmajor ernannt. Bald sprach man auch in Baden über Sigels Taten im amerikanischen Bürgerkrieg. Der neue Großherzog bot ihm eine Anstellung im Militär an. Doch Sigel verweigerte das Angebot. Er würde nur zurückkehren, sollte der Großherzog die 1849 niedergeworfene Reichsverfassung anerkennen und Baden zu einer Republik machen.
Gegen Ende des Krieges trat Sigel aus der Armee aus und in den folgenden Jahren betätigte er sich als Journalist in Baltimore und New York. Dort versuchte er, auch eine politische Karriere zu starten, und stellte sich im Jahr 1869 für das Amt des Staatssekretärs von New York State zur Wahl, verlor diese aber. Am 21. August 1902 starb er in New York. Ein anderer großer Deutsch-Amerikaner hielt die Trauerrede an seinem Grab: Carl Schurz, Weggefährte in Deutschland und im amerikanischen Bürgerkrieg.

Der aus Sinsheim bei Heidelberg stammende Franz Sigel erreichte das höchste Amt in der Nordstaatenarmee. Abraham Lincoln machte ihn im August 1861 zum Brigadegeneral und ab März 1862 zum Generalmajor.

Die Lage der drei Millionen Kolonisten schien zu Beginn des Krieges aussichtslos. Sie waren größtenteils Bauern und Kaufleute und verfügten über keine Berufsarmee. Ihren 15 000 unausgebildeten Milizsoldaten, der sogenannten „Continental Army", standen 10 000 englische Soldaten sowie die 30 000 Söldner aus Deutschland gegenüber. Auf den Schlachtfeldern kam es schließlich zu Kämpfen zwischen Hessen auf der Seite der Engländer und Pfälzern auf der Seite der amerikanischen Kolonisten. Auf die Seite der Amerikaner hatte sich auch der preußische Baron Friedrich Wilhelm von Steuben geschlagen. In der Erinnerung an den Unabhängigkeitskrieg vertritt er nicht nur die

Der Drillmeister der amerikanischen Siedler im Unabhängigkeitskrieg von 1775 bis 1783: Durch die Umstrukturierung der Armee durch den preußischen Offizier Friedrich Wilhelm von Steuben konnte der Krieg gewonnen werden. Stahlstich, 19. Jahrhundert

Gesamtheit der Deutschen, die für die amerikanische Unabhängigkeit ihr Leben einsetzten, er steht auch stellvertretend für die Disziplin und das taktische Vermögen der amerikanischen Truppen unter dem Oberbefehl George Washingtons. Von Steuben war vor allem damit beauftragt, die amerikanische Armee nach den ersten Kriegsjahren zu reorganisieren. Im Winterlager von Valley Forge, Pennsylvania, baute er die „Continental Army" disziplinarisch, taktisch und operativ neu auf und etablierte ein Übungsprogramm für die Truppen. Von Steuben fungierte zeitweilig als George Washingtons Generalstabschef, bis 1784 war er zudem Generalinspekteur des Heeres. Washington schätzte von Steubens Disziplin und vor allem seinen preußischen Drill. In den folgenden Jahren zeigten von Steubens Maßnahmen Wirkung, die Amerikaner besiegten die Engländer, und es kam 1783 zum Friedensschluss.

General von Steuben bei der Ausbildung seiner ersten Musterkompanie. Mit Geschick und Einfühlungsvermögen machte er aus unbeholfenen Siedlern amerikanische Soldaten, welche die damals beste Armee der Welt, die des britischen Imperiums, besiegen konnten.

Neben von Steuben erlangten auch der deutsche General Johann von Kalb, der während der Kämpfe im Jahr 1780 starb, und Mary Ludwig Hays McCauley – besser bekannt unter dem Namen „Molly Pitcher" –, deren Vater aus der Pfalz ausgewandert war, nationale Bekanntheit. Molly Pitcher wurde zu einer Ikone der kämpfenden Amerikaner, als sie während des Unabhängigkeitskrieges in der Schlacht von Monmouth am 28. Juni 1778 die Soldaten mit Wasser versorgte und schließlich den Platz ihres verwundeten Gatten an der Kanone einnahm. Ihr Spitzname erklärt sich folgendermaßen: „Molly" war ein gebräuchlicher Mädchenname in dieser Zeit und die durstigen Soldaten riefen ihr „Molly Pitcher" zu, wenn sie einen Eimer Wasser benötigten. Nach dem Kampf erhielt sie von George Washington den Ehrentitel „Sergeant Molly".

Von Steubens letzte Ruhestätte auf seinem Landgut in Oneida County, New York

Monument für Friedrich Wilhelm von Steuben in Washington, D.C., undatiert

Baron Wilhelm von Steuben – preußischer Drill im Unabhängigkeitskrieg

General Friedrich Wilhelm Ludolf Gerhard Augustin von Steuben (1730–1794) war ein preußischer Offizier, der unter General George Washington im amerikanischen Unabhängigkeitskrieg diente. Er war die schillernde Figur unter den Soldaten und der berühmteste und angesehenste Deutsch-Amerikaner der Revolutionsepoche. Ohne seine militärischen Kenntnisse und sein Bemühen, die Amerikaner militärisch und taktisch zu schulen, hätten die rebellierenden Kolonisten die Weltmacht Großbritannien vermutlich nicht besiegen können. Steuben gilt oftmals als Inbegriff eines Deutsch-Amerikaners. So wurde auch die seit 1957 in New York stattfindende Parade der Deutsch-Amerikaner „Steuben-Parade" getauft.

Von Steuben wurde in Magdeburg geboren und wuchs in einer Soldatenfamilie auf. Im Siebenjährigen Krieg diente er unter Friedrich dem Großen, wurde aber aus der preußischen Armee entlassen. In Paris lernte er den amerikanischen Universalgelehrten Benjamin Franklin kennen, der ihn an George Washington empfahl. Dieser Empfehlung folgend, ging von Steuben im Jahr 1777 nach Amerika. Am 23. Februar 1778 traf er in Washingtons Winterlager in Valley Forge, Pennsylvania, ein. Er sollte als Generalinspektor die amerikanische Armee, die im Grunde genommen nur aus Laien bestand und sich in einer jämmerlichen Verfassung befand, kampfbereit machen. Der Preuße begann zunächst, das Lagerleben neu zu organisieren. Die Mahlzeiten mussten von nun an gemeinsam außerhalb der Unterkünfte eingenommen werden. Auch legte von Steuben großen Wert auf die Körperpflege und Hygiene der Soldaten sowie auf die Reinigung des Lagers. Mit diesen Maßnahmen verbesserte er den allgemeinen Zustand der sogenannten „Continental Army" und die Einstellung der Kolonisten, die nun merklich eine andere war.

Seine größte Leistung liegt darin, dass er aus den Kolonisten, die noch vor wenigen Jahren Farmer, Politiker und Kaufleute waren, eine Armee formte, die der Berufsarmee Großbritanniens die Stirn bieten konnte. Er bildete eine Musterkompanie in den Grundlagen des Exerzierens aus und bildete dann wiederum neue Untereinheiten. Auf diese Weise verbreiteten sich die Neuerungen in Ordnung und Disziplin schnell in der gesamten Armee. Mit dieser Truppenausbildung gelang es den Amerikanern schließlich, den Unabhängigkeitskrieg für sich zu entscheiden. Seine Maßnahmen, sämtliche Ausbildungsvorschriften für Soldaten und Offiziere, beschrieb von Steuben in einem Exerzierhandbuch, dem sogenannten *Blue Book*, das er später als *Regulations for the Order and Discipline of the Troops of the United States* veröffentlichte. Das Buch wurde zum militärischen Standardwerk seiner Zeit.

Nach dem Krieg wurde er Staatsbürger der USA und zudem Ehrenbürger der Stadt New York. Von Steuben kehrte nicht mehr in die Alte Welt zurück. **„Was ist das für ein fortschrittlich-glückliches Land – ohne Könige, ohne Klerus … Gerne bin ich bereit für eine Nation zu sterben, die mich so mit ihrem Vertrauen ehrte"**, soll von Steuben einmal von den Vereinigten Staaten von Amerika geschwärmt haben. Zurückgezogen verbrachte er seinen Lebensabend auf seinem Landgut in Oneida County, New York, wo er 1794 starb.

Die Steuben-Parade in New York

Im Zeitalter des Kalten Krieges entstand in den USA sowohl in der Politik wie auch unter den Nachfahren der Deutsch-Amerikaner das Bedürfnis, das deutsch-amerikanische Verhältnis besonders hervorzuheben. Damit sollte unterstrichen werden, dass die Deutschen und die Amerikaner von einem Band zusammengehalten werden, das älter und vor allem stärker war als der aktuelle Konflikt zwischen Ost und West. Um diesem Bemühen Namen und Gesicht zu geben, griff man auf General von Steuben zurück. Unter den Deutsch-Amerikanern fand die Idee einer Parade zur Erinnerung an die eigene Geschichte rasch große Begeisterung. Seit 1957 findet nun an jedem dritten Samstag im September alljährlich entlang der New Yorker Fifth Avenue die German-American Steuben-Parade statt. Wurde die erste Steuben-Parade noch in Queens abgehalten, weil dort eine größere Anzahl Deutsch-Amerikaner lebte, wuchs das Teilnehmerfeld schnell, sodass man nach Manhattan umzog, um die bald prestigeträchtige Parade auf der weltbekannten Fifth Avenue stattfinden zu lassen. Dort zieht sie auch zu Beginn des 21. Jahrhunderts von der 64th Street nordwärts bis zur 86th Street, der vor wenigen Jahrzehnten noch als Sauerkraut Boulevard bekannten Straße auf der Upper East Side, wo sich das deutsch-amerikanische Leben bis in die 1970er-Jahre erhalten hatte.

Der Name der Parade mag über den Inhalt täuschen. Die Steuben-Parade ist keine militärische Veranstaltung, sondern vielmehr ein volkstümlicher Umzug in Trachten und mit landestypischer Musik. Alljährlich nehmen zahlreiche Vereine vor allem aus dem Raum New York mit Namen wie Brooklyn Schuetzen Corps, Bronxer Bayern oder Liederkranz of the City of New York oder aus dem Mittleren Westen teil. Es gibt aber auch Gruppen aus Deutschland, die an der Parade teilnehmen, vor allem Musikvereine, Trachtengruppen, Karnevalsorganisationen und Schützenvereine sind unter ihnen zu finden. Als prominente Persönlichkeiten stehen der Steuben-Parade jedes Jahr der Grand Marshal, ein Nachfahre der Deutsch-Amerikaner, sowie ein Ehrengast aus Deutschland voran. Hierfür laden die Veranstalter immer eine bekannte Person aus Politik oder Kultur ein, die sich um das transatlantische Miteinander verdient gemacht hat. Als Grand Marshal fungierten in der Vergangenheit der aus Fürth stammende, ehemalige US-amerikanische Außenminister Henry Kissinger, Donald Trump, Siegfried und Roy und die New Yorker Bürgermeister Rudolph Giuliani und Michael Bloomberg. Als Ehrengäste waren der ehemalige Bundeskanzler Helmut Kohl, die ehemaligen Bundespräsidenten Richard von Weizsäcker, Walter Scheel und Johannes Rau sowie mehrere deutsche Ministerpräsidenten eingeladen.

In jüngster Zeit versucht das Organisationskomitee um den Journalisten Lars Halter, die Parade aufzufrischen. Eines ist ihnen dabei schon geglückt: Bestimmten in den letzten Jahrzehnten bayerische Traditionen und Trachten das Bild der Deutschen in den USA, so zeigt die Steuben-Parade in den letzten Jahren auch verstärkt Traditionen und Trachten aus anderen Landesteilen Deutschlands. Auch versucht das Komitee, nicht nur auf die Vergangenheit zu blicken, sondern auch die deutsch-amerikanische Gegenwart und die Jugend in die Parade zu integrieren. Den Ausführungen des Organisationskomitees ist zu entnehmen, dass vor allem Hollywoodstars mit bekannter oder unbekannter deutscher Herkunft verstärkt in die Parade mit eingebunden werden sollen. Bei genauerer Betrachtung der Herkunft stünde den Organisatoren eine ganze Reihe Stars zur Verfügung: Gwyneth Paltrow, Sandra Bullock, Arnold Schwarzenegger, Bruce Willis, Leonardo DiCaprio, Kevin Costner, Nick Nolte, Carmen Electra, Kirsten Dunst oder auch Diane Kruger.

Aufnahmen der alljährlich in New York stattfindende Steuben-Parade (aus den Jahren 1973 und 1986), die nach General Friedrich Wilhelm von Steuben als dem wichtigsten Deutsch-Amerikaner benannt wurde. An der Parade nehmen viele deutsch-amerikanische, aber auch aus der Alten Welt stammende Vereine, Musik- und Trachtengruppen teil. Für einen Tag im Jahr wird so der Vergangenheit und der Gegenwart der Deutsch-Amerikaner gedacht.

Auch in den nächsten beiden amerikanischen Kriegen, dem als Zweiter Amerikanischer Unabhängigkeitskrieg bekannten Krieg von 1812 und dem Krieg gegen Mexiko von 1846 bis 1848, kämpften deutsche Siedler in der Armee ihrer neuen Heimat. Da ab den 1830er- und 1840er-Jahren immer mehr Deutsche in die USA kamen, ist es auch nicht verwunderlich, dass rund eine halbe Million Deutsch-Amerikaner im amerikanischen Bürgerkrieg (1861–1865) kämpften; etwa 216 000 davon waren in Deutschland geboren und rund 300 000 entstammten der zweiten Generation. Hinzu kamen bis zu 230 000 Nachkommen der eingewanderten Deutschen, die sich nunmehr als Amerikaner verstanden. Sie alle trugen entscheidend zum Sieg der Nordstaaten bei.

Obwohl die Mehrheit der Deutschen für die Nordstaaten kämpfte, standen auch einige ihrer Landsleute in den Reihen der Konföderierten aus dem Süden. Hauptsächlich stammten diese aus Texas, in die anderen Südstaaten wanderten die Deutschen selten aus. Die Deutschen mussten oftmals am Krieg teilnehmen, weil sie eingezogen wurden. Zudem erließ die Konföderation ein Verbannungsgesetz, das der Regierungsgewalt erlaubte, alle männlichen Personen über 14 Jahre außer Landes zu verweisen, sollten sie weiterhin der amerikanischen Union die Treue halten und sich weigern, den Eid auf die

Bevor Ellis Island als Einwanderungsbehörde eröffnet wurde, gab es viele kleine Einwanderungsbüros in Castle Garden an der Südspitze Manhattans. Hier wurde auch das Büro der Deutschen Gesellschaft von New York betrieben. Die Abbildung zeigt die Rekrutierung von Einwanderern für den Bürgerkrieg im Jahr 1861.

Sezession zu leisten. Einige Deutsche flüchteten daher in Richtung Norden, andere, die ihre neue Heimat nicht verlassen wollten, mussten mit dem Schlimmsten rechnen. Vielerorts wurden sie verfolgt, aus der Gemeinde vertrieben oder gelyncht. Doch es gab auch glühende Anhänger für den aristokratischen Süden unter den Deutschen. Der populärste deutsche Offizier, der in den Reihen der Konföderierten kämpfte, war Johann Heinrich August Heros von Borcke, ein preußischer Offizier. Aufgrund finanzieller Schwierigkeiten trat er aus der preußischen Armee aus und wanderte 1862 nach South Carolina aus, wo er sich der Sache des Südens anschloss. In den Sezessionisten fand der Aristokrat von Borcke Sinnesverwandte. Der Süden dankte es dem Deutschen mit einer Art Heldenverehrung, war er doch einer der wenigen internationalen Mitstreiter in ihren Reihen. Während des Krieges wurde von Borcke schwer verwundet und kehrte nach Friedensschluss wieder in seine preußische Heimat zurück.
Einen ganz anderen Einfluss auf die konföderierten Staaten von Amerika übte Nicola Marschall aus dem saarländischen St. Wendel aus. Er war der Sohn eines reichen preußischen Tabakhändlers und kam 1849 nach New Orleans, Louisiana. Später ließ er sich in Mobile, Alabama, nieder und leitete den amerikanischen Zweig des Familienunternehmens. Als sich auch Alabama der Sezession der anderen Südstaaten anschloss, wurde Marschall von der Schwiegertochter des Gouverneurs gebeten, eine Flagge für die Konföderation zu entwerfen. Nicola Marschall entwarf nicht nur die „Stars & Bars", die erste Flagge der Konföderation, er schlug auch graue Uniformen für die Mehrheit der Soldaten vor.
Auch der Norden war sich um die Bedeutung „seiner" Deutschen für den Krieg bewusst. Als nun der Sezessionskrieg ausbrach, versuchte Lincoln, auch die Deutschen in die Armee des Nordens einzubinden. Einerseits beabsichtigte der Präsident, sich auf diese Weise die Loyalität der Deutsch-Amerikaner zu sichern, andererseits bedankte er sich bei einigen prominenten 1848ern für die Unterstützung im Wahlkampf, indem er sie zu hohen Offizieren ernannte. Nicht zuletzt erhoffte sich Lincoln, von den Erfahrungen der Deutschen profitieren zu können. Zu den Generälen zählten beispielsweise Franz Sigel, Peter Osterhaus, August Willich, Ludwig Blenker, Alexander Schimmelpfennig und Baron Adolph von Steinwehr.
Der 1812 in Worms geborene Ludwig Blenker rettete gewissermaßen den Norden gleich zu Beginn des Krieges. Er hatte 1861 ein Kommando erhalten und befehligte es in der Schlacht von Bull Run am 21. Juli 1861, der ersten großen Schlacht des Bürgerkrieges. Der Norden hatte die Südstaatler unterschätzt, die nun wenige Meilen vor den Toren von Washington die Überhand gewannen. Blenkers Division hielt jedoch die Konföderierten auf, sodass Washington gerettet und vor der Einnahme durch den Süden bewahrt wurde. Daraufhin wurde er zum Brigadegeneral befördert.

Konföderierte Truppen des Südens bei der zweiten Schlacht von Bull Run 1862 mit der „Battle Flag" des Südens. Die eigentliche Flagge der Südstaaten, die „Stars & Bars", die von Nicola Marschall aus St. Wendel im Saarland entworfen worden war, wurde in den Kämpfen nicht mehr eingesetzt, da sie der Nordstaatenflagge zu sehr ähnelte.

Die Beförderung der Deutschen in die hohen Offiziersränge stieß aber nicht überall auf Gegenliebe. Die deutschen Generäle konkurrierten mit den Offizieren, welche die nationale Militärakademie West Point absolviert hatten. Dort wurde traditionell die militärische Elite der Amerikaner herangezogen. Die amerikanischen Offiziere blickten hochnäsig auf die deutschen Offiziere wie auf die einfachen Soldaten herab. Diese Gesinnung fand auch ihren Weg in die amerikanische Presse; dort wurden die Deutschen häufig zu Unrecht für das Scheitern von Angriffen verantwortlich gemacht und für Niederlagen an den Pranger gestellt. In Wahrheit waren sie weder bessere noch schlechtere Soldaten als die Amerikaner. In der Schlacht von Chancellorsville etwa waren es gar deutsche Offiziere, die den befehlshabenden General Oliver Howard vor einem Angriff warnten, doch von ihm ignoriert wurden.

Auch in den beiden Weltkriegen kämpften deutschstämmige Soldaten auf der Seite der USA gegen die Heimat ihrer Vorfahren. Im Vorfeld des Ersten Weltkrieges betraf dies größtenteils die dritte Generation. Die Deutsch-Amerikaner standen vor der Entscheidung, ob sie loyal zu ihrer neuen Heimat, zu Nachbarn und Freunde sein sollten oder ob sie sich so stark mit Deutschland verbunden fühlten, dass sie für das Deutsche Reich in den Krieg ziehen könnten. Gab es zunächst öffentliche Treueschwüre in Richtung alter Heimat sowie die Forderungen an die US-Regierung, neutral zu bleiben, änderte sich dies im Verlauf des Krieges. Mehr und mehr bekannten sich die Deutsch-Amerikaner – teils freiwillig, teils durch den gesellschaftlichen Druck – zu den Vereinigten Staaten. Sie zogen nach Europa mit dem Ziel, die Monarchie in Deutschland endgültig zu beenden. In gewisser Weise vollendeten sie so das Werk der 1848er, die 60 Jahre zuvor die Demokratie in Deutschland nicht durchsetzen konnten.

Im Zweiten Weltkrieg gestaltete sich die Situation weitaus differenzierter. Nach dem Kriegseintritt der USA rief Präsident Franklin D. Roosevelt (Präsident von 1933 bis 1945) zum Kampf zwischen Gut und Böse, zwischen Demokratie und Diktatur auf. Natürlich standen in den Reihen der amerikanischen Soldaten viele deutschstämmige Amerikaner. Ihre deutschen Wurzeln kannten sie, doch die Soldaten fühlten sich ihnen nicht verpflichtet, ihre Loyalität zu Amerika stand außer Frage. Hinzu kamen die neuerlichen Flüchtlinge aus Deutschland, hauptsächlich Juden und Intellektuelle. Sie hatten eine umso höhere Motivation, der US-Armee beizutreten und aktiv gegen die Nationalsozialisten und für die Befreiung Deutschlands zu kämpfen. Allerdings internierten die USA auch eine kleine Anzahl Deutsch-Amerikaner während des Zweiten Weltkrieges, die potenziell als gefährlich für den Staat eingestuft wurden.

Die US-Marine entert ein deutsches Schiff während des Ersten Weltkrieges. In beiden Weltkriegen kämpften zahlreiche deutschstämmige Soldaten aufseiten der USA gegen die alte Heimat.

Der deutsche Ingenieur Ferdinand Graf von Zeppelin, Erfinder des gleichnamigen Luftschiffes, nahm für die Nordstaaten am Bürgerkrieg teil (zweiter von rechts).

Hannah Arendt war als Journalistin und Hochschullehrerin in New York tätig und veröffentlichte wichtige Beiträge zur politischen Philosophie. 1937 musste sie Deutschland aufgrund ihrer jüdischen Abstammung verlassen.

AUSBLICK INS 20. UND 21. JAHRHUNDERT

DEUTSCH-JÜDISCHE FLÜCHTLINGE UND EXILDEUTSCHE

Nachdem um die Jahrhundertwende die Flut deutscher Einwanderer in die USA abgerissen war, wanderten auch in den folgenden beiden Jahrzehnten nur vereinzelt Deutsche nach Nordamerika aus. Einige unternahmen den Versuch, das alte Vereinsleben zu reanimieren, doch zu viele antideutsche Ressentiments herrschten in der amerikanischen Bevölkerung. Allerdings gingen diese nicht so weit, als dass sich zwischen beiden Staaten eine Erzfeindschaft hätte etablieren können. Ab 1921 nahmen die USA und Deutschland wieder diplomatische Beziehungen zueinander auf, und das Auswärtige Amt richtete dabei sogar eine „Abteilung für Deutschtum im Ausland und kulturelle Angelegenheiten" ein. Sie hatte zum Ziel, das Verhältnis zwischen dem Mutterland und den Auslandsdeutschen zu stärken und so auch für ein positiveres Deutschlandbild zu werben. Doch die Zeit der großen Auswanderungswellen aus Deutschland war tatsächlich vorbei, mit der Verfassung der Weimarer Republik waren nun auch die politischen Forderungen verwirklicht, die im 19. Jahrhundert viele zur Auswanderung bewogen hatten. Andere Nationalitäten strömten in die USA, aus Europa kamen hauptsächlich Menschen aus dem Süden oder Südosten des Kontinents. Allen voran standen die Italiener, die nun ihrerseits überall in den USA kleine Nationalitätenviertel gründeten.
Nur noch einmal flüchteten Menschen in großer Anzahl von Deutschland nach Amerika. Es waren die verfolgten und gepeinigten Juden, die in den 1930er-Jahren der Willkür und dem Terror des Naziregimes

ausgesetzt waren. Die Machtergreifung der Nationalsozialisten im Jahr 1933 führte zu neuerlichen Flüchtlingsströmen in die USA, die verglichen mit den Zahlen des 19. Jahrhunderts jedoch gering waren. Mit den öffentlichen Verfolgungen und Ausschreitungen im Zuge der Reichskristallnacht 1938 verschärfte sich der Antisemitismus in Deutschland – und viele Juden mussten schließlich erkennen, dass Deutschland kein Rechtsstaat mehr war, in dem sie sicher und ungefährdet leben konnten. Die demokratischen Vereinigten Staaten waren für sie ein attraktives Ziel, zumal zahlreiche Juden bereits in New York lebten. Von den etwa 400 000 Juden, die bis zum Beginn des Zweiten Weltkrieges aus Deutschland und Österreich flüchteten, wanderte etwa ein Viertel in die USA aus, der Großteil davon nach New York. Zu den bekanntesten jüdischen Flüchtlingen zählten der Komponist und Entwickler der Zwölftonmusik, Arnold Schönberg, die Publizistin Hannah Arendt, der Komponist Kurt Weill, der Philosoph Theodor W. Adorno, der Filmregisseur Billy Wilder und nicht zuletzt der Physiker Albert Einstein. Unter den jüdischen Flüchtlingen, die in der glück-

Er wurde zum Sprachrohr der Exil-Deutschen der 1930er- und 1940er-Jahre: Literaturnobelpreisträger Thomas Mann (hier mit seiner Ehefrau Katia Mann). Zwischen 1938 und 1952 lebte er die meiste Zeit in der Nähe von Los Angeles.

Bertolt Brecht (rechts) und Lion Feuchtwanger lernten sich 1919 in München kennen. 1933 flohen beide aus Deutschland, in den USA setzten sie sich für ein „Council for a Democratic Germany" ein, dem zahlreiche deutsche Auswanderer beitraten. Lion Feuchtwanger starb 1958 in den USA. Hier die beiden Schriftsteller 1944 in Pacific Palisades, Los Angeles

lichen Lage waren, ein Visum für die USA erhalten zu haben, war auch der junge Henry Kissinger aus Fürth, der 1973 zum Außenminister der USA berufen wurde. Hinzu kamen viele Künstler, Schriftsteller und Intellektuelle wie Thomas Mann, Max Ernst, Walter Gropius und Bertolt Brecht. Ihnen wurde seitens der Nationalsozialisten die Lebensgrundlage entzogen, sodass ihnen nur die Flucht ins Ausland blieb.

Thomas Mann war dabei der bekannteste der deutschen Exilanten. Er hatte Deutschland bereits 1933 in Richtung Schweiz verlassen, emigrierte 1938 dann in die USA und nahm die amerikanische Staatsbürgerschaft an. Nach einigen Jahren an der Ostküste verlegte er seinen Wohnsitz in die Nähe von Los Angeles, wo er bis zu seiner Rückkehr nach Deutschland im Jahr 1952 blieb. Die in dieser Zeit verfassten Werke weisen allerdings keinen inhaltlichen Bezug zu den USA auf. Durch seine große Popularität und Medienpräsenz stieg Thomas Mann schnell zum Sprachrohr der Deutsch-Amerikaner auf. Und auch viele Amerikaner erkannten in ihm das „andere" Deutschland der Literatur und Kultur, das trotz der Verbrechen der Nationalsozialisten existierte.

Die Flüchtlinge mussten sich in den USA, unabhängig von ihrer Ausbildung, Herkunft und ihrem gesellschaftlichen Status, ein neues Leben aufbauen. Gerade in der Anfangsphase war ihr Alltag von dem Überlebenskampf in der Neuen Welt bestimmt. Sie mussten sich die fremde Sprache aneignen, Arbeit finden und neue Bekanntschaften schließen. Schnell zogen sie einen Schlussstrich unter ihr altes Leben, zumal der Kontakt nach Deutschland spätestens mit Beginn des Krieges 1939 abriss.

Ende der 1930er-Jahre lebten im Großraum New York etwa 600 000 Deutsch-Amerikaner. Im Lauf der Zeit schufen sie eine „deutsche Infrastruktur", die es den Flüchtlingen wesentlich erleichterte, in New York Fuß zu fassen. Einige deutschsprachige Zeitungen hatten die Krise des Ersten Weltkrieges überlebt und gaben den Neuankömmlingen eine erste Orientierung. Allen voran stand weiterhin die *New Yorker Staats-Zeitung*, die eine bürgerlich-konservative Haltung vertrat und lange Zeit keine klare Linie gegenüber dem Nationalsozialismus aufzeigte. Von besonderer Bedeutung für die deutschen Juden war auch die Zeitung *Der Aufbau*, der seit Dezember 1934 erschien.

Neben vielen anderen deutschen Vereinen gab es auch den 1924 gegründeten German-Jewish Club, der in den ersten Jahren allerdings nie mehr als 50 Mitglieder zählte. Dies änderte sich ab 1933, als die ersten Flüchtlinge aus Deutschland eintrafen. Die Mitgliederzahl schnellte in die Höhe und das Vereinsbüro wurde zur wichtigen Anlaufstelle für die Flüchtlinge. Der German-Jewish Club nahm eine wichtige Rolle im Leben seiner Mitglieder ein, bot Rechtsbeistand, vermittelte Arbeitsplätze, veranstaltete Tanz- und Spielabende und hielt für seine Mitglieder ein vielfältiges Angebot an Sport, Kultur und Erziehung bereit.

In Washington Heights entwickelte sich nördlich der 135th Street ein neues Einwandererviertel, hier siedelten sich viele aus Deutschland geflüchtete Juden an. Die alteingesessenen Juden bemühten sich mit Spendenaktionen, Mieterlassen und Hilfestellungen jeder Art, die Eingliederung der Neuankömmlinge zu erleichtern. Nicht nur Henry Kissinger, sondern auch der spätere Chef der amerikanischen Notenbank, Alan Greenspan, wuchs in diesem Viertel auf. 1935 wurde die erste jüdische Gemeinde in Washington Heights gegründet. Dies gab dem Stadtteil noch einmal einen neuen Impuls und ließ ihn auch nach außen hin als unverkennbar deutsch-jüdisch erscheinen. In den nächsten Jahren kamen Tausende weiterer Flüchtlinge, in dem Viertel entstanden deutsch-jüdische Restaurants, Geschäfte, Kabaretts und Sport- und Freizeitvereine. Die Deutsch-Juden gaben ihrem neuen Wohnviertel deutsche Spitznamen, sie bezeichneten Washington Heights unter anderem als „Frankfurt on the Hudson", „Kanton Englisch" (abgeleitet von „Kein Ton Englisch") und Cincinnati (abgeleitet von „Sind Sie nicht die …?) – oder zynisch als „Viertes Reich".

Das deutsch-jüdische Leben in Washington Heights wurde allerdings von vielen, gerade von den alteingesessenen Deutschen und Deutsch-Juden, stark kritisiert. Da es in dem Viertel kaum zu einem „Austausch", geschweige denn zu einem Kontakt mit den Amerikanern kommen konnte, fürchteten viele, es könnte eine deutsch-jüdische Subkultur entstehen, die sich neben der amerikanischen Gesellschaft entwickelte.

Der *Aufbau* rief daher alle New Yorker Juden dazu auf, offen mit den Problemen der Anpassung umzugehen und Kontakt zu den Amerika-

nern zu suchen. Die Juden sollten sich auf keinen Fall isolieren, die Zeitung forderte, dass „[sie] am amerikanischen Gesamtleben teilnehmen und dadurch ihre Zuneigung zu Amerika beweisen sollen. Das wird den Amerikaner freuen, und er wird [die Juden] gern als Amerikaner unter Amerikanern aufnehmen."
Nach Kriegsende hatten sich die jüdischen Flüchtlinge oftmals zu sehr an die amerikanische Gesellschaft angepasst, als dass für sie eine Rückkehr nach Deutschland noch infrage kam. Sie fürchteten sich zudem trotz des Endes des Naziregimes weiterhin vor dem Antisemitismus in Deutschland. Die meisten blieben in New York und fühlten sich als Amerikaner. Und je angepasster die deutschen Juden waren und je mehr sie in der amerikanischen Gesellschaft aufgingen, umso mehr verschwand das deutsch-jüdische Leben in Washington Heights. Ende der 1950er-Jahre veränderte sich das Viertel immer rasanter. Viele Juden hatten Washington Heights verlassen und eine neue Gruppe Einwanderer strömte in das Viertel: die Puerto Ricaner. Bereits Ende der 1960er-Jahre waren alle deutsch-jüdischen Geschäfte und Synagogen geschlossen.
Zwei Auswandererpersönlichkeiten jüdischer Herkunft seien an dieser Stelle ausführlicher vorgestellt.

Victor Gruen, der Erfinder der Shopping Mall

Zu den ureigensten amerikanischen Elementen in den Städten zählen die Shopping Malls. Groß angelegte Parkplätze bieten einfachen Zugang zur Einkaufswelt. In den Malls verbergen sich dann zahlreiche Markengeschäfte, Erfrischungstheken und Fast-Food-Restaurants unter einem Dach, sodass auch bei schlechten Witterungsverhältnissen trockenen Fußes eingekauft werden kann. Dieses Konzept stammt von Victor Gruen aus Wien. In Österreich erinnert man sich seiner auf eine andere Weise, dort gilt er als der „Vater der Wiener Fußgängerzone".
Victor Gruen wurde am 18. Juli 1903 unter dem Namen Victor David Grünbaum in Wien geboren. Er studierte Architektur und machte sich während seines Studiums einen Namen als politischer Kabarettist. Nach dem Anschluss Österreichs an das Deutsche Reich wurde sein Büro aufgrund seiner jüdischen Herkunft gestürmt und Grünbaum musste in die USA flüchten. Getreu seinem Motto „Ein Auto kauft nichts" baute er nun in New York und Los Angeles und erreichte schnell großes Aufsehen. Eines seiner frühen Meisterwerke war ein Kaufhaus mit einem Parkdeck auf dem Dach – eine Weltneuheit. 1951 gründete er sein eigenes Architekturbüro „Victor Gruen Associates" in Los Angeles und begann daraufhin mit der Verwirklichung eines Open-Air-Einkaufszentrums in Northland. Mit den Erfahrungen aus diesem Projekt entwickelte er 1956 die Southdale Mall bei Edina, Minnesota, die erste Shopping Mall der USA. Gruen verfolgte damit

Innenansicht der Southdale Mall bei Edina, Minnesota. Nach Gruens Entwurf sollte das Zentrum nicht nur dem Konsum dienen, sondern auch öffentliche und soziale Einrichtungen enthalten und ein Ort der Begegnung sein. Zum Konzept gehörten daher auch Cafés und ein kleiner Garten unter Tageslicht mit Fischteich, Pflanzen und einem Käfig mit buntgefiederten Vögeln.

Victor David Grünbaum wurde 1903 in Wien geboren. Aufgrund seiner jüdischen Herkunft floh der Architekt nach dem Anschluss Österreichs an das nationalsozialistische Deutsche Reich in die USA.

ein bestimmtes Ziel: Er wollte die Autos aus dem Geschäfts- und Kulturleben entfernen und einen übergeordneten Raum der Begegnung, des Einkaufens und der Unterhaltung schaffen. So umfasste die Mall in Southdale auch eine Schule und eine Schlittschuhbahn. Die Southdale Mall war zwar wirtschaftlich erfolgreich, dennoch wurde Gruens vollständiger Entwurf nicht verwirklicht. Einige Apartmentgebäude, medizinische Einrichtungen, Schulen und ein Park mit See wurden nicht gebaut beziehungsweise angelegt, obwohl sie im ursprünglichen Entwurf vorgesehen waren. Aufgrund der Erfindung der Mall wurde Gruen von dem amerikanischen Magazin *The New Yorker* zum einflussreichsten Architekten des 20. Jahrhunderts erkoren. Auch mit seinen zukünftigen Projekten blieb er seiner Philosophie treu. Bei der Neugestaltung der Innenstadt von Kalamazoo, Michigan, ermöglichte es Gruen, den Autoverkehr vollständig in einem Ring um das Zentrum fließen zu lassen.

Gruen wandte sich in den 1960er-Jahren der ökologischen Stadtentwicklung zu. Hierfür gründete er im Jahr 1968 die „Victor Gruen Foundation for Environmental Planning". Als er schließlich 1973 seinen Lebensmittelpunkt nach Wien zurückverlegte, hob er dort das Schwesterinstitut „Zentrum für Umweltplanung" aus der Taufe. Als sein alter Weggefährte aus Studienzeiten, Felix Slavik, zum Wiener Oberbürgermeister ernannt wurde, beauftragte er Victor Gruen mit der Entwicklung eines Konzepts zur Neugestaltung der Innenstadt. Victor Gruen plante gegen heftigen Gegenwind, die Kärtnerstraße zur Fußgängerzone umzugestalten. Gruens Pläne wurden 1974 verwirklicht und traten in den 1970er- und 1980er-Jahren einen regelrechten Siegeszug durch ganz Europa an. Victor Gruen starb am 14. Februar 1980 in Wien.

Gemeinsam mit seinem österreichischen Kollegen Rudolf Baumfeld gründete Gruen 1950 die Arbeitsgruppe „Victor Gruen Associates", der neben Architekten und Planern auch Künstler und Soziologen angehörten und die sich zu einem der größten Architekturbüros in den USA entwickelte (unten).

Das Original (Seite 211): Die Southdale Mall bei Edina, Minnesota, ist das Vorbild aller Shopping Malls in den USA – überdacht, autofrei, zweistöckig, im Sommer kühl, im Winter warm, mit integrierten Grünflächen; das Leben spielt sich innen ab. Zu Beginn umfasste die Mall eine Fläche von 74 000 Quadratmeter, 5200 Parkplätze und 72 Verkaufsräume. Der Bau kostete 20 Millionen Dollar.

Dayton's

Der in Fürth geborene und in New York aufgewachsene Henry Kissinger war von 1973 bis 1977 Außenminister der Vereinigten Staaten. Auf der Abbildung präsentiert er seine Urkunde für das Ehrenbürgerrecht der Stadt Fürth im Mai 1998. Henry Kissinger ist auch dem Fußballclub der Stadt, der SpVgg Fürth, sehr verbunden. Für seine Bemühungen um den Waffenstillstand in Vietnam erhielt er 1973 den Friedensnobelpreis.

Henry Kissinger, der taktierende Chefdiplomat

Der prominenteste deutschstämmige Amerikaner des 20. Jahrhunderts ist zweifellos Henry Alfred Kissinger, der als einflussreicher Politiker unter den Präsidenten Richard Nixon und Gerald Ford wirkte. Henry Kissinger wurde am 27. Mai 1923 im fränkischen Fürth als Sohn eines Studienrates geboren. 1938 mussten seine Eltern aufgrund ihres jüdischen Glaubens mit ihm und seinen Geschwistern aus Deutschland in die USA flüchten. Fünf Jahre später, am 19. Juni 1943, erhielt Kissinger die amerikanische Staatsbürgerschaft. Noch im selben Jahr kam er zurück nach Deutschland, weil er zum amerikanischen Wehrdienst eingezogen, den er zum Teil in Bensheim an der hessischen Bergstraße absolvierte, und als Übersetzer verpflichtet wurde. Nach Kriegsende blieb er zunächst in der amerikanischen Besatzungszone und war mit der Aufklärung von Kriegsverbrechen sowie der Entnazifizierung betraut. 1947 kehrte Kissinger in die USA zurück und schrieb sich an der Harvard Universität für Politologie ein, wo er im Jahr 1954 promovierte. Als sich Nelson Rockefeller 1968 um die Präsidentschaftskandidatur der Republikaner bemühte, berief er Kissinger in seinen vorläufigen Stab als Experte für sicherheitspolitische und außenpolitische Themen. Rockefeller verlor den Kampf um die Kandidatur gegen Richard Nixon, der ebenfalls beeindruckt von Kissingers Auftritten war. Er machte ihn 1969 zu seinem persönlichen Assistenten. Von 1973 bis 1977 war Kissinger Außenminister der USA und in dieser Funktion Schlüsselfigur einer Außenpolitik, die oft durch Reisediplomatie und Blitzbesuche, Geheimhaltung auch gegenüber Verbündeten und Überraschungstaktiken bestach. Seine Leistungen waren die Aufnahme diplomatischer Beziehungen mit der Volksrepublik China, ein Friedensabkommen mit Vietnam, die Entspannungspolitik mit der Sowjetunion sowie Vermittlungsbemühungen im Nahen Osten. Für das Abkommen mit Vietnam erhielt er 1973 den Friedensnobelpreis.

Mit der SpVgg ist er seit frühester Kindheit verbunden. Noch heute lässt er sich regelmäßig die Ergebnisse auf seinen Schreibtisch legen. Website der SpVgg Greuter Fürth e.V.

Kissinger blieb seiner fränkischen Heimat stets eng verbunden. Im Jahr 1998 erhielt er die Ehrenbürgerschaft seiner Heimatstadt Fürth. Seine Verbundenheit äußert sich auch in der Anhängerschaft zur Fuballmannschaft der SgVgg Fürth, die heute unter dem Namen SpVgg Greuther Fürth spielt. Angeblich ließ sich Kissinger jahrelang die Ergebnisse der deutschen Fußballligen von der deutschen Botschaft zukommen.

DIE HOLLYWOOD-CONNECTION

Der deutsche Einfluss auf die Entstehung von Hollywood wird oft unterschätzt und teilweise ignoriert. Hollywood wäre ohne die Filmschaffenden aus Deutschland, Österreich und der Schweiz heute nicht das Zentrum des globalen Filmgeschäfts. Der Austausch zwischen Hollywood und der deutschen Filmindustrie fand in der Stummfilmzeit der 1920er-Jahre seinen Höhepunkt. Viele amerikanische Schauspieler kamen sogar nach Berlin, um an deutschen Produktionen mitzuwirken. Hollywood war schon damals für die Deutschen so attraktiv, dass Größen wie Ernst Lubitsch, der Schauspieler Conrad Veidt, der spätere Regisseur von „Ben Hur", William Wyler, oder Michael Curtiz aus Österreich-Ungarn, der Regisseur von „Casablanca", nach Kalifornien kamen. Durch den Weggang der Filmschaffenden verlor Deutschland seinen Status als eine der führenden Filmnationen, den es nie wieder zurückeroberte.

Dem Zuschauer mag „Casablanca" als „antideutsch" erscheinen; tatsächlich aber arbeiteten an der Produktion, die während des Zweiten Weltkrieges entstand, vornehmlich Flüchtlinge aus den Gebieten des Deutschen Reiches und Österreich-Ungarns sowie Filmschaffende, die zuvor in Berlin wirkten. Hier das Filmplakat mit Humphrey Bogart und Ingrid Bergman

Carl Laemmle aus dem oberschwäbischen Laupheim gründete mit den Universal Studios das erste große Filmstudio in Hollywood. Darüber hinaus entwickelte er Vermarktungskonzepte, die aus den unbekannten Darstellern Filmstars machten.

Carl Laemmle, der Erfinder Hollywoods

Die weltberühmten Universal Pictures mit Stummfilmklassikern wie „Dracula", „Frankenstein", „Phantom der Oper" oder zeitgenössischen Filmen wie „Der weiße Hai", „Jurassic Park" oder „King Kong" wurden von dem Schwaben Carl Laemmle gegründet. Er war der Erste, der ein großes Filmstudio in Hollywood, dem damals unbebauten Norden von Los Angeles, errichten ließ. Noch heute lockt der Vergnügungspark Millionen Besucher nach Hollywood.

Carl Laemmle wurde als zehntes Kind von dreizehn Geschwistern einer jüdischen Familie am 17. Januar 1867 in Laupheim, Oberschwaben, geboren. Zunächst absolvierte er eine Lehre im nahe gelegenen Ulm, ehe er 1884 nach dem Tod seiner Mutter nach Nordamerika auswanderte. Dort hielt er sich zunächst 20 Jahre lang mit unterschiedlichen Jobs, hauptsächlich in der Textilbranche, über Wasser, bis er 1906 zum ersten Mal ein Nickelodeon betrat, ein kleines Filmtheater, in dem man für einen Nickel (fünf Cent) ein kurzes Filmchen sehen konnte. Bald eröffnete Laemmle daraufhin sein eigenes Nickelodeon, das mehr einer Jahrmarktattraktion denn einem heutigen Kino glich. Das „White Front Theatre" entpuppte sich als finanzieller Erfolg, und innerhalb weniger Jahre besaß Laemmle eine ganze Kette Nickelodeons mit eigenem Filmverleih. Ab 1909 war er gezwungen, eigene Filme zu produzieren, da die Motion Pictures Patents Company (MPPC) unter der Führung von Thomas A. Edison das Monopol über Filmverleih und Produktion für sich beanspruchte. Doch Laemmle tat sich mit mehreren unabhängigen Filmvorführern zusammen und zwang den scheinbar übermächtigen Filmtrust in die Knie. Nach diesem Erfolg wollte er weiterhin in Ruhe Filme produzieren und entschied sich, nach Los Angeles umzusiedeln, um fernab der großen Studios drehen zu können. 1912 gründete er Universal Motion Picture Company, und 1915 eröffneten die Universal Studios in einem abgelegenen Tal im Norden von Los Angeles ihre Pforten. Laemmle schuf damit das erste große Filmstudio in Hollywood und einen Vergnügungspark, in dem sich die Besucher in den Studios aufhalten und bei den Dreharbeiten zusehen konnten. Ebenso war er der Erste, der konsequent auf Werbung und Vermarktung seiner Filme setzte und so das Star-System kreierte, das heute so „typisch amerikanisch" anmutet. Waren Schauspieler bis dato nur unbekannte Gesichter, die viel lieber Theater spielten, so machte Laemmle sie nun zu Filmstars, über die in Zeitungen und Magazinen berichtet wurde.

Während des Ersten Weltkrieges wollte auch Laemmle seine Loyalität zu seiner neuen Heimat unter Beweis stellen und produzierte amerikanische Propagandafilme, beispielsweise den „Untergang der Lusitania". Nach dem Krieg setzte er sich allerdings durch Spendenaufrufe und eine wöchentliche Zeitungskolumne für die Menschen im Deutschen Reich ein. Laemmles größter Erfolg war „Im Westen nichts Neues", eine Verfilmung des Romans von Erich Maria Remarque, für den er zusammen mit seinem Sohn Carl Laemmle Jr. bei der dritten Oscarverleihung den Preis für den besten Film bekam.

Aufgrund wirtschaftlicher Schwierigkeiten verlor Laemmle 1936 die Macht über sein Filmstudio, am 24. September 1939 starb er in seinem Haus in Beverly Hills. Ein Stern auf dem Hollywood Boulevard war ihm sicher, aber vor allem im oberschwäbischen Laupheim wird die Erinnerung an ihn erhalten. Nach ihm wurden eine Straße und das Gymnasium der Stadt benannt.

Carl Laemmle (Porträt links oben) begann seine Karriere als Filmproduzent, als er fast 40 Jahre alt war. 1906 kaufte er sein erstes Nickelodeon, in dem die Zuschauer für einen Nickel (fünf Cent) einen kurzen Stummfilm sehen konnten. Carl Laemmles Elternhaus in Laupheim in Oberschwaben stand außerhalb der jüdischen Gemeinde seines Heimatstädtchens (rechts). Für den Film „Im Westen nichts Neues" (links unten) nach dem Roman von Erich Maria Remarque erhielt Laemmle zusammen mit seinem Sohn Carl Laemmle Jr. den Oscar für den besten Film bei der dritten Verleihung des Academy Award. Er schuf damit auch den ersten Antikriegsfilm der Geschichte.

In den 1930er-Jahren erhielt auch Hollywood durch die vielen deutsch-jüdischen Flüchtlinge neue Impulse, die ihre Heimat in Deutschland, Österreich und den von den Deutschen besetzten Gebieten aufgrund der Bedrohung und Verfolgung durch die Nationalsozialisten verlassen hatten. Unter den Flüchtlingen waren unter anderem Fritz Lang, Friedrich Wilhelm Murnau, Peter Lorre, Billy Wilder, Marlene Dietrich und der Star-Regisseur Josef von Sternberg. Aufgrund des hohen Anteils von Mitwirkenden aus Deutschland und den ehemaligen Gebieten von Österreich-Ungarn wurde das Produktionsteam des Hollywood-Klassikers „Casablanca" oftmals als German-Connection bezeichnet. Regisseur Michael Curtiz stammte, wie bereits erwähnt, ebenso wie Schauspieler Szöke Szakall, der zuvor in Berlin Karriere machte, aus Österreich-Ungarn, der Österreicher Max Steiner schrieb die Musik, und Curt Bois, Conrad Veidt und Peter Lorre wirkten neben vielen anderen geflohenen Deutschen als Darsteller mit. Dies gab dem Filmklassiker, bei dem es sich nur oberflächlich um einen Liebesfilm handelt, eine besondere Note. Er kam 1942 als Propagandafilm in die amerikanischen Kinos und lief erst in den 1950er-Jahren in Deutschland. In dieser ersten Version wurden fast 20 Minuten aus dem Film geschnitten, es fehlt jeglicher Bezug auf die Nationalsozialisten und darüber hinaus ist die Figur Victor László kein Flüchtling aus dem Konzentrationslager. Erst 1975 wurde der Film in voller Länge und neu synchronisiert in Deutschland ausgestrahlt.

Ende des 20. und zu Beginn des 21. Jahrhunderts gelang es einzelnen Regisseuren, Schauspielern oder anderen Filmschaffenden immer wieder, in Hollywood Fuß zu fassen. Zu den erfolgreichsten zählen Arnold Schwarzenegger, Roland Emmerich, Wolfgang Petersen, Michael Ballhaus und Diane Kruger.

Mickey Mouse und seine deutschstämmigen Väter
Die amerikanische Ikone Mickey Mouse entstand aus der Zusammenarbeit von Ub Iwerks und Walt Disney, der ein typischer Nachfahre der Einwanderer in dritter Generation war. Väterlicherseits war er irischer Abstammung, mütterlicherseits hatte er deutsche Wurzeln – seine Mutter Flora Call wurde in Steuben, Ohio, geboren und war die Tochter von Henrietta Groß, die aus Deutschland eingewandert war. Wie viele Einwanderer der dritten Generation betrachtete sich Disney aber als Amerikaner. Walter Elias Disney wurde am 5. Dezember 1901 in Chicago geboren. Er wuchs mit seinen Eltern und Geschwistern auf einer Farm in Missouri auf. 1923 ging Disney nach Los Angeles, wo er mit seinem Bruder Roy und dem deutschstämmigen Ub Iwerks mit der Produktion von Trickfilmen begann. Iwerks hieß ursprünglich Ubbe Ert Iwwerks und war der Sohn des Ostfriesen Eert Ubbe Iwwerks aus Uttum, der 1869 in die USA eingewandert war. 1901 kam Ub Iwerks in Kansas, Missouri, zur Welt, wo er den gleichaltrigen Walt Disney kennenlernte. Während der Zusammenarbeit in Hollywood im Jahr 1927 schuf Iwerks die amerikanische Ikone Mickey Mouse.

Gemeinsam mit Ub Iwerks, dessen Vorfahren aus Ostfriesland nach Nordamerika kamen, schuf Walt Disney die Comicfigur Mickey Mouse (links). Disney hatte väterlicherseits irische Vorfahren, mütterlicherseits deutsche.

Der Superstar der 1920er- und 1930er-Jahre, Marlene Dietrich, emigrierte bereits 1930 in die USA und leistete von dort aus Widerstand. Sie unterstützte Fluchthelfer und Exil-Deutsche finanziell.

DIE DEUTSCHEN IN AMERIKA NACH 1945

Überall auf den amerikanischen Highways finden sich Ortsschilder, die auf die deutsche Einwanderung hinweisen – wie hier in Connecticut auf „East Berlin".

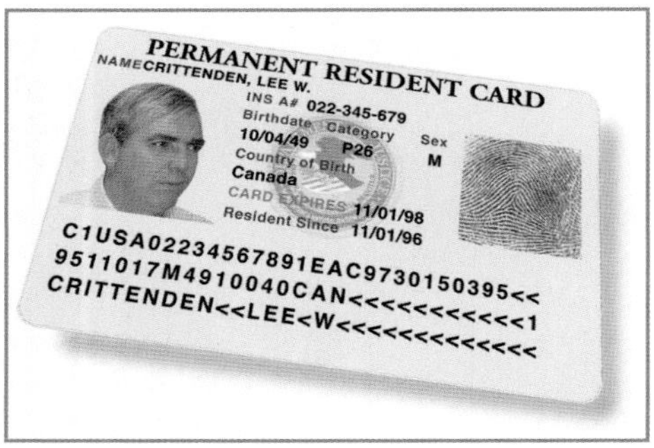

Die „Permanent Resident Card", die sogenannte Green Card, gewährleistet ihrem Träger die unbegrenzte Aufenthaltsgenehmigung in den Vereinigten Staaten. Der Ausweis ist entgegen der geläufigen Bezeichnung nicht grün und muss alle zwei Jahre verlängert werden.

Nach den Einwanderungs- und Flüchtlingsströmen der vergangenen Jahrhunderte und Jahrzehnte änderte sich die Auswanderung aus Deutschland in die USA nach 1945 in eine transatlantische Arbeitswanderung. Ab September 1948 war eine reguläre Auswanderung in die Vereinigten Staaten wieder möglich, doch erst ab 1950 ist von einer Auswanderungswelle zu sprechen, als 130 000 Deutsche in die USA emigrierten. Es handelte sich hierbei hauptsächlich um Intellektuelle oder Ingenieure, die besondere Qualifikationen für den amerikanischen Arbeitsmarkt mitbrachten.

Ein positives Bild der USA mit den Attributen Freiheit, Selbstverwirklichung und Abenteuer spielte auch für die Auswanderung in den 1950er- und 1960er-Jahren eine entscheidende Rolle. Insgesamt waren es über 750 000 Deutsche, die in diesen beiden Dekaden ihr Heimatland in Richtung Amerika verließen. Die Voraussetzungen, Ursachen und die Zielsetzung der Auswanderung haben sich allerdings grundlegend verändert. Durch die Gründung der Bundesrepublik Deutschland wurden die politischen und sozialen Verhältnisse, welche die Menschen im 19. Jahrhundert noch zur Auswanderung bewogen hatten, nachhaltig verbessert. Viele Menschen waren sogar der Meinung, in Deutschland herrsche eine höhere Lebensqualität als in den Vereinigten Staaten.

Der Rückgang der Auswanderung Ende des 20. Jahrhunderts ist auch dem Umstand geschuldet, dass es nun, verglichen mit dem 19. Jahrhundert, recht einfach ist, im Rahmen eines Urlaubs, eines Austauschs oder eines Arbeitsaufenthalts einige Zeit in den USA zu verbringen. Die Begeisterung für Amerika ist nach wie vor ungebrochen. Sie ist zwar abhängig von gesellschaftlichen Stimmungen und litt vor allem während der Präsidentschaft von George W. Bush, sie wird aber auch weiterhin durch die Populärkultur, durch globale Wirtschaftsunternehmen, durch die Wissenschaft und nicht zuletzt durch die aktuellen politischen Entwicklungen gestärkt.

Immer wieder bewerben sich Deutsche über das System der Green Card Lottery. Auch weiterhin gilt, dass die Personen dorthin auswandern, wo sich bereits andere Deutsche niedergelassen haben, die den Einstieg in die Fremde erleichtern. Deutsche Straßenzüge oder Siedlungsviertel entstehen dadurch allerdings nicht mehr. Heute besteht die Möglichkeit, innerhalb weniger Stunden wieder in der deutschen Heimat zu sein – in der Vergangenheit war die Auswanderung häufig ein Abschied für immer.

Einer der bekanntesten Deutsch-Amerikaner in der Zeit nach dem Zweiten Weltkrieg ist der Raketentechniker und Raumfahrtpionier Wernher Magnus Maximilian Freiherr von Braun. Er war als NASA-Mitglied maßgeblich an der ersten Mondlandung beteiligt, vor allem in den 1960er- und 1970er-Jahren genoss er eine große Popularität.

Aufgrund seiner Mitgliedschaft in der SS und seiner Rolle im Nationalsozialismus ist er allerdings bis heute umstritten.
Wernher von Braun wurde am 23. März 1912 im ostpreußischen Wirsitz geboren. In der Schule erbrachte er außergewöhnlich gute Leistungen und konnte so frühzeitig das Abitur machen. Ab 1930 studierte er an der TU Berlin und an der ETH Zürich. 1934 folgte die Promotion. Das NS-Regime bot von Braun in seiner militärischen Ausrichtung ungeahnte Möglichkeiten, sein mit Leidenschaft erforschtes Thema des Raketenantriebs wurde von den Nationalsozialisten mit großem Eifer gefördert. In den Jahren 1937 bis 1944 erarbeiteten von Braun und sein Team an der Heeresversuchsanstalt Peenemünde auf der Insel Usedom die Grundlagen für den Raketenbau. Von Braun leitete die Entwicklung der „Aggregat 4", der ersten Großrakete mit Flüssigtreibstoff, die Josef Goebbels später in „Vergeltungswaffe 2" (V2) umbenannte.
Nach Kriegsende interessierten sich die Amerikaner für von Brauns Forschungen und seine Person. Trotz seiner Involvierung in das NS-Regime erhielt er von den Amerikanern das Angebot, als technischer Berater dem US-Raketenprogramm beizutreten – zu bedeutsam schienen seine Forschungsleistungen. In den 1950er-Jahren leitete er die Entwicklung der ersten atomaren Kurzstreckenrakete „Redstone". Doch von Braun war seit Kindestagen von dem Traum besessen, eine Rakete zu bauen, die bis zum Mond fliegen könnte. Durch mehrere Artikel und Teilnahmen an Konferenzen wurde er einer breiteren Öffentlichkeit als Raketenforscher bekannt und konnte so seine Idee von einer bemannten Mondmission publik machen. Als John F. Kennedy zu Beginn der 1960er-Jahre schließlich kundtat, dass bis zum Ende des Jahrzehnts ein US-Amerikaner auf dem Mond landen werde, wurde von Brauns Kindheitstraum wahr. Als Direktor des Marshall Space Flight Center in Alabama und als stellvertretender Direktor der NASA (1970 bis 1972) war er maßgeblich an allen Apollo-Missionen beteiligt. Den Höhepunkt seiner Karriere markiert die erste bemannte Mondlandung am 20. Juli 1969. In den Jahren danach war er ein glühender Verfechter des ersten bemannten Fluges zum Mars, er verließ die NASA aber aufgrund von Budgetkürzungen enttäuscht. Wernher von Braun starb am 16. Juni 1977 an Nierenkrebs. Deutschen wie Amerikanern bleibt er als Genie in Erinnerung, denn ohne ihn wäre die Mondlandung nicht möglich gewesen.

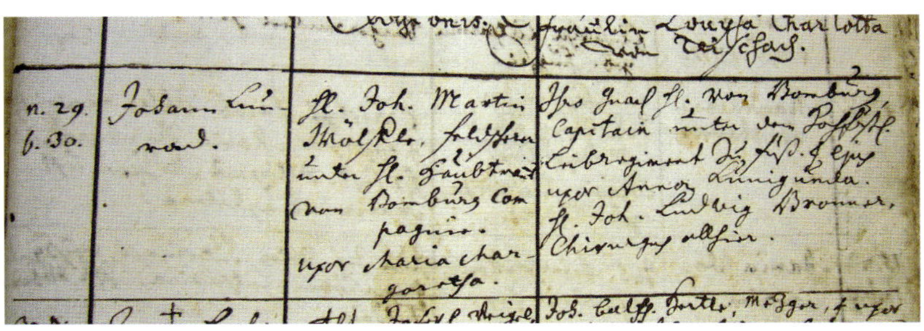

Wernher von Braun arbeitete zunächst im Bereich Raketentechnik für die Nationalsozialisten, unter anderem von 1937 bis 1944 an der Heeresversuchsanstalt Peenemünde auf der Insel Usedom. Sein Erfahrungsschatz machte ihn für die Amerikaner so interessant, dass sie ihn in die USA holten, wo er maßgeblich an der Entwicklung des Apollo-Programms zur ersten Mondlandung beteiligt war. Aufnahme aus dem Jahr 1958

Wie weit der amerikanische Melting Pot vorangeschritten ist, zeigt ein Beispiel der jüngsten Vergangenheit. Auf der einen Seite wird Barack Obama dafür gerühmt, der erste afroamerikanische Präsident der USA zu sein, auf der anderen Seite hat auch er Vorfahren aus Deutschland. Sein Urgroßvater in sechster Generation mütterlicherseits, Johann Conrad Wölfle, stammt aus dem schwäbischen Besigheim und wanderte 1750 in die Neue Welt aus. Ähnlich wie bei Barack Obama befinden sich bei sehr vielen Amerikanern deutsche Einwanderer in der Ahnenlinie. Wahrscheinlich sind es sogar mehr als die 60 Millionen, die bei der letzten Volkszählung deutsche Vorfahren angegeben haben, da die Deutsch-Amerikaner zu Beginn des 21. Jahrhunderts fast vollständig in der amerikanischen Gesellschaft aufgegangen sind.

Auszug aus dem Taufbuch von Barack Obamas Urgroßvater in sechster Generation, Johann Conrad Wölfle aus dem schwäbischen Besigheim

BERLIN WALL
An authentic section of the Berlin Wall, donated in April 1990 by the Berlin Wall Commemorative Group to President Reagan for his unwavering dedication to humanitarianism and freedom over communism throughout his presidency. This segment measures 3.5 feet by 10 feet, and weighs approximately 8,000 pounds.

Das Hermann Heights Monument in New Ulm, Minnesota, 1897 errichtet, gilt als offizielles Symbol des deutsch-amerikanischen Erbes.

ERINNERUNG AN DEUTSCH-AMERIKA

Bereits im 19. Jahrhundert kämpften die Deutsch-Amerikaner gegen das Vergessen an. Oswald Seidensticker und Gottfried T. Keller schlugen anlässlich des 200. Jahrestages der Landung der 13 Familien aus Krefeld in Pennsylvania vor, dass der 6. Oktober zum Gedenktag erhoben wird, an dem alle Deutsch-Amerikaner sich der eigenen Geschichte und Herkunft erinnern sollten. Zunächst nahmen viele Deutsch-Amerikaner diesen Vorschlag an, und in den Folgejahren wurde am 6. Oktober der „Deutsche Tag" mit Veranstaltungen und Feiern begangen. (Bei den Weltausstellungen von Chicago und St. Louis wurde der „Deutsche Tag" gar vorverlegt, sodass er innerhalb der Ausstellung gefeiert werden konnte.) Während des Ersten Weltkrieges jedoch verblasste diese Tradition unter dem öffentlichen Druck und verschwand – wie der Großteil des deutsch-amerikanischen Lebens – aus der amerikanischen Gesellschaft. Einen nationalen Feiertag, wie ihn die Iren mit dem St. Patrick's Day auch in den USA jedes Jahr begehen, haben die Deutsch-Amerikaner gegenwärtig nicht mehr. Seit 1957 ist die New Yorker Steuben-Parade an die Stelle eines derartigen Feiertags getreten, sie bildet zusammen mit einem Chicagoer Ableger eine alljährlich wiederkehrende Erinnerungsfeier für die Geschichte der Deutschen in den USA.

Die meisten Spuren, welche die Deutschen in den USA hinterlassen haben, verblassten im Lauf der letzten 150 Jahre. Sie sind nur noch bei genauer Beobachtung zu erkennen. Das liegt zum einen daran, dass die Errungenschaften gemeinhin nicht mit den Deutsch-Amerikanern, sondern vielmehr mit den USA verbunden werden, etwa die Jeans, die Shopping Mall und viele mehr. Zum anderen resultiert dieses Unsichtbarwerden auch aus der großen Anpassungsfähigkeit der Deutschen.

Deutsche Auswanderer in Nordamerika.
Br. Ionathan
AMERICA
Californien
Raritäten-Sammlung
Feste Preise
Ausverkauf
Californien
We are in a free country
Donnerwetter
Europa for ever!

Das Anliegen dieses Buches war es, die Spuren der Deutsch-Amerikaner aufzugreifen und bis zu ihren Anfängen zurückzuverfolgen. Dabei kamen eine Reihe Personen und Lebensläufe zum Vorschein, die zweifelsfrei einen deutschen Ursprung haben und dennoch einen großen Einfluss auf die amerikanische Gesellschaft, Kultur und Geschichte ausübten. Natürlich kann das vorliegende Buch aufgrund der Fülle und Vielfalt des Themas nicht jedem Aspekt und jeder deutsch-amerikanischen Karriere gerecht werden, dennoch liefert es einen vielfältigen Einblick in eine Zeit und Gesellschaft, in der die Deutschen eine Einwanderergruppe waren. Vergleicht man die Deutschen mit anderen Einwanderergruppen wie den Italienern, den Chinesen oder Puerto Ricanern, so ist der Wille zur Anpassung bei den Deutschen besonders hervorzuheben. Natürlich vollzog sich dieser Prozess über mehrere Generationen hinweg, und bis zum zweiten Drittel des 19. Jahrhunderts hielt sich die naive Vorstellung, mit der viele Deutsche in die USA kamen, dass sie dort ein Neu-Deutschland gründen könnten, das politisch von den Vereinigten Staaten aufgenommen werden würde, sprachlich und kulturell aber seine Eigenständigkeit bewahren könnte. Auch die große Heterogenität der deutschen Gruppe erschwert die Erinnerung an die Vergangenheit. Es kamen Deutsche aus allen Bevölkerungsschichten und mit den unterschiedlichsten Lebensläufen in die USA. Nach drei Generationen hatten sich die meisten von ihnen in die amerikanische Gesellschaft integriert.

Die Leistungen der deutsch-amerikanischen Einwanderer und deren Nachfahren zeigen einmal mehr, dass die Vereinigten Staaten letztlich eine Erfindung Europas, seiner Werte und seiner Philosophie sind und dass beide Staaten, die USA und Deutschland, eine gemeinsame atlantische Geschichte haben. Es ist deshalb nur allzu verständlich, dass es viele Geschichten in diesem Raum gibt, die über die nationalen Geschichtsschreibungen hinausgehen.

Die Bereitschaft zur Auswanderung ist in Deutschland nach wie vor vorhanden. Und auch die Faszination in Bezug auf die Vereinigten Staaten ist nahezu ungebrochen, gerade weil das Thema „Auswanderung" in den letzten Jahren verstärkt in TV-Sendungen aufgegriffen und fokussiert wurde. Die Auswanderung ist Gegenstand seriöser Reportagen, sie wird aber auch bis hin zur Verballhornung kolportiert. Das Schlagwort vom „Land der unbegrenzten Möglichkeiten", die Attribute, mit denen die USA belegt werden – Freiheit und Selbstverwirklichung –, und die großen Karrieren der Deutsch-Amerikaner, die es „vom Tellerwäscher zum Millionär" gebracht haben, spielen hierbei die entscheidende Rolle.

Und vor diesem Hintergrund erinnern sich viele gern – und vielleicht mit etwas Fernweh – an die Geschichte der Deutschen in Amerika.

Eine Karikatur (Ende 19. Jahrhundert) zeigt humoristisch überspitzt alle Stadien der deutschen Überseeauswanderung nach Nordamerika.

Diese Kiste eines Auswanderers aus Staden – die Emigranten waren angehalten, nur wenig Gepäck mitzunehmen, das Nötigste an Kleidung und an Nahrung – wanderte um 1890 zweimal über den Atlantik.

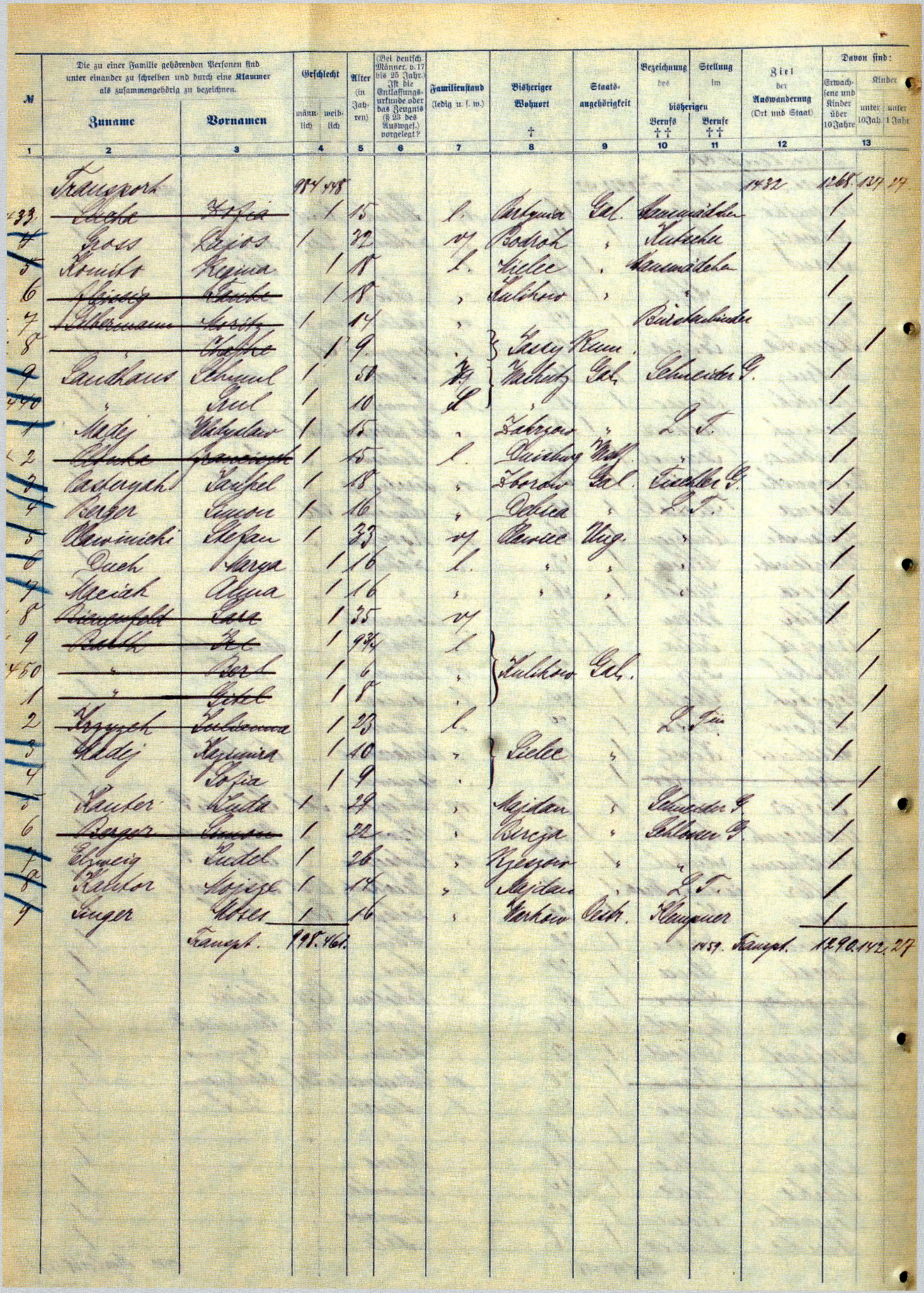

№	Die zu einer Familie gehörenden Personen sind unter einander zu schreiben und durch eine Klammer als zusammengehörig zu bezeichnen. Zuname	Vornamen	Geschlecht männlich	weiblich	Alter (in Jahren)	(Bei deutsch. Männer. v. 17 bis 25 Jahr.) Ist die Entlassungsurkunde oder das Zeugnis (§ 23 des Auswges.) vorgelegt?	Familienstand (ledig u. s. w.)	Bisheriger Wohnort †	Staatsangehörigkeit	Bezeichnung des bisherigen Berufs ††	Stellung im bisherigen Berufe ††	Ziel der Auswanderung (Ort und Staat)	Davon sind: Erwachsene und Kinder über 10 Jahre	Kinder unter 10 Jah.	Kinder unter 1 Jahr
1	2	3	4		5	6	7	8	9	10	11	12	13		

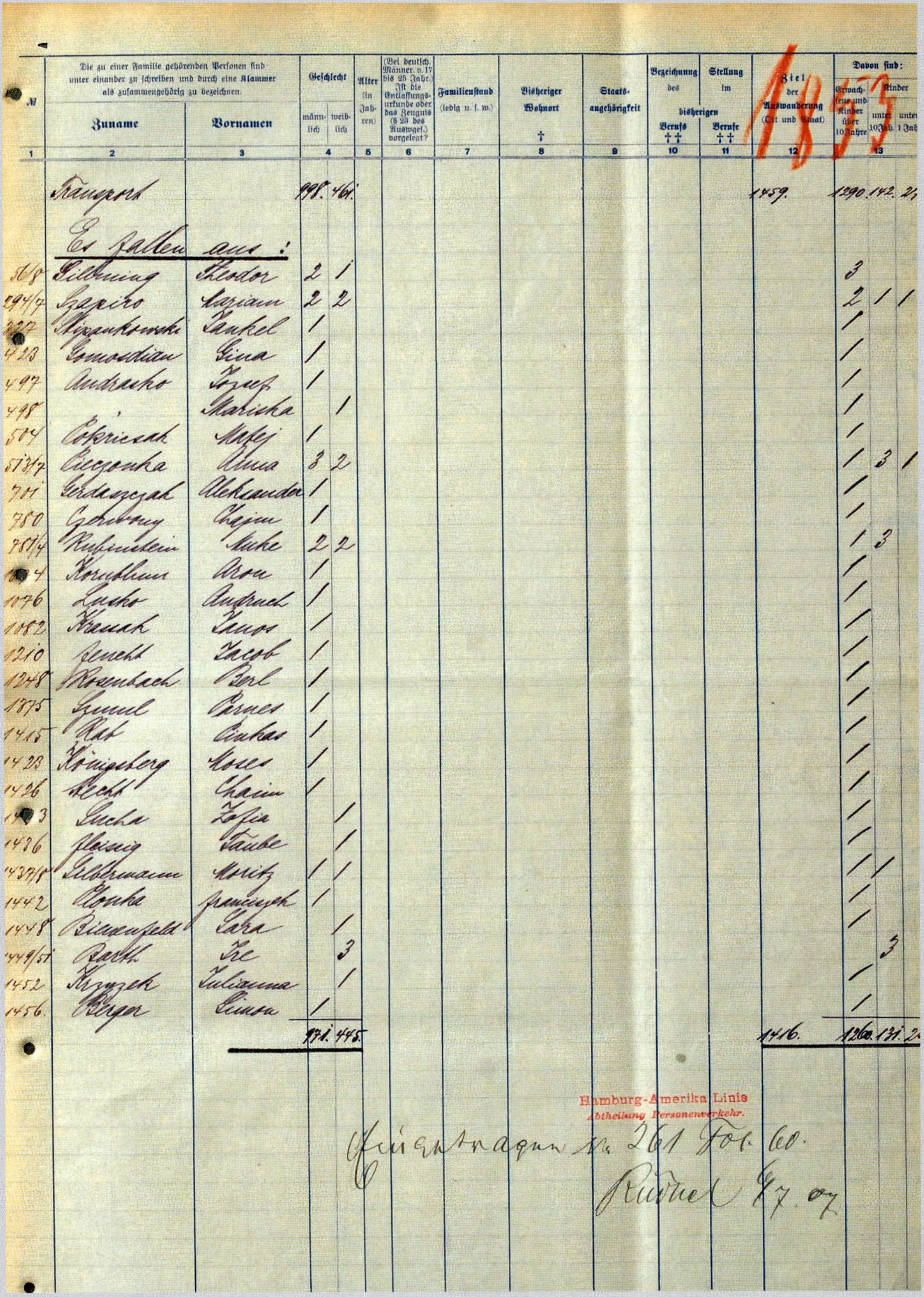
№	Zuname	Vornamen	Geschlecht männlich	Geschlecht weiblich	Alter (in Jahren)	(Bei deutsch. Männer v. 17 bis 25 Jahr. Ist die Entlassungsurkunde oder das Zeugnis (§ 23 des Auswgef.) vorgelegt?	Familienstand (ledig u. s. w.)	Bisheriger Wohnort †	Staatsangehörigkeit	Bezeichnung des bisherigen Berufs ††	Stellung im bisherigen Berufe ††	Ziel der Auswanderung (Ort und Staat)	Davon sind: Erwachsene und Kinder über 10 Jahre	Kinder unter 10 Jahr	Kinder unter 1 Jahr
1	2	3	4		5	6	7	8	9	10	11	12	13		
	Transport		998.	461.								1459.	1290.	142.	2[illegible]
	Es fallen aus:														
518	Silbming	Theodor	2	1									3		
294/7	Szapiro	Marjam	2	2									2	1	1
327	Slizankowski	Jankel	1										1		
423	Gomoszian	Gina	1										1		
497	Andrasko	Jozef	1										1		
498		Mariska		1									1		
504	Cokrieszak	Matej	1										1		
513/7	Ciecjonka	Anna	3	2									1	3	1
701	Gerdaszczak	Aleksander	1										1		
780	Gorbowy	Chajim	1										1		
781/4	Rubinstein	Anke	2	2									1	3	
[illegible]4	Kornblum	Aron	1										1		
1076	Lusko	Andreach	1										1		
1082	Kranak	Janos	1										1		
1210	Zenecht	Jacob	1										1		
1248	Rosenbach	Berl	1										1		
1375	Szumel	Pernes	1										1		
1415	Rat	Cinkas	1										1		
1423	Königsberg	Moses	1										1		
1426	Hecht	Chaim	1										1		
1[illegible]3	Sucha	Zofia		1									1		
1436	Fleissig	Taube		1									1		
1437/8	Silbermann	Moritz	1	1									1	1	
1442	Plonka	Franciszek	1										1		
1448	Birnenfeld	Sara		1									1		
1449/51	Barth	Ire		3										3	
1452	Krzyzek	Julianna		1									1		
1456.	Berger	Cinna	1										1		
			971.	445.								1416.	1260.	131.	2[illegible]

1853

Hamburg-Amerika Linie
Abtheilung Personenverkehr.

Übertragen Nr. 261 Fol. 60.
Rüdel 4.7.07

ZEITLEISTE

Ab 1609	Vereinzelt gelangen deutsche Händler, Auswanderer und Kolonisten in die englischen Kolonien Nordamerikas.
1683	William Penn und Franz Daniel Pastorius bringen 13 mennonitische Familien nach Pennsylvania, wo sie Germantown gründen.
1691	Jacob Leisler wird hingerichtet.
1702	Pastorius gründet in Germantown die erste deutsch-amerikanische Schule.
1710	Ein Teil des ersten großen Auswandererstroms aus Südwest deutschland erreicht New York.
Zwischen 1720 und 1730	Die Amish siedeln sich in Pennsylvania an.
1727	In Pennsylvania leben bereits über 20 000 Deutsche.
1732	Die erste deutschsprachige Zeitung Nordamerikas erscheint. Benjamin Franklins *Pennsylvania Gazette* wird allerdings nach zwei Ausgaben wieder eingestellt.
1741	Hans Nicholas Eisenhauer wandert nach Nordamerika aus. Er ist der Urahn des späteren Präsidenten Dwight D. Eisenhower.
1743	Johann Christoph Saur druckt die erste deutschsprachige Bibel in Nordamerika.
1764	Die German Society of Pennsylvania wird gegründet.
1775–1783	Unabhängigkeitskrieg der nordamerikanischen Kolonien gegen das englische Mutterland
4. Juli 1776	Unabhängigkeitserklärung der Vereinigten Staaten
1778	Baron Friedrich Wilhelm von Steuben trifft in Nordamerika ein.
1784	Johann Jacob Astor aus Walldorf trifft in New York ein. Er steigt zum ersten amerikanischen Multimillionär auf.
1825	Charles Follen führt in Harvard das Fach Deutsch ein.
1835	Texas wird unabhängige Republik.
1844	Der Mainzer Adelsverein bringt die ersten Deutschen nach Texas.
1845	New Braunfels wird gegründet.
1848	20 000 Menschen begrüßen den 1848er Friedrich Hecker bei seiner Ankunft in New York.
1848/49	Der Goldrausch in Kalifornien zieht Hunderttausende Glücksritter an. Das erste Gold wurde in John Sutters Kolonie „Neu-Helvetien" am American River gefunden.

1852	Carl Schurz kommt in Nordamerika an.
1853	Heinrich Steinweg gründet „Steinway & Sons".
1861–1865	Amerikanischer Bürgerkrieg
1877	Carl Schurz wird Innenminister der USA.
1883	Fertigstellung der Brooklyn-Bridge
1904	Untergang der General Slocum
1914–1918	Erster Weltkrieg: Viele Deutsch-Amerikaner müssen sich entscheiden, ob sie für die alte oder neue Heimat in den Krieg ziehen.
1917	Am 6. April treten die USA gegen das Deutsche Reich in den Ersten Weltkrieg ein.
1929	Herbert C. Hoover wird zum ersten amerikanischen Präsidenten, der deutscher Abstammung ist.
1941	Am 11. Dezember erklärt das Dritte Reich den USA den Krieg.
1969	Am 20. Juli landet der erste Mensch auf dem Mond. Der Raketenantrieb beruht auf den Forschungen von Wernher von Braun.

LITERATUR

- Aengenvoort, Anne: Migration – Siedlungsbildung – Akkulturation. Die Auswanderung Nordwestdeutscher nach Ohio 1830–1914, Stuttgart 1999.
- Appelius, Claudia: Die schönste Stadt der Welt. Deutsch-jüdische Flüchtlinge in New York, Essen 2003.
- Arndt, Karl J.R./Olson, May E.: Die deutschsprachige Presse Amerikas, Bd. 1, München 1980.
- Assion, Peter: Von Hessen in die Neue Welt. Eine Sozial- und Kulturgeschichte der hessischen Amerikaauswanderung mit Text- und Bilddokumenten, Frankfurt am Main 1987.
- Auspurg-Hackert, Dagmar: Deutsche Auswanderung nach Texas im 19. Jahrhundert, Bochum 1984.
- Bade, Klaus J. (Hrsg.): Migration in Geschichte und Gegenwart, München 1992.
- Ders. (Hrsg.): Auswanderer – Wanderarbeiter – Gastarbeiter. Bevölkerung, Arbeitsmarkt und Wanderung in Deutschland seit der Mitte des 19. Jahrhunderts, Bd. 1, Ostfildern 1984.
- Biesele, Rudolph L.: The History of the German Settlements in Texas 1831–1861, Austin 1930.
- Brenner, Peter J.: Reisen in die neue Welt. Die Erfahrung Nordamerikas in deutschen Reise- und Auswandererberichten des 19. Jahrhunderts, Tübingen 1991.
- Bretting, Agnes: Soziale Probleme deutscher Einwanderer in New York City 1800–1860, Wiesbaden 1981.
- Conzen, Kathleen N.: Art. „Germans", in: Thernstrom, Stephan (Hrsg.): Harvard Encyclopedia of American Ethnic Groups, Cambridge, MA 1980, S. 405–425.
- Dies.: Immigrant Milwaukee 1836–1860. Accommodation and Community in a Frontier City, Cambridge, MA 1976.
- Cronau, Rudolf: Drei Jahrhunderte deutschen Lebens in Amerika, Berlin 1909.
- Doerris, Reinhard: Iren und Deutsche in der Neuen Welt. Akkulturationsprozesse in der amerikanischen Gesellschaft im späten 19. Jahrhundert, Wiesbaden 1986.
- Emmerich, Alexander: John Jacob Astor. Der erfolgreichste deutsche Auswanderer, Stuttgart 2009.
- Faust, Albert: The German Element in the United States, 2 Bde., Cambridge, MA 1909.
- Freeden, Hermann von/Smolka, Georg: Auswanderer. Bilder und Skizzen aus der Geschichte der deutschen Auswanderung, Weimar 1937.
- Grabbe, Hans-Jürgen: Vor der großen Flut. Die europäische Migration in die Vereinigten Staaten von Amerika 1783–1820, Stuttgart 2001.
- Helbich, Wolfgang (Hrsg.): Alle Menschen sind dort gleich. Die deutsche Amerika-Auswanderung im 19. und 20. Jahrhundert, Düsseldorf 1988.
- Ders./Kamphoefner, Walter D./Sommer, Ulrike (Hrsg.): Briefe aus Amerika. Deutsche Auswanderer schreiben aus der Neuen Welt 1830–1930, München 1988.
- Hense-Jensen, Wilhelm: Wisconsin's Deutsch-Amerikaner bis zum Schluss des 19. Jahrhunderts, Bd. 1, Milwaukee 1900.

- Higham, John: Strangers in the Land. Patterns of American Nativism 1860–1925, New Brunswick 1955.
- Hippel, Wolfgang von: Auswanderung aus Südwestdeutschland, Stuttgart 1984.
- Hoerder, Dirk: Akkulturationsprobleme in den USA. Die „New Immigration“ zwischen Einwanderung und Arbeitsmigration, in: Bade, Klaus J. (Hrsg.): Auswanderer – Wanderarbeiter – Gastarbeiter. Bevölkerung, Arbeitsmarkt und Wanderung in Deutschland seit der Mitte des 19. Jahrhunderts, Bd. 1, Ostfildern 1984.
- Kamphoefner, Walter D.: Westfalen in der neuen Welt. Eine Sozialgeschichte der Auswanderung im 19. Jahrhundert, Münster 1982.
- Keil, Hartmut: Deutsche Arbeiterkultur in Chicago von 1850 bis zum Ersten Weltkrieg. Eine Anthologie, Ostfildern 1984.
- Kremp, Werner und Paul, Roland (Hrsg.): Die Auswanderung nach Nordamerika aus den Regionen des heutigen Rheinland-Pfalz, Trier 2002 (Atlantische Texte, hrsg. von der Atlantischen Akademie Rheinland-Pfalz e.V., Bd. 16), S. 88–101.
- Kügler, Dietmar: Die Deutschen in Amerika. Die Geschichte der deutschen Auswanderung in die USA seit 1683, Stuttgart 1983.
- Luebke, Frederick C.: Bonds of Loyality. German Americans and World War I, DeKalb 1974.
- Marschalck, Peter: Deutsche Überseeauswanderung im 19. Jahrhundert. Ein Beitrag zur soziologischen Theorie der Bevölkerung, Stuttgart 1973.
- Moltmann, Günter (Hrsg.): Germans to America. 300 Years of Immigration 1683 to 1983, Stuttgart 1982.
- Nadel, Stanley: Little Germany. Ethnicity, Religion, and Class in New York City 1845–80, Urbana, Illinois 1990.
- Otterness, Philip: Becoming German. The 1709 Palatine Migration to New York, Ithaka 2004.
- Rese, Beate: Texas – Ziel deutscher Auswanderung im 19. Jahrhundert, Pfaffenweiler 1996.
- Schenk zu Schweinsberg, Christoph: The German Element. Deutsche Einwanderer in den USA, Halle 2003.
- Schmahl, Helmut G.: Verpflanzt, aber nicht entwurzelt. Die Auswanderung aus Hessen-Darmstadt (Provinz Rheinhessen) nach Wisconsin im 19. Jahrhundert, Frankfurt/Main 2000.
- Senger und Etterlin, Stefan von: Neu-Deutschland in Nordamerika. Massenauswanderung, nationale Gruppenansiedlungen und liberale Kolonialbewegung 1815–1860, Baden-Baden 1991.
- Stölting, Siegfried: Auswanderer auf alter Zeitungsgrafik, Worpswede 1987.
- Trommler, Frank (Hrsg.): Amerika und die Deutschen. Bestandsaufnahme einer 300-jährigen Geschichte, Opladen 1986.
- Walker, Mack: Germany and the Emigration 1815–1886, Cambridge, MA 1964.
- Wust, Klaus (Hrsg.): Dreihundert Jahre Deutsche Einwanderer in Nordamerika, Gräfeling 1983.
- Zeitlin, Richard H.: Germans in Wisconsin, Madison 1977.

PERSONEN- UND SACHREGISTER

BILDNACHWEIS

Archiv der Vereinigung Walldorfer Heimatfreunde e.V.: S. 134
Archiv Fackelträger Verlag: S. 15 u., 35 u., 37 (Dank an Jens Roepstorff), 80
Klaus J. Bade, Osnabrück: S. 17
Bildarchiv Preußischer Kulturbesitz (bpk), Berlin: S. 15 o., 16 (Nationalgalerie, SMB/Jürgen Liepe), 66 u., 77, 89, 189
Maggie Blanck, New York: S. 116 li., 140
Bundesarchiv Koblenz: S. 11 li. (Sig. 137-005795)
Cincinnati Museum Center, Cincinnati Historical Society Library: S. 148/149
Collection of the U.S. House of Representatives, Washington, D.C.: S. 48
Corbis, Düsseldorf: S. 6/7
Dekanat Besigheim: S. 219 u.
Denkmalschutzamt Hamburg: S. 19, 20 o.
Deutsches Auswandererhaus, Bremerhaven: S. 29
DLA Marbach: S. 206, 207
Alexander Emmerich, Heidelberg: S. 31 (Ersttagsbrief), 136 Mi./u., 170 u., 176 u., 218 o.
Erinnerungsstätte für die Freiheitsbewegungen in der deutschen Geschichte, Rastatt: S. 183 o.
Gemeinde Angelbachtal: S. 183 u. re., 184 u., 185
Gruen Associates, Los Angeles: S. 209, 210, 211
Hapag-Lloyd AG, Hamburg: S. 18
Heinz GmbH Düsseldorf: S. 13 re.
H.J. Heinz Company, Pittsburgh: S. 162 o., 163
Hotel und Weingut im Pastoriushaus, Sommerhausen: S. 36
Institute of Texan Cultures, San Antonio: S. 88 (080-0077; freundlich zur Verfügung gestellt von Cornelius Gros), 90 re. (080-0205; Germania Farmer Verein), 91 o. (075-0860; San Antonio Conservation Society), 103 li. (080-0206; Germania Farmer Verein), 103 re. (078-0069; Josephine Simmang), 156 o. re. (077-0295; Glen E. Lich), 171 o. (077-0365; Mitglieder Familie Buckley)
Karl-May-Verlag, Bamberg: S. 101 re. (aus Gerhard Klußmeier/Hainer Plaul, Karl May und seine Zeit. Bilder, Texte, Dokumente. Eine Bildbiografie)
Landesarchiv Baden-Württemberg, Hauptstaatsarchiv Stuttgart: S. 119 u. (E 130b Bü 582)
Landesarchiv Baden-Württemberg, Staatsarchiv Freiburg: S. 177 o. (B 725/14 Nr. 2)
Levi Strauss Museum, Buttenheim: S. 166 li., 167
Mit freundlicher Genehmigung der Library of Congress, Washington, D.C.: S. 10, 26 li. (Little, Brown, & Co.), 27 li., 28, 42, 43 o., 45, 47 li., 49 re., 50, 56 u., 61, 62 u., 63, 64, 65 u., 78 u., 79, 82 o., 84 li., 87, 110, 120 o., 126 re., 131 u., 136 o., 137 o., 144, 146 u., 147, 164, 165, 168, 169, 176 o., 179 u., 182, 183 u. li., 188, 193 o., 194, 196, 222
Museum zur Geschichte von Christen und Juden, Laupheim: S. 214, 215 o.
New York Public Library: S. 141
Niedersächsisches Landesarchiv, Staatsarchiv Wolfenbüttel: S. 192 (Sig. 237 N 89 Bl. 106/107)
Peter Palm, Berlin: Vorsatz
picture-alliance, Frankfurt am Main: S. 8 (maxppp/Leemage), 22/23 (Imagno), 34 (maxppp), 54 (newscom), 129 u., 197, 202/203 (bd. dpa-Bildarchiv), 204 (imagestate/HIP), 213 (dpa-Report), 217, 219 o. (bd. KPA/TopFoto)
picture-alliance, Frankfurt am Main/akg-images: S. 13 li., 30, 32, 49 li., 52 (Erich Lessing), 55, 62 o., 75, 82 u., 84 re., 92, 97, 106, 108, 109, 119 o., 122 o., 123, 126 li., 145, 146 o., 166 re., 179 o., 186, 187, 215 u., 216
picture-alliance, Frankfurt am Main/akg-images/North Wind Picture Archives: S. 24, 26 re., 85, 107, 121, 127, 200
picture-alliance, Frankfurt am Main/dpa-Fotoreport: S. 170 o., 212, 218 u.
Sammlung Brown County Historical Society, New Ulm: S. 81

Sammlung Helmut Schmahl: S. 11 re., 12 u., 14, 27 re., 41 li., 46, 51, 65 o., 69, 72, 96, 100, 120 u., 124, 138, 150, 152 o., 153, 155, 156 o. li., 156 u., 158 re., 171 u., 177 u., 224 (Dank an Herrn Schwerdt)
Sammlung Max Kade Institut, Universität von Wisconsin, Madison: S. 71 u., 231, Nachsatz
Sammlung Redpath Chautauqua, Universität von Iowa, Iowa Stadt: S. 12 o.
Sammlung Sam Lane, Summit Memory Project, Akron: S. 158 li., 159
Schwaneberger Verlag, Unterschleißheim: S. 31 (Briefmarken; li. MiNr. 1628, re. 1180)
Staatsarchiv Hamburg: S. 226/227 (Dank an Michael Zapf)
Stadtarchiv Mainz: S. 98 u., 99, 102 li., 104
Stadtarchiv Mühlhausen: S. 122 u.
Stadtarchiv Ulm: S. 154 u.
Steinway & Sons, Hamburg: S. 132, 133
Tenement Museum, New York: S. 116 re., 117 li., 130, 172 li.
Gerda Tornieporth, Uffing: S. 131 o., 191 u.
ullstein bild, Berlin: S. 117 re., 118, 174 u. (alle Granger Collection)
Unitätsarchiv Herrnhut: S. 44 o. (Sig. TS Bd. 2.15.a), 44 u. (TS Mp. 200.4.a)
Universitäts- und Landesbibliothek Bonn: S. 59 (Sig. N 620)
VG Bild-Kunst, Bonn 2009: S. 101 li., 220/221 (Hartmut Jahn)
Wetterau-Museum, Friedberg (Hessen): S. 225
Wienbibliothek im Rathaus, Wien: S. 95
Wisconsin Historical Society: S. 57 (ID 61920), 67 (5446), 70 (29034), 71 o. (37967), 73 re. (53889), 86 (3455), 161 li. (25249), 161 re. (24548), 174 o. (4681), 175 (37542), 201 o. (55665)
Sowie aus:
Assion, Hessen, Frankfurt am Main 1987: S. 94 li., 102 re., 105, 173
Bade, Migration, München 1992: S. 33, 66 o., 94 re., 137 u., 143, 160
Berlin/Schmoock, Auswandererhafen, Hamburg 2003: S. 129 o.
Cronau, Drei Jahrhunderte, Berlin 1909: S. 35 o., 38, 39, 43 u., 53, 73 li., 90 li., 91 u., 93, 111 o., 113, 135, 162 u., 180, 191 o., 193 u., 195 u.
Freeden/Smolka, Auswanderer, Weimar 1937: S. 41 Mi. u. re., 172 re., 184 o., 198, 240
Granfield/Alda, Stories, Toronto 2001: S. 115
Jarck/Schildt (Hrsg.), Landesgeschichte, Braunschweig 2001: S. 76
Kügler, Die Deutschen in Amerika, Stuttgart 1983: S. 78 o., 98 o., 111 u., 152 u., 154 o., 195 o., 201 u.
Moltmann (Hrsg.), Germans to America, Stuttgart 1982: S. 47 re., 56 o.
Stölting, Auswanderer, Worpswede 1987: S. 20 u., 128

Die Karte im Vorsatz zeigt eine Auswahl an deutschen Siedlungsgründungen in der östlichen Hälfte der Vereinigten Staaten. Viele Städte und Gemeinden tragen den Namen der alten Heimat oder wurden von Landspekulanten so getauft, um deutsche Siedler anzulocken.

Die Abbildung auf den Doppelseiten zeigen Eisenbahnschienen im Westen der USA (Seite 6/7), die Brooklyn Bridge um 1890 (22/23), den Stadtteil „Over the Rhine“ in Cincinnati (148/149), die Freiheitsstatue auf der Insel Liberty Island an der Hafeneinfahrt von New York (202/203), ein Stück der Berliner Mauer als Teil der Gedenkstätte der Ronald Reagan Library in Simi Valley, Kalifornien, (220/221) sowie die Passagierliste eines Auswandererschiffes (226/227).

Bei den Abbildungen im Nachsatz handelt es sich um authentische Porträts von deutschen Auswanderinnen und Auswanderern, zumeist aus Wisconsin.

Der Verlag hat sich bemüht, die Rechteinhaber aller Abbildungen korrekt anzugeben, und bittet, mögliche Falschangaben zu entschuldigen.

Das Gemälde „Der Abschied" aus dem Neu-Ruppiner Bilderbogen, etwa 1840 erschienen, illustriert den ersten Schritt der Auswanderung.